◆高等院校会展专业教材
◆南开大学出版社

◆主编　张丽◆

◆副主编　蔡萌◆

新编会展概论

图书在版编目(CIP)数据

新编会展概论 / 张丽主编. —天津：南开大学出版社，2015.3(2022.6 重印)
高等院校会展专业教材
ISBN 978-7-310-04767-3

Ⅰ. ①新… Ⅱ. ①张… Ⅲ. ①展览会—高等学校—教材 Ⅳ. ①G245

中国版本图书馆 CIP 数据核字(2015)第 032119 号

新编会展概论
XINBIAN HUIZHAN GAILUN

南开大学出版社出版发行
出版人:陈　敬
地址:天津市南开区卫津路 94 号　　邮政编码:300071
营销部电话:(022)23508339　营销部传真:(022)23508542
https://nkup.nankai.edu.cn

天津市蓟县宏图印务有限公司印刷　全国各地新华书店经销
2015 年 3 月第 1 版　　2022 年 6 月第 7 次印刷
230×170 毫米　16 开本　15.25 印张　277 千字
定价:45.00 元

如遇图书印装质量问题,请与本社营销部联系调换,电话:(022)23508339

前　言

自2004年国家教育部正式批准会展经济与管理专业招生以来，历经十年，我国的会展教育从无到有，发展迅速，也出现了众多的会展专业教材，有利推动了会展教育的发展和会展人才的培养。但由于会展学科发展尚处于初级阶段，因此，各类会展教材内容体系各异，目前国内市面上现存的诸如《会展概论》、《会展导论》等会展专业基础入门教材较多，从教材编写的内容体系来看，主要分为两类：第一类是以会展的分类为基础，主要讲授展览会、会议、奖励旅游等各类型会展活动；第二类是以会展专题的方式讲授会展管理、会展策划、会展营销、会展城市、会展教育等会展活动中较为重要的一些专题。编者自2005年开始从事会展一线教学工作，通过多年的教学实践经验得到如下一些认识：第一，会展专业应该定位于"大会展"的框架之下，"大会展"从本质上来说是一种政治、经济、文化、信息交流的平台，但在"大会展"的框架下，展览会、会议、企业活动、奖励旅游、节事活动这些当下主流的会展表现形态，又各有差异。目前国内对"展览会"的研究较为成熟，而其他形式会展活动研究还有所欠缺，因此，有些教材名义上是讲"会展"，实际上是讲"展览会"，这种以"展览会"代"会展"的方式，不利于学生对会展专业的全面理解。第二，"大会展"范畴很广，如果将政治、经济、文化类会展活动都包含在教学内，难免使会展教学失去重心，使学生无所适从。而会展专业的人才培养方向也并非是万金油，会展专业主要是向会展产业输送专业人才的，因此，产业化的会展活动才是我们会展专业的教学重点。第三，"会展概论"这门课程作为会展专业的入门课程和基础课程，应在系统性的基础上讲授会展产业的全貌，使学生能够对整个学科和行业有个全面的了解。第四，会展专业的学生应该具备国际化视野，了解国际会展产业发展的现状，洞悉国际会展产业发展的趋势。

基于以上思路并结合上海对外经贸大学会展经济与管理专业（IEMS）多年的教学实践，我们编写了此教材。本教材从会展的产业化、国际化视角入手，将会展基础理论与会展产业运营、国内外会展产业发展现状融于一体，构筑三位于一体的全方位知识体系，从而使学生的学习能够实现“基础理论夯实、与行业发展实践接轨、具备国际化视野”的效果。本教材第一章、第二章、第三章、第四章、第五章、第六章由张丽、柳洪波编写，第七章由蔡萌编写，全书由张丽进行统稿。

本教材的编写得到了上海对外经贸大学会展经济与管理专业（IEMS）的大力支持，感谢上海市示范性中外合作项目评估奖励资金对本教材编写的资助，感谢上海对外经贸大学蓝星教授、Helmut Schwaegermann 教授对本教材编写的帮助与启发。本教材在编写过程中，参考了大量前辈们对会展研究的成果，在此表示衷心的感谢，主要的参考文献我们已经加以标注，有些参考资料由于教材编写的特殊性而无法详加注明，还请各位前辈见谅。而由于编者学识所限，书中难免有不足之处，恳请各位专家和前辈不吝赐教和批评指正。

编　者

2014 年 6 月

目　录

第一章

会展概述

学习目标：

- 掌握会展的基本概念与本质属性
- 运用所学知识分析现实生活中的会展活动
- 熟悉会展活动的基本运作模式
- 理解会展产业与会展经济的含义
- 了解会展人才培养的目标与要求

学时安排：4 学时

引　言

亚太经合组织（APEC）会议、通讯技术展览会、古典音乐会、产品新闻发布会、旅游节、奥运会、世博会等各类形态各异的活动为什么被我们统称为会展活动？这些会展活动有哪些共同的属性，有哪些共同的特征？会展活动该如何定义？会展活动的本质属性是什么？这些会展活动一般是怎样经营运作的？要想成为一名优秀的会展人才需要具备哪些基本素养？国内外会展教育的发展情况又是如何？通过本章的学习，我们将对会展形成全面而系统的认识。

第一节　会展

一、会展的基本概念

1. 会展定义的三种观点

会展是人类社会经济发展到一定历史阶段的产物。由于研究者所基于的各国会展发展社会背景的差异性，关于会展的概念在学术界一直没有形成一个完整统一的观点。概括而言，主要有以下三种观点。

第一种是狭义的会展观点，认为会展就是会议和展览，即 C&E（Convention&Exposition）或者 M&E （Meeting&Exposition）。这种观点在会展业发展较早的欧洲国家如德国、法国、意大利等会展强国及我国都存在。之所以产生这种观点是因为展览和会议，作为会展最基本的两类发展形态，出现时间早、产业化发展的程度高，因此，各国研究者对于会展的研究通常是从会议和展览开始的。

第二种观点是 MICE 的观点，这主要以美国为代表。M 代表企业会议（Meeting），I 代表奖励旅游（Incentive），C 代表协会与社团会议（Convention），E 代表展览会（Exbition 或 Exposition）。他们认为，所谓会展，就是企业会议、奖励旅游、协会与社团会议、展览会四个部分的总称，简称 MICE。这一观点是基于美国会展产业发展具体情况而提出的，奖励旅游表面看似与会展没有多大关联，但在会展公司具体的业务运作中，奖励旅游却往往与公司会议、展览会等会展活动出现融合发展的态势。

随着时代的进一步发展，会展所呈现的形态更为多样。近年来，各类庆典、节庆活动、大型节事活动等新型会展活动发展势头强劲，进一步丰富了会展的内涵，因此，国际上出现了综合派的观点，逐步将 MICE 演变成 MICEE，即在 MICE 基础上加上了节事活动（Event），简称 MICEE。在这一观点基础上，有些专家认为 Event（事件活动）一词具有多层含义，而不仅有节事活动的含义，用 Event 一词，可以概括会展的多种形式。近几年 Event Industry（会展业）一词在业界频频使用，上海对外经贸大学会展经济与管理专业英文简称 IEMS，其中的 E 即指 Event。 2006 年初，国际展览管理协会（IAEM）在新的战略规划中将活动（Events）明确列入组织使命，同年 12 月正式更名为国际展览和事件管理协会（IAEE，也翻译为国际展览和项目管理协会），这标志着美国贸易展览会与各类活动的进一步融合。2008 年，上海师范大学会展管理系也提出了办学方向，即从会展经济与管理向活动管理拓展的思路。由此可见，会展呈现出向活动方向转移的趋势。

2. 会展的内涵

实际上，以上三种观点只是从会展所涵盖的范围对会展定义作出了不同解释，而没有对会展的内涵特征进行界定。综观各种不同类型的会展活动，尽管其表现形式不同，但它们本质上具有共同属性。

(1)特定时间和空间，这些活动是在特定的时间期限和特定的空间内发生的。

（2）围绕特定的主题，这些活动通常都是围绕某一个特定的主题。

（3）具有特定的目标，这些活动通常围绕主题，实现特定的目标。

（4）集聚性，这些活动会造成人流的集聚，是集体性的人类活动。

（5）交流性，这些活动的目的在于通过信息传递，促进人们的交流和沟通。这种交流包括物质和精神两方面，包括信息、知识、观点、思想、文化、商品、物品、货币交易等。

综上所述，本教材可以将会展的内涵界定为：会展是指在有限的时间和特定的空间内，由多人集聚围绕特定主题和目标而开展的物质、文化、信息交流活动。

3. 会展的外延

随着时代的进步和发展，会展的外延将不断拓展。因此，本教材将以广义的会展为基础，整个教材体系尽量涵盖各类不同形态会展活动。会展不仅包括会议（企业会议、政府会议、协会和社团会议）、展览会（商业展览会、公益展览会等）、大型节事活动（世博会、奥运会、世界杯足球赛等），还包括各类节事活动（目的地各类主题节事活动、企业各类营销公关主题活动等）、奖励旅游（因奖励旅游与企业其他会展活动的紧密关联性，所以也应包含在内）。近年来的实践表明，各种不同类型的会展之间出现相互交融的趋势，往往展中有会、会中有展、节中有展有会。

例如，不同会展参与者的会展观。

市长说：会展是一项提升城市两个文明建设、利国利民的德政工程。会展经济是飞机在城市上空撒钱的经济。

学者说：会展是智者的峰会，是传播新思想、新观念的论坛。

模特说：会展梳妆台，企业争先来，靓女靠打扮，产品靠会展。

预言家说：会展是充满活力、前途无量的朝阳产业。

哲学家说：会展是企业经营理念的展示，是步入市场经济后理性成熟的表现。

建筑家说：会展场馆规模宏大、气派，是城市标志性建筑。

数学家说：会展的布展是排列与组合、平面与立体、黄金分割与数模运筹的应用。

美术家说：会展是生活中又一道五彩斑斓、丰富亮丽的色彩。

IT 总裁说：会展是各种信息交流、碰撞、传递与嬗变的信息加工器。

组展商说：会展是特殊的服务行业，核心本质是服务。“好儿郎最会伺候人”。

搭建商说：会展是“奢华”，一掷千金三五天，是最短命的装饰工程。

参展商说：会展是最经济、最实惠、最有效的立体营销广告。

老百姓说：会展是购买物美价廉、货真价实物品的好去处。

展览公司说：会展“展示别人即展示自己”。

气象学家说：会展是经济发展、产品走势的风向标、晴雨表。

环保专家说：会展是“不冒烟的工厂”，是无污染的绿色产业。

化学专家说：会展过热，市场化合反应后，一部分生成的是“泡沫”。

经济学家说：会展是经济发展的又一个新的增长点。

展台设计者说：会展是受参展商资金与观念限制的艺术创作。

软件小摊贩说：会展是视窗，打开之后，不乏也有各类盗版存在。

投机招展商说：展不在好，能办则赢；展不在精，能捞则灵。

武侠小说爱好者说：会展人像“葵花宝典”，有些最终成了碎片，随风而散。

资料来源：杨顺勇、曹杨，会展手册，化学工业出版社，2007 年。

二、会展的基本构成要素

1. 主办方

会展的主办方是指计划、组织并运行会展活动的单位或组织。主办方是会展活动的发起人，是会展活动不可缺少的运作主体之一。主办方负责会展活动的计划安排、财务预算，并对会展活动担负相应的法律责任。

一般来说，会展活动的主办方主要有如下一些群体：

- 产品或服务的生产者（企业）：如企业组织营销类会展活动向特定的目标客户群体推广公司品牌及产品；
- 社团和非政府组织（NGO）：根据其宗旨、方向和目标群体需求，组织相关会展活动；
- 国家或国际政府组织：政治相关会展活动；
- 展览企业：以主办展览会为主营业务的企业，如励展公司、法兰克福展览有限公司等；
- 展览中心、会议中心、会议型酒店：这些会展场馆不仅出租展馆，也同时策划和举办自己的展览会；
- 城市公共机构：如剧院等公共场所；
- 会展活动企业或机构：这些企业或机构既可以自己策划并组织会展活动，也承接其他会展活动。

第九届中国国际动漫游戏博览会（CCG EXPO 2013）组织机构

主办单位：
中华人民共和国文化部
上海市人民政府

承办单位：
上海市文化广播影视管理局
中国文化传媒集团
（上海）国家动漫游戏产业振兴基地
上海东方传媒集团有限公司（SMG）

协办单位：
上海炫动传播股份有限公司
上海炫动汇展文化传播有限公司

支持单位：
世界计算机图形图像及互动技术组织（ACM SIGGRAPH）
日本游戏机制造协会（JAMMA）
日本动画协会（AJA）
日本计算机娱乐供应商协会（CESA）
韩国游戏产业协会（KAIA）
美国游戏机协会（AAMA）
特别支持：
上海市动漫行业协会国家对外文化贸易基地（上海）

资料来源：第九届中国国际动漫游戏博览会官方网站（http://www.ccgexpo.cn/）。

在这些会展活动主办方中，有些是专业会展服务机构，如展览公司、会展活动公司，而有些并非专业会展服务机构，如各类社团及非政府组织，通常这些非专业会展服务机构会将会展活动商业外包给专业会展服务机构，这些承接了会展活动的专业会展服务机构就被称为会展活动的承办方。因此，在某些情况下，会展活动会存在主办方和承办方的差别。主办方就是会展活动的发起者，而承办方是会展活动的具体运作者。会展市场中，主办方、承办方及会展活动的具体关系，如图 1-1 所示。

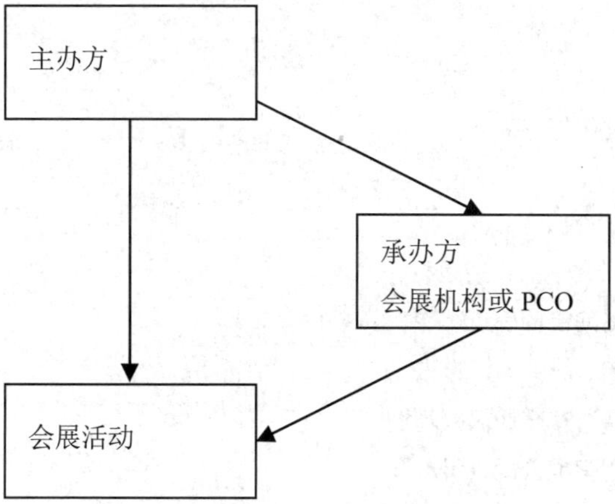

图 1-1　会展主办方与承办方的关系

2. 主题

会展活动主题多样，几乎包含人们感兴趣的任何一个领域。一般来说，会议的主题比展览会的主题更为多样。对于会展主办方来说，策划出符合参与者需求特征的新颖性主题是会展活动取得成功的先决条件。而一些会展活动也需根据参与者兴趣的变化、社会大背景的变化等因素，不断更新主题，推陈出新。例如，博鳌亚洲论坛年会每年都会推出不同的主题和议题，2010 年的主题是“绿色复苏：亚洲可持续发展的现实选择”，2011 年的主题是“包容性发展”，2012 年的主题是“变革世界中的亚洲：迈向健康与可持续发展”，2013 年的主题是“革新、责任合作：亚洲寻求共同发展”。

3. 参与者/观众

会展活动的目标客户群，即潜在的会展活动的参与者。由于会展具有集聚性，是一种集体性的物质、文化、信息交流活动，只有当参与人数达到一定的规模才能实现其集聚效应，因此，参与者/观众的规模对于会展活动具有重要的意义。不同类型的会展活动，其参与者/观众的规模差异较大（参见表 1-1）。一般而言，展览会的观众数量较多，从上千人到几百万人，例如，2010 年上海世博会参观者的数量达到 7300 万人次。一般来说，会展活动的规模越大，持续时间越长，所吸引的参与者就越多。

表 1-1　会展活动参与者的数量

会展活动的形式	参与者的数量（人次）
展览会	1000~100000
会议	100~10000
音乐会	50~70000
研讨会	10~50

会展活动的目标客户群基本上可以划分为两种类型，第一类是商务、公务目标客户群，第二类是社会公众目标客户群，以此为基础，我们可以将会展活动划分为商务会展活动、消费类会展活动、综合性会展活动三种基本类型。

4. 目标

每一个会展活动都有一个或多个目标。会展活动的类型不同，其目标亦不同。不同的利益相关者在会展活动中具有不同的目标。

对于会展主办方来说，通常举办会展活动的目标主要有经济目标和非经济目标两类。营利性专业会展企业通常以实现经济收益为主要目标，而政府和社团机构通常以非经济性目标为主，例如，政治目标、公益目标等。

在会展活动举办前后需进行市场调研，以更好地了解参与者的需求和目标。了解并有效满足参与者的目标和需求，并在此基础上进行策划和组织，会展活动才能得以成功。会展活动类型不同，则参与者的目标亦不同。例如，一般来说，会议参会者的参会目标是开拓视野、增加知识或者建立人际关系网络。而展览会参观者往往是想去展览会了解产业的最新发展趋势，为解决公司现存的问题而了解行业整体发展状况，或者寻找供应商。

5. 可达的地域/辐射空间

根据参与者的地域来源对会展活动进行分类，是对会展活动参与者进行市场细分的一种方式。会展活动参与者可达的地域空间即会展活动的辐射空间。

一般而言，会展活动辐射空间由小到大，可以划分成如下几类：

- 本地的
- 区域的
- 国家的
- 国际的
- 全球的

任何会展活动都具有辐射空间，一般来说一个会展活动的辐射空间越大，会展活动的影响力就越广。会展活动的辐射空间是衡量会展活动的一个重要标志。国际会展行业协会一般对会展活动的辐射空间做出明确的规定。例如，国际大会及会议协会（ICCA）和国际展览业协会（UFI）对国际会议与国际展览会，都设定了严格的评判标准。一般而言，参与者地域来源是衡量的标准之一。例如，UFI 规定，只有国际专业观众的人数超过 5%，并符合其他相关标准，才能界定为国际展览会。

6. 地点

会展活动发生在特定的时间和地点。根据会展活动类型的不同，会展活动的举办地点应该符合各方的需求和会展活动本身的特征要求。根据会展活动举办场所的不同，会展活动可分为室内会展活动和室外会展活动。

主要的室内会展活动场所如下所示：

- 会展中心
- 会议中心
- 体育场
- 剧院/歌剧院
- 酒店等

室外会展活动的优点是场地大，但缺点是受天气状况的制约。

7. 时间

会展活动根据会展活动的类型和实际需要不同，举办的时间可长可短。一般来说，举办时间的长短如下所示：

- 音乐会 1 至 2 小时
- 研讨会 半天至 3 天
- 会议 2 至 5 天
- 专业展览会 2 至 5 天
- 消费展 10 天至 2 周
- 艺术展 数周/数月
- 世博会 3 个月至 6 个月

8. 门票及其他进入性门槛

为保证会展活动按照既定目标吸引潜在参与者，保证会展活动的现场效果，会展主办方通常会设置门票或其他进入性门槛。例如，会议参加者需要缴纳会议注册费、消费性展览会的参观者需要购买门票。当然，也有部分会展活动如专业展览会、城市节庆活动等并不收取门票费，这取决于会展活动的目标。专业展览会尽管不收取门票，但是主办方会设置另外一些进入性门槛，如会员证、邀请函等，从而确保参观者都是目标客户（参见表 1-2）。

表 1-2　2013 年上海国际汽车展门票价格一览表

票种	适用时间		票价（元/张）	使用说明
专业观众票	4 月 21 日	周日	100	任选一天前来参观，一次进场有效
	4 月 22 日	周一		
公众日当日票	4 月 23 日	周二	50	当日使用，一次进场有效
	4 月 24 日	周三	50	当日使用，一次进场有效
	4 月 25 日	周四	50	当日使用，一次进场有效
	4 月 26 日	周五	50	当日使用，一次进场有效
	4 月 27 日	周六	80	当日使用，一次进场有效
	4 月 28 日	周日	80	当日使用，一次进场有效
	4 月 29 日	周一	80	当日使用，一次进场有效
公众日通用票	4 月 23 日	周二	80	任选一天前来参观，一次进场有效
	4 月 24 日	周三		
	4 月 25 日	周四		
	4 月 26 日	周五		

资料来源：http://www.autoshanghai.org。

三、会展的基本特性

1. 会展具有信息传播性

会展是信息交流的媒介和载体，信息交流是会展的核心与本质。根据信息学基础理论，信息交流、传递的形式有四种类型，即多向主动交流、单向主动交流、多向被动交流、单向被动交流，这四种信息交流形式在会展中都有所体现。会展组织者通过举办会展，建构了一个会展现场交流环境“场”，形成所有会展参加者共同参与，有意无意地相互观察、交流、了解，共同体验、共同合作的场所或无形的氛围。在会展活动中，信息、情报的相互作用不仅限于语言、文字等方式的交流，参展者、观众的面部表情、说话语气、动作体态等也属于信息交换范围。会展“场”的艺术化氛围能激发人们产生心理共鸣，提高人们的心理能量。

在会展活动中，通过实物媒介、口语媒介、印刷媒介、电子媒介、网络媒介、活动媒介、空间媒介可以实现展会参与者之间各类信息的相互传播和交流。由于会展活动参与者参与会展活动的目的明确，所以展会传播的信息表现为定向性强、时效性强，可以达到反馈快、效率高、质量高的传播效果。

2. 会展具有艺术性

会展经常借助各种艺术形式作为传播手段，将音乐、舞蹈、绘画等艺术活动交织在一起，影响人们的感情和观点，因此，会展与艺术密切相关，会展具有明显的艺术特性。

会展综合运用多种艺术，几乎所有的艺术手段在各类会展中都有所应用。在现代会展中，会展场所提供展现艺术创作的空间，会展本身又融入到艺术空间中，营造出活泼、理性，具有文化哲理和时代气息的美妙艺术氛围，最大限度地发挥艺术审美功能，吸引观众，感染观众，陶冶会展参加者的情操，培养他们的审美情趣，锤炼他们的审美观念。随着科学技术的进步，现代化技术和材料在展览中不断被采用，演示功能的范围越来越广，尤其是电子模型、电动图板、电动景像、激光成像、3D、4D 电影、超大规模室外多媒体系统等全新的声像展览体系，完全突破传统的实物陈列展览艺术结构，大大活跃了展览现场的艺术气氛，给人以强烈的艺术感染力。更多地应用现代信息技术提高展览的艺术表现力，已成为世界展览艺术发展的必然趋势。

3. 会展具有集聚性

会展活动最突出的特点之一就是人流、物流、信息流、资金流在同一时间、空间上的集聚。会展是个综合的全息媒介，汇集了种类繁多的信息。会展活动使参与者可以在短时间里集中交流信息、交换产品。会展通过信息集聚性产生规模效应。因此，一般而言，会展活动必须达到相应的规模。2011 年秋第 110 届广交会到会采购商 209175 人，来自 210 个国家和地区，成交额达 379 亿美元。每届广交会人流、产品流、物流、资金流、信息流的强大集聚效应，不仅使广交会成为我国的第一大展，成为我国对外贸易的风向标，而且也促进了广州整个城市经济的发展。

会展的集聚性与辐射性相辅相成，强集聚性必然对应强辐射性。成功的品牌展享有很高的知名度和美誉度，具有很强的辐射能力，汉诺威工业博览会作为全球首屈一指的工业展览会，是全球工业领域新知识、新发明、新产品、新品种亮相的重要国际舞台，很多新产品往往在汉诺威工业博览会上引起全球媒体关注，从而一夜走红，誉满全球。

4. 会展具有经济性

从信息经济学的角度来看，会展是一个信息市场，信息供给方是展览会参展商或会议演讲人，信息需求方是展览会观众或会议听众，中介方即是会展组织者及会展服务商。中介方举办会展活动，帮助供需双方克服空间和时间上的障碍，提高交易的成功率。由于会展的高集聚性，导致会展信息搜索成本的降低，从而成为企业进行信息搜寻的最佳途径。据悉，美国很多企业每年新客户中 1/3 是在展览会上发现的。据英联邦展览会联合会调查，会展是优于专业杂志、直接邮递、推销员推销、公关、报纸、电视、会议等手段的最有效的营销中介体。通过一般渠道找到一个客户，大约需要成本219英镑，而通过会展，成本仅为35英镑。因此，降低信息搜寻成本成为生产者、消费者参展与会的内在动因。会展因信息市场的经济功能而能焕发出强大的会展经济功能，达到配置与调节资源、平衡供求关系、促进科技开发与转化、调整利益分配、促进市场体系的完善等经济功效。

5. 会展具有体验性

按照体验经济理论，体验主要有四种类型：娱乐体验、教育体验、遁世体验和美学体验。会展是让人感觉最丰富的体验，它往往可以同时涵盖这四个方面。

会展总是由丰富多彩的活动项目组合而成，不同活动往往带给人不同的宝贵情感体验，使得一个人的情绪、体力、智力甚至是精神达到某一特定水平，个体对活动过程中的某些刺激产生回应性的个别化感受，形成独特的体验。产品是实体的，服务是无形的，而体验是难忘的。会展服务以创造、引导并满足观众的体验需求为目标，以服务产品为舞台，以有形产品为载体，通过整合顾客的感官体验、情感体验、思考体验、行动体验、关联体验等多种体验方式，营造顾客忠诚。它以顾客忠诚为最终目的，以顾客需求为导向，以顾客沟通为手段。

会展人性化的服务让会展参加者感到亲切、舒适、轻松、愉悦、平静、安全、自由和快乐。会展中展示的最新产品可以让观众试用，看一看样子，听一听声音、摸一摸手感、闻一闻气味、尝一尝味道、试一试性能，让观众真实了解新产品。会展服务提供一种美好体验，更是一种消费方式，会使消费者形成很深的印象并形成偏好。

6. 会展具有综合性

会展具有极强的综合性。首先，会展活动的内容具有综合性。会展活动种类繁多，范围广泛，涉及的行业、部门众多，既有国民经济的各个产业（包括第一、第二、第三产业）部门，又有非产业（行政、社会团体等）部门，涵盖了政治、经济、文化等所有社会领域。其次，会展活动的方式具有综合性。各类活动方式出现相互交融的特点，展中有会、会中有展、会展与活动交融，形成了会议、展览、经贸、旅游、休闲、娱乐、节庆表演等多种活动相辅相成的局面。最后，在会展的组织运营中，涉及管理学、营销学、服务学、心理学、设计学、教育学等多个学科范畴的相关知识和技能，会展人才需要具备综合性复合型的人才特质。

7. 会展具有创新性

现代经济的高速发展，首先取决于高科技的发展与运用，采用高科技推进产业进步，实现科技创新。区域经济发展速度的快与慢和该区域经济体是否具备创新能力息息相关，而会展业是最容易进行思想碰撞产生新技术、新观念的行业。创新除了需要基础的经济条件如人力、物力、财力外，还需要科研成果的交流、信息资料的交换、思想观念的撞击，才有新的灵感。会展业正是提供这些智力产品展示的最佳场所。

第二节　会展产业

一、会展的基本运作模式

会展的基本运作模式如图 1-2 所示。

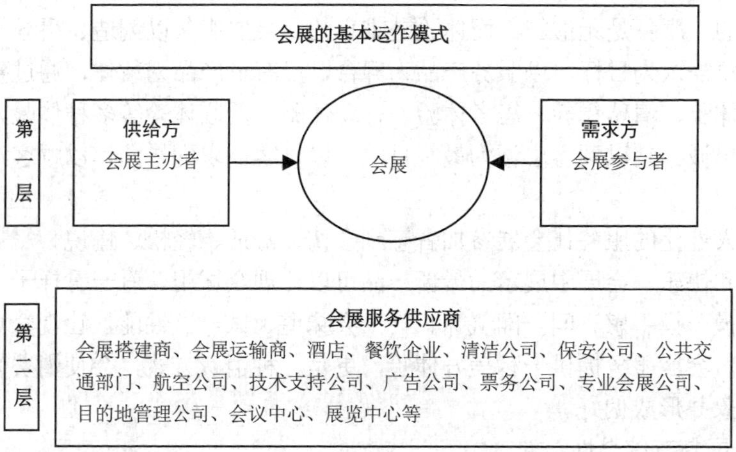

图 1-2　会展的基本运作模式

资料来源：根据 Helmut Schwaegermann，*The Event Market* 讲义改编。

1. 会展运作的第一个层次

从市场的角度来看，任何一个会展活动都必然存在供给方和需求方。展览会、会议、音乐会的主办者（供给方）将会展活动作为一个产品或者项目，提供给其潜在参与者（需求方）。供需双方对会展活动的需求是会展活动存在和发展的原动力。

2. 会展运作的第二个层次

为保证会展活动的顺利开展，会展供给方需要寻求更多的合作伙伴，有些会展供给方会将会展活动承包给专业性的展览公司、专业会议公司（PCO）、目的地管理公司（DMC）；寻找合适的会议中心、展览中心、酒店等作为会展举办场地；需要广告公司、设计公司、展览搭建公司、展览运输商、设备技术支持企业等企业提供相应的技术、办公、设计、运输等方面的支持。而因为会展活动往往在异地举办，因此会展的需求方在参加会展活动的过程中需要航空公司、酒店、餐饮企业、公共交通部门等提供生活和出行方面的服务支持。由此可见，因为会展活动举办的需要，除了会展的供给方和需求方之外，有更多的企业参与到了会展活动中来，这些企业我们可以将之统称为会展服务供应商。

会展活动的供给方、需求方、服务供应商以会展活动为核心共同形成了一个市场，我们将之称为会展市场。会展市场是一个为会展活动的计划、组织提供商品和服务的市场。

二、会展产业的形成

会展市场中的企业根据其会展服务内容的不同，可以分为两类，一类是核心业务围绕会展活动开展的企业，如展览公司、PCO、DMC、会展场馆企业等；另二类是部分参与会展活动的企业，其不以会展为核心业务，会展业务只是企业业务中的一个组成部分，如酒店、物流公司、咨询公司、广告公司等。行业是指生产同类商品或者提供类似服务的企业所组成的集合。这些以会展组织和服务为核心业务的企业所组成的社会群体集合，共同形成了会展行业。

产业是指在国民经济结构中存在的以行业为中心和支撑、形成提供专门支持与服务的附属或配套行业和企业、功能明确而又独特的经济事业，属于中观层面。从产业经济学的理论角度来看，一个产业的形成需要三个基本条件：首先，要有广泛的社会需求；其次，要有一个成熟的、被市场接受的产品并形成一定的生产规模；最后，这个产品要在市场上形成一定的供求关系。会展作为一种社会活动产生得很早，但早期的会展担负着政治服务功能，并没有从市场的运行中分离出来成为一种独立的产业。近些年，专业性的独立的会展运营商如展览公司、PCO、DMC 等发展迅速，各类会展服务供应商也积极参与到会展市场中来，已形成了一个结构功能完整的产业链条。而最为关键的是随着社会经济的发展和人民物质文化水平的提高，会展的需求规模日益增大。因此，可以说我国的会展产业已基本形成。

会展产业是围绕会议、展览、活动的举办，会展行业与其上下游行业（或企业）相互交融、相互关联、相互综合而成的产业链。会展产业是近几年我国发展起来的新兴产业，由于会展业能够创造高额的经济价值和社会价值，并具有产业联动性高的特征，因此，会展业在我国受到很多地区和城市的高度重视。

三、会展产业的产业属性

1. 会展产业属于商贸服务业

目前无论国内还是国外，都把会展业列入商贸服务业。2002 年 5 月我国国家质量监督检验检疫总局发布的《国民经济行业分类》（GB/T4754-2002）中是这样界定会展业的：会展业是指会议及展览服务，隶属于租赁和商务服务业，代码是 7491（租赁和商务服务业是 7，商务服务业是 74，其他商务服务业是 749，会议和展览服务业是 7491）。而国际上通行的做法是将会展业划分于服务贸易。根据《服务贸易总协定》的主要条款及内容，在国际服务贸易的 12 个部门分类中，会展属于职业服务贸易范畴。

2. 会展产业属性的时代变迁

会展是一种社会经济、文化活动，无法脱离社会经济环境而孤立存在与发展，在不同社会经济条件下，会展的种类和表现形态是不断变化发展的，其本质属性也随之不断升级。

（1）会展属于商业服务业

从最一般意义上来说，任何一个产业的形成都是社会分工的结果，劳动生产率的提高是社会分工的前提和结果。会展源自商业流通，是商业领域中产业分工的产物。就会展的发展历程而言，农业从畜牧业分离，产生了最初以物易物集市贸易；工业从农业中分离，集市贸易发展成为贸易展览会和博览会，但贯穿其中的始终是交换这一环节，只是交换的范围从本地、到区域、到国家、到国际不断在扩大，但会展这种商业流通服务的最本源属性至今仍然存在。但会展不同于传统商业，它不以货币为媒介，从买卖差价中获取利润。它以信息为媒介，通过收集、整合、传递信息，创造服务产品价值并获取利润。它不是直接参与交易，只是为买卖（或供求）双方提供沟通和交易平台。可见，会展源于商业流通，但在此基础上又进一步分离为独立的产业形态，成为区别于传统商品交易的一种新的市场形式，会展主要是为交易各方提供信息产品服务，以减少商品生产者和经营者的市场风险，降低交易费用，进而促进商品的流通。

（2）会展属于生产性服务业

20 世纪 80 年代以来，受市场规模的制约，企业内部分工出现了成本递增和规模效益递减的趋势。越来越多的企业舍弃了“小而全”的内部分工体系，在着力打造企业核心能力的同时，将其他非核心业务大量外包，同时充分利用社会专业分工所产生的公共服务和研发成果，使存在于社会中这些“外部经济”“内部化”，从而催生了现代金融、信息、物流、咨询、会展等一大批为生产者服务的现代服务业。20 世纪 80 年代以来以搭建企业与企业之间信息交流媒介为主要目的 B2B 商务会展迅猛发展并呈主流趋势，它们通常是以企业为主要服务对象，以“生产性服务”为特征，并逐步从现代服务业中独立出来，形成新兴会展业。与传统会展相比，它具有以下新的属性：一是大量信息流的集中，便于信息交换和技术扩散，同时也刺激新知识、新观点的产生。二是展示产业发展的趋势。新技术、新产品的展示往往会大量吸引研发人员、制造商、消费者和服务商，各种不同背景人群的集聚，更易于从不同角度推进新产品、新技术的推广和应用。三是资源的有效利用和搜寻成本的节约。会展使分散在不同企业和研发单位的技术、产品及买卖方在一定时空集中，多样化的产品和技术为买方提供了便利，而大量买方的集中也为卖方创造了更多了解市场需求和销售的机会，从而为各方带来了时间、空间的节约，资源利用率的提高。四是为生产者服务的特征尤为突出。服务的对象重点是生产性企业，终端消费者的参展也成了了解市场需求、参与产品研发和改进的重要环节。五是具有价值感知和消费引导的功能。会展通过现场展示和渲染，使购买者（需求方）去感知和体验产品，并获得“感知价值”，因此，参展商可利用展示、演讲等手段实施产品推广，并在互动中发现和获取现实及潜在的客户。会展为客户创造价值，吸引并创造顾客。此外，大型国际展览、会议及节事活动所要传递和倡导的往往是一种理念、价值取向、生活方式、潮流趋势，通过媒体的宣传，成为一种强势的引导和沟通手段，会对消费者及社会形成广泛而持久的影响力。

（3）会展将进一步向体验经济和文化产业方向拓展

自货币产生以来，商品的买卖就从时间和空间上分离了，而生产和消费之间原本紧密的关系就开始疏离。随着商品生产社会规模不断扩大，商品的生产和消费、供给和需求之间的疏离与非均衡状态就不断扩大。一是物理性距离，即产销和供求之间所存在的时间与空间距离。交通运输和信息传播的不畅是造成这种距离的基本原因。二是社会性距离，即产销和供求之间所存在的情感与认识距离。生活方式、社会归属、价值判断、文化认识等方面的差距是造成这种距离的基本原因。

随着社会技术的不断进步，以现代先进的运输系统和网络信息技术为基础的物流产业崛起，商品生产和消费、供给和需求之间的物理性距离不断在缩短。但商品产销和供求之间的社会性距离，却随着社会技术的进步和社会经济的发展而出现不断扩大的趋势。在现代市场经济发展中，整个市场处于买方市场，流通中供求之间的物理性距离在缩短，而社会性距离则在扩大，社会性距离成为阻隔商品流通的最重要障碍。消费者和商品之间的这种社会性距离只有通过文化交流的途径才能够缩短，会展的功能就是在这样一个背景下从流通中独立出来，脱颖成现代流通服务业的一支新军。

在本质上，会展就是主要通过文化的渠道和手段来疏通与缩短消费者和商品之间在情感、审美、价值判断、文化认同等方面的距离，从而创造价值、创造利润。一次成功的会展活动，一次集会议与展示于一体的大型活动，都有一个鲜明的文化主题，都有一套具有感染力的文化理念，都是通过文化的交流和沟通来获取消费者的认同，都是通过现场的情景渲染和体验使消费者在感情上亲近与接受。会展为商品流通提供的服务，不是单纯地从商品本身意义上来推介商品，它更注重推介的是一种商品所包含的，或与之相联系的需要消费者去认同和体验的文化价值，是以这种商品为载体、符号的一种审美情趣、生活方式、消费理念。会展的功能最集中地表现了现代体验式消费经济的特征，在这种消费经济中，消费者已经不注重商品本身的实用价值，不注重传统的性价比，他们注重的是在商品消费中已获得的个人感受和体验。可以说，会展在商品流通中所提供的最重要的服务，就是向消费者传递这种体验。

第三节　会展经济

一、会展经济的概念界定

会展业不仅是高收入、高盈利的行业，并且具有强大的产业连带效应。据相关专家测算，国际上展览业的产业带动系数在1:5~1:10之间，即展览场馆的收入如果是1，则相关的社会收入是5~10。会展产业的产业连带效应主要通过产业拉动效应、产业扩散效应和产业旁侧效应得以实现。会展的产业拉动效应主要表现为会展活动带来会务费、场租费，搭建费、广告费、门票等直接收入，以及拉动城市的餐饮宾馆、建筑、邮电通讯、交通运输、零售、物流、装潢设计等行业的增长。会展产业的扩散效应是指会展活动能够促进商品更好地从生产商转移到经销商或消费者受众，提高流通效率，促进商品销售；通过信息交流，可以使生产要素实现重新组合配置，使生产要素流动到能发挥更大效用的组织，从而提高了生产要素的使用效率；通过经济技术示范，给行业带来方向性的战略指导；改善城市发展环境，提升文明水平和城市知名度。会展产业的旁侧效应主要体现在会展业的发展能带动会计、保险、旅游、金融、市政建设、环保等产业的发展。

由此可见，以会展产业为支撑点，利用其产业连带效应可以带动城市相关产业等发展，给城市带来直接和间接经济效应及社会效应，从而形成一个以会展活动为核心的经济群体，对于这样一种综合经济现象和经济行为，我们称之为会展经济。在我国会展经济是一个新兴产业经济形态，2000年10月国务院发展研究中心市场研究所任兴洲所长首先明确提出了“会展经济”的概念。

二、会展经济的特点

1. 会展经济是一种多产业综合性经济

会展经济是一种多产业综合性经济，刘大可将会展经济划分为四大类：第一类是由会展活动自身而带来的经济现象，包括会展组织者、会展参加者、会展中心、会展服务商、媒体等为了会展活动的举办而发生的各种经济关系；第二类是由会展活动衍生出来的经济现象，如会议和展览给酒店、餐饮、交通、电信、旅游等行业带来的商业机会；第三类是因会展而促成的经贸交易活动；第四类是为促进会展业的发展而引发的经济活动，这类活动大多集中在基础设施投资和建设方面。

2. 会展经济是一种城市经济

城市是一个国家或地区经济活动与社会活动的中心，城市聚集了大量的人口、物质、资本和文化。综观世界各国会展经济的发展情况，不难看出，发展会展经济除应具备良好的硬件基础设施、便利的交通环境和政府在政策法规等方面给予支持外，还应该具备良好的经济环境、社会环境和文化环境，拥有较高的开放度，相对发达的第三产业，具有丰富的旅游资源等。城市具有发展会展经济的优势。会展经济总是在那些经济发达的城市优先发展起来，如德国的汉诺威、法国的巴黎、英国的伦敦、中国的香港和京沪穗等。

三、会展经济的功能

会展经济具有多方面的功能，一般可以分为以下三个方面：基本功能、提升功能、辅助功能。

1. 会展经济的基本功能

会展经济的基本功能就是会展经济最基础、最直接的功能，是会展经济得以发展的基石。会展经济的基本功能主要表现为产品展示功能、营销与宣传功能、信息传播功能和商贸洽谈功能等四个方面。

（1）产品展示功能

产品展示是会展活动尤其是展览会最基本的功能。这里所指的产品不仅包括实物产品，也包括先进的技术成果、新工艺和各种服务等无形产品。会展活动是产品进行展示和推介的优良平台。从社会、经济与科技发展的历程来看，由于会展活动的便捷性、集中性、直观性和传播的快速性，其对新产品、新技术和新成果的展示与推广起着极其重要和不可替代的作用，许多划时代的发明创造，如电话机、留声机、蒸汽火车、电梯、电视机等都是首先在展览会上亮相并得到展示，从而引起关注并得以推广的。我国的茅台酒也是于 1915 年举办的巴拿马万国博览会上获得金奖才得以名扬天下。

（2）营销与宣传功能

由于产品展示的直观性和现场体验性、产品买家的人流集聚性及所引发的媒体的高度关注，会展活动成为企业进行新产品宣传推广的重要渠道。美国展览研究中心（CEIR）调查报告表明，81%的观展者参加会展是为了寻找某一细分产业的新产品和新发展。除此之外，企业通过参加会展活动，还可以及时、准确、低成本也获取各种有效的市场信息。在展览会上，参展企业通过各种技术手段，精心布置展台，再配合各种宣传手段、公关活动和促销活动，不仅使新产品得以推广，更使客户在最短的时间里了解到企业的形象、理念和品牌，从而达到了企业展示与宣传公司形象、理念和品牌的目的。

（3）信息传播功能

会展具有信息传播功能，可以在国家之间、民族之间、企业之间、人与人之间建立起有效思想、文化、知识和信息交流的传播纽带。会展活动就是大量人流、物流、信息流和资金流的汇集，为政府、企业和消费者等各方面提供沟通与交流的机会，从而有利于促进各种新知识、新观念和各种经验与理念的传播。在商业展览会中，生产商、批发商和分销商汇聚一堂，进行交流、贸易，某种程度上甚至就是一个相当活跃的信息市场。对于参展企业来说，企业可以利用各种信息渠道宣传自己的产品，推介自己的品牌和形象。企业与顾客可以直接沟通，得到及时反馈。企业可以收集有关竞争者和新老顾客的信息，企业能了解本行业最新产品动态和行业发展趋势，构成决策依据。而在一些文化交流展览会中，会展又成为各国人民进行文化交流、文化沟通的良好平台。

（4）商贸洽谈功能

会展经济是为参展商和采购商提供相互认识、相互洽谈并实现交易的平台，从而加强国内外的经济、技术交流与合作，因此商贸洽谈也是会展经济的基本功能之一。展览会能起到促进经济贸易合作的作用。在每一个展览会上都能签署金额可观的购销合同和投资、转让、合资意向书，贸易成交额是评价商贸型展览会成功与否的重要指标。创办于 1957 年的广交会是我国外贸发展的“风向标”和“晴雨表”，对我国商品的进出口起着重要的媒介作用。每年的订货额排名为中国第一，世界第三。2012 年仅春秋两次广交会就实现贸易成交额 687 亿美元。

2. 会展经济的提升功能

会展经济的提升功能是促进城市发展的“助推器”，其主要表现在资源整合功能、产业联动功能以及经济辐射功能三个方面。

（1）资源整合功能

会展经济的资源整合功能主要表现在两个方面，一方面是有利于整合相关行业资源，另一方面是整合区域经济资源。

会展经济是一项综合性十分显著的产业，涉及旅游、交通、运输、通讯、广告、装饰、建筑等多个行业。因此，要举办一次成功的会展活动，必须将这些行业资源进行有效整合，包括会展场馆、旅游景点、旅游配套设施、城市基础设施甚至城市形象等。

此外，大规模的国际展会还具有整合区域经济资源的功能。如上海世博会的举办，将长江三角洲地区经济串联起来，通过一系列局部多赢合作，推动长江三角洲城市群的建设，打造出一个长江三角洲的“世博圈”。以上海为核心的长江三角洲城市群将迅速崛起，成为与德国慕尼黑、法兰克福、杜塞尔多夫和科隆等城市一样的会展城市群。此外，我国的珠江三角洲、环渤海等会展产业群等定将通过会展业的发展加强区域合作，实现区域经济向更高层次的整体推进。

（2）产业联动功能

会展经济不仅能够带来会展业自身发展的高收入、高利润（利润率可达20%~25%），并且还带动相关产业如服务、交通、旅游、广告、装饰、海关、保险以及餐饮、通信等诸多部门发展，不仅可以培育新兴产业群，而且可以直接或间接带动一系列相关产业的发展。根据德国贸易展览协会（AUMA）提供的数据显示，从企业参展费用开支构成比例看，参展企业直接付给组织者的展位租金只占整个参展费用的20%，其他参展费用则主要花费在展位搭建、装饰、运输报关、展览人员工资支出、旅行交通、食宿、购物娱乐以及广告等方面。香港旅游局在2002年曾做过一次调查，当年香港国际展览业创造的产值为73亿港元，其中除19亿港元来自于会展业本身外，其余54亿港元都是会展业拉动所致。这54亿港元收入包括酒店业、餐饮业、运输仓储业、零售业及其他部门的收入，所占比例分别为26%、10%、17%、23%和4%。

（3）经济辐射功能

会展经济对于会展举办地及周边地区具有经济辐射功能。我国现代会展业通过集聚、扩散、协调、创新等功能，为会展举办地带来源源不断的物流、人流、资金流、信息流和商流，产生了巨大的经济辐射力。目前我国已形成了五大特色会展产业带，包括以北京为中心的“京津—华北会展经济产业带”、东北边贸会展经济产业带、以上海为中心的“长江三角洲—华东会展经济产业带”、以广州、香港为中心的“珠江三角洲—华南会展经济产业带”、以武汉、郑州、成都、昆明等城市为龙头的中西部会展中心城市珠三角会展产业带。会展产业带的形成，推动当地城市圈会展业的梯度发展，生产要素集聚于龙头城市的同时，也向周边城市进行扩散，围绕着中心城市的城市圈实现产业互补，共享会展经济带来的信息资源和发展机会，推动区域经济的发展。

从会展经济对周边地区的辐射功能的大小来看，距离与会展活动的规模是收益多寡的两大关键决定因素。一般来说，距离会展中心区域越近的地区受益越大，反之则小；会展活动的规模越大，则辐射的距离就越远，受益的地区越多，反之亦然。

3. 会展经济的辅助功能

会展经济的辅助功能是指由基本功能和提升功能所带来的附加功能。会展经济的辅助功能主要表现在三个方面：城建优化功能、就业促进功能、城市软实力提升功能。

（1）城建优化功能

近年来，努力促进会展业的发展，以展兴市，成为世界上众多城市发展经济的首选之路。尤其是对那些自然资源有限，但在交通、通信、对外开放度等方面具有较大优势的地区和城市，发展会展经济成为城市经济发展的重要战略。一个城市为了更好地为会展业创造硬件条件，必须提升全市的基础设施建设质量，对城市的建设进行合理、科学的规划，达到交通便捷、运输顺畅、出行便利舒适、展馆设施先进、管理规范、服务周到、能满足参展商和观众的需求。会展业的发达程度是一个城市综合实力的体现，城市的现代化设施建设对其发展来说是一种基础性的建设，会展业的城建优化功能有利于增强城市的可持续发展能力。

尤其是像奥运会、世界杯足球赛、世博会等规模宏大的大型展会和赛事，对于举办城市经济实力、环境、交通和服务设施是一个很大的挑战。举办城市在取得了会展举办权之后均投入大量资金进行市政建设的完善，为城市建设带来了巨大的发展机遇，客观上提升了会展举办城市的社会环境和自然环境质量。为筹办昆明世界园艺博览会，昆明市共筹集 30 亿元资金，进行机场扩建、交通建设及滇池污染治理，完成了城市路网建设，比原规划足足提前了 10 年。为成功举办 2008 北京奥运会，北京市投资 2800 亿元用于城市硬件基础设施建设。会展活动的举行还有利于改善城市居民的居住环境，提高环境生活质量，围绕上海世博会“城市让生活更美好”的主题，上海实施基于世界标准的生态城市战略，2010 年上海世博会期间上海的空气质量优良率达 98%。

（2）就业促进功能

会展业的发展，能促进城市社会就业。由于会展业的经济辐射和产业联动功能，不仅会展业的发展对于就业有一定的促进作用，一系列相关行业的发展更是为城市创造出许多就业机会。据英联邦展览业联合会统计，每 1000 平方米展出面积就可以创造出近百个就业机会，而每增加 20 位会议代表就可以创造 1 个就业机会。历届奥运会在带动主办城市就业方面都发挥了重要的作用。1984

年洛杉矶奥运会创造了2.5万个就业岗位；1988年汉城奥运会给3.4万人带来了就业；1992年巴塞罗那奥运会筹办期内，每年新增就业人数5.9万人；1996年亚特兰大奥运会带动了7.7万人的就业；2000年悉尼奥运会更是创造了10万个就业机会。2008年北京奥运会，奥运经济为中国累计提供210万个就业岗位。

（3）城市软实力提升功能

会展对城市软实力的提升主要表现在三个方面。第一，会展经济塑造城市品牌。会展经济是城市树立品牌的重要载体，良好的会展活动能够提升会展举办地的知名度。人口仅1.3万的瑞士达沃斯，因世界经济论坛（又称达沃斯论坛）受到国际瞩目；只有7万居民的戛纳小城，凭借一年一度的戛纳国际电影节名扬四海；穷乡僻壤的博鳌小镇自博鳌亚洲论坛后，成为知名的旅游胜地。第二，会展经济可以提升城市形象。城市形象是社会公众形成对某城市认知的印象综合，城市形象一般表现为城市外部的知名度和口碑。会展活动的举办是一座城市对外交流和展现自我形象的大好机会。世界著名的会展中心城市，如纽约、汉诺威、慕尼黑、杜塞尔多夫、巴黎、伦敦、香港、达沃斯等，都是国际知名度很高的城市，会展业既为其带来了巨额的利润和经济的繁荣，也成为这些城市向国际社会展示自己城市风彩的重要窗口。第三，会展经济带给城市文化效应。会展是一座城市与外界进行文化交流的场所，有利于城市的文化创新。在展会活动开展过程中，大量外来参展人员和参展商的涌入刺激了当地文化与外界的碰撞，有助于推动政府国内外团体和商界彼此之间的了解与交流。通过会展活动，国内不同地域城市和国外的新思想、新认识、新文化相互交遇、碰撞、融合，能够满足参与者的精神需求和文化心理需求。

第四节　会展人才与会展教育

一、会展人才

会展人才是会展业发展的人力资源支撑。进入21世纪，全球经济一体化进程加快，会展产业作为服务贸易的一个新增长点，得到迅速发展，目前我国已经发展成为亚洲地区会展强国。近几年，随着产业的飞速增长和深入发展，会展人才的需求量与日俱增，会展人才出现较大缺口，相关统计表明，我国三大会展城市会展专业人才岗位需求与求职者的比例为：上海10∶1、北京8∶1、广州8∶1。

1. 会展人才的类型

由于会展业是一种跨学科的综合经济现象，涉及经济学、管理学、贸易学、市场营销学、美学、设计学、服务学等众多学科领域，涵盖了会展策划、会展营销、会展管理、会展服务等多个运营层面。因此，会展人才呈现出“漩涡形”人才构成体系，以适应会展业综合性和广泛性强的特点，并契合和推动会展业的发展。

漩涡形结构的核心即会展核心人才，他们是专业的会展运作人才，主要是指会展项目策划、会展项目运营管理人才，他们主要从事会展的市场调研、方案策划、销售和营运管理等相关工作。这是会展人才结构中专业性最强、层次最高、需求最为迫切的部分。

漩涡形结构的中层即会展辅助人才，主要包括会展设计、会展物流、展台搭建等方面的人才，会展业对这部分人才的专业性和通用性要求一般。

漩涡形结构的边缘部分是会展支持人才，是漩涡结构的外围，主要包括翻译、金融投资、住宿旅游接待等方面，这类人才的通用性较大。

广义上来说，会展人才包含三个层次：会展核心人才、会展辅助人才、会展支持人才。狭义上来说，会展人才就是指会展核心人才与会展辅助人才。会展人才的培养主要是指核心人才和辅助人才的培养。

2. 会展人才的需求单位和需求岗位

（1）会展企业。会展企业是组成会展行业的基本单位，会展人才的需求量最为集中，也是我国会展人才培养的主要方向。会展企业根据运营范围的不同通常分成以下几类：

会展的主承办企业，主要负责会展项目的前期策划、招展招商、项目管理等工作，是会展产业的核心。一般来说，会展主承办企业的人才需求岗位主要集中在会展开发与项目管理、会展策划与营销、会展销售等会展核心人才方面。会展核心运营岗位可分为高级岗位、中级岗位和初级岗位三个层级。高级岗位包括会展经济师、会展设计师，中级岗位包括会展项目策划师、会展项目经理，初级岗位包括会展销售、会展客户服务。初级岗位的需求量大，而中级岗位则更为紧缺。

会展场馆企业，如会展中心、会议中心等，这类企业的人才需求主要集中在会展场馆的运营管理与服务等方面。

会展服务企业，主要协助主承办企业开展会展服务工作。例如，会展设计公司提供设计服务，会展搭建公司提供展台搭建服务，会展公关公司提供会展公关、礼仪、翻译等工作；还有一些会展服务公司提供会展旅游、饭店、运输等相关服务，这些服务企业的人才需求主要以会展辅助性和支持性人才为主。

（2）政府机构、会展行业协会、会展专业组织。这些机构需要的是会展宏观管理和会展研究人才。

（3）会展教育、科研、媒体、咨询机构。其主要需要的是会展研究、会展咨询人才。

（4）大中型企事业单位。这些单位一方面需要会展人才来策划管理本单位的参展工作；另一方面，现在越来越多的企事业单位自己也会组织大中型会议、展览或活动，因此，也需要更多的会展活动管理运作型人才。

3. 会展人才应具备的素质

不同岗位的会展人才其素质要求有所差别，但由于会展行业的综合性，一名合格的会展人才至少应具备以下素质。

（1）宽泛的知识理论素养

所谓知识理论素养是指会展专业人才所必须具备的会展相关知识，它构成了会展人才培养的基本内容。一般而言，会展的相关知识包括以下几个方面的内容：会展基础知识、经济学和管理学知识、服务学知识、营销学知识、艺术知识。只有具备这些条件，会展专业人才才能具有广泛的市场适应性，能够胜任多种类型的会展活动管理策划与服务。

（2）独特的策划创新能力

创新性是会展的基本特性之一。综观国内外知名会展活动的成功经验，不断推陈出新是会展项目的生存和发展之道。因此，会展策划营销人员需具备独特的策划和创新能力，这是会展产业内在发展的必然要求。

（3）严密的组织管理能力

由于会展活动是人流、物流在短期内的集聚，因此，对于会展活动来说，严密的组织管理能力尤为重要。从业者所具备的严密组织管理能力是会展活动得以顺利进展的保障。不论是会展学历教育还是会展培训，都需要开设适当的管理组织类课程，以培养从业人才的组织管理能力。

（4）娴熟的沟通协调能力

会展本身是信息沟通的媒介，要达到良好的信息沟通效果，会展从业人员必须具备娴熟的交际沟通和协调能力，要能做到内外、上下、左右实时有效沟通。所以，对于会展教育而言，在传授学生知识的同时，一定不能忽视对其人际交流和协调沟通能力的培养。

（5）强烈的服务意识

从本质上来说，会展的主要内容是为各类会展活动参与者提供服务，会展属于服务业，因此，会展与其他第三产业部门一样，成功的关键是使服务对象获得满意的体验。这就要求会展专业人才具备较高的服务意识和较强的服务能力。而服务意识和服务能力的培养则主要来源于学校教育中对于服务理念和服务技能的传授。

二、国际会展教育

当今世界会展业最发达的国家是德国和美国，其会展教育为该国会展业的发展提供了充足的人力资源。德国的“双元”模式以及美国的“多元多层次化”模式都符合其国家会展业的实际情况，对其国家的会展经济起到了推动作用，成为其他国家模仿的成功典范。

1. 美国会展教育的概况

（1）多元化的教育主体

美国的会展教育主要由高校、行业协会、中介机构和咨询公司等组织承担。其中，高校处于核心位置。目前在美国开设会展专业或课程的主要院校有乔治·华盛顿大学、内华达大学、休斯敦大学、俄克拉何马州州立东北大学等75所高校。其他像行业协会、中介机构、咨询公司等也为会展从业人员提供技能性培训。高等院校的学习以学位教育为主，一般不要求具有从业经验；而行业协会、中介机构、咨询公司从事的是技能培训和在职培训，学员大多具有一定的从业经验。美国高校基本上是在旅游管理或商务管理的基础上设置大型活动或会展管理专业。美国国际展览管理协会自1975年起开设了展览管理认证证书的学习课程，以期提高从业人员的专业水平。

（2）多层次化的教育体系

美国高校已经形成了与自己专业特色相适应、从一般职业资格认证教育到学士、硕士学位教育的多层次会展教育体系。

在美国，会展管理的提法一般是事件管理或特殊事件管理。它不仅包括会议管理和展览管理，还涉及大型事件、体育事件、各种节庆甚至私人重要活动在内的事件管理。会展管理专业一般设置在宾馆管理、旅游管理、接待礼仪、体育运动、休闲娱乐、艺术门类中。在目前开设会展教育的高校中，乔治·华盛顿大学的会展教育规模最大、课程体系最完整，学生不仅可以攻读学士学位，还可攻读硕士学位。该校于1988年率先推出的特殊事件管理职业资格认证制度已得到全球 20 多所大学的认可。还有许多大学的会展教育也取得了较好的发展，并且树立起了自己的品牌。

（3）多样化的教育途径

美国会展教育的时间安排有多种，个人可以根据自己的情况选择适宜的方式。除了四年制的学士学位教育和两年制的硕士学位教育以外，还有一些两年制的社区学院也参与提供会展教育。在职业资格认证培训上，时间则更为灵活。以乔治·华盛顿大学大型活动管理证书培训为例，它主要是对刚进入会展行业、工作经验不多的人员进行初级入门培训，无学期要求。耗时最短的学员在 6 个月里学完了全部课程，耗时最长的则用了 36 个月。美国国际展览管理协会的展览管理认证证书课程学习要求学员在 3 年内学完 7 门必修课和 2 门选修课就行，耗时最短的记录是 11 个月，最长的则达 24 个月。

美国的高校还通过专业研讨会、书刊、VCD 等方式为公众提供学习会展知识的机会。此外，它们还通过远程教育向全球 24 个国家提供相关教育与培训。乔治·华盛顿大学特殊事件管理职业资格认证体系获得了西班牙、摩洛哥等国家的认可。目前全球约有 20 多所大学采用了该校的会展职业资格认证课程，通过远程教育对会展从业人员实行职业培训。

此外，美国高校的会展教育非常注重实践环节，许多高校在校园里建立模拟客房、餐饮设施，邀请会展业界人士为学生开讲座，并让学生实际参加会展活动，要求学生为学校的体育赛事寻求赞助商。这些实践活动对提高学生的实际操作能力大有益处。

2. 德国会展教育的概况

德国的会展教育享誉全球，为德国会展业的发展培养了大批专业人才并基本形成了产、学、教互动的良好机制。其教育模式的特点可以概括为办学集中、定向培养、贴近行业和重视实践四个方面。

（1）办学集中

德国高校的会展专业创办于 1986 年，至今设立会展专业的德国高校也仅有十几所，其中比较著名有科隆大学和瑞文斯堡合作教育大学，前者偏重理论研究，后者注重实务操作。

科隆大学展览经济研究所

科隆大学展览经济研究所是 1999 年由科隆展览公司资助与科隆大学经济系共同成立的，2000 年夏季学期开始正式开设相关课程，是德国综合性大学中第一个展览经济研究所。科隆展览公司之所以这么做，除了以上德国企业热衷于产学研结合的基本原因之外，其主要目的是将该研究基地建成其自身的后备人才培养基地和企业的外围研发部门，客观具备的条件有两个，第一个原因是科隆大学经济系的综合实力在德国高校中长期排名第一，在学术研究层面有很好的人才基础，该所从一开始建所的时候，就结合展览经济本身具有的复合性的特点，设置了三个教授席位，因为德国大学一般是一个研究所一个教授席位，两个已属少见，3 个的模式更是凤毛麟角，这 3 个分别来自企业规划与物流、市场营销与市场研究、国际贸易，此种模式就很好应对展览经济研究的特点。第二个客观原因是科隆大学和科隆展览公司地理位置相对较近，不仅是同一个城市，交通也非常方便，两者之间使用公共交通工具，单程时间最多也就半小时，这也给日后的课程和教学安排提供了极大便利。

（2）定向培养

德国会展业专门人才的培养基本上是定向的，如德国瑞文斯堡大学会展管理系的学生，大多数是接受展览公司委托培训的。经过培训的学生毕业后还是要回到原公司服务，这些学生平时可以从展览公司得到工资，有的在学习或培训的同时仍旧参与公司的部分工作。

瑞文斯堡合作教育大学的会展专业

瑞文斯堡合作教育大学的会展专业全称为会展与节事管理专业，该专业开设有近 20 年的历史，在德国会展行业有很大的影响力，毕业生遍及德国各大展览公司，包括前 AUMA 总裁。该专业的教学内容是模块化设置，但并不是模块化教学，所有课程都贯穿在三年的学习过程中，而且并不是平均分配比例，专业基础课，即经济管理类基础课程占 60%的比重，比如企业经济学类、宏观经济学、法律、数据处理、经济数学、统计学、财务管理、外语（非英语），等等，每阶段实习与上一阶段理论学习的主题基本是对应的，以便于加深对所学内容的认识，每部分内容都是逐渐地拓展和细分。目前该专业在节事管理方向增加了课程量。

（3）贴近行业

德国会展业的迅速发展，已使会展的内涵延伸到会议、展台搭建、大型活动策划等领域。德国会展教育的课程设置紧跟行业发展方向，按照会展涉及的专业领域，将课程分为五大模块即工商管理、展览管理、会议管理、大型活动管理以及展示设计与搭建。

（4）重视实践

德国的会展教育在教和学两方面突出实践性，教师大多具有会展企业背景并与会展行业保持密切的联系。德国会展专业的学生一般在学校里学习 3 年，其中 1 年半时间上理论课，一年半时间实习，通常每学期只上 3 个月课，其余 3 个月实习。

在德国，高校还与企业合作来共同为企业成功参展、开发和有效利用展览会这一营销工具开展实地调查与理论研究。德国贸易展览协会等行业组织也制定了一整套完整的专业人才培训内容，通过业务培训、调查实践、授予资格证书等方式全面提高展览工作人员的专业素质。在职业认证方面最权威的是德国工商大会的会展与节事管理认证，利用业余时间需要一年学习时间，然后参加统一的认证考试，通过后由德国工商大会颁发证书，参加该项认证必须有至少 2 年以上的行业工作经验。

德国具有完善的职业教育培训体系，其模式大致是，学生在学校注册学习期间，大致一半时间在企业实习，另一半时间在学校上课，如果是中等学历层面的职业教育，其在企业实习的时间更长些，企业之所以这么做，同样是从降低人工成本、储备后备人才、减少税收开支三个层面考虑的。同时，政府在这方面也有明确政策支持，多大规模的企业每年必须有多少个实习生的工作位置，少于规定的基本数量，企业必须缴纳更多的税，让企业感觉与其这样还不如多雇几个实习生划算，政府的该项政策长期保障了德国成熟的中等和高等职业教育体系的建立。

三、我国国内会展教育

1. 会展学历教育

我国高校会展专业的设置，最早是从一些相关专业里派生出来的，如 1991 年由中央美术学院设立的展示设计方向，2000 年由浙江城市学院设立的会展管理方向等。2003 年，教育部正式批准上海对外贸易学院和上海师范大学开设会展经济与管理本科专业，我国会展教育迈出了历史性的一步。此后，我国会展教育呈“井喷”态势。据相关统计，2013 年，全国招收会展专业新生的高等院校已达 220 所，其中高职 165 所。会展专业的方向主要有会展经济与管理、会展策划与管理、会展艺术与技术、广告与会展、经贸会展设计与策划 5 大类型。

总结十年来我国会展教育的发展，主要呈现出以下特点：

（1）我国的会展教育体系正在逐步形成，不同学历层次培养体系也日渐清晰。这主要表现在两个方面：从横向看，以教学、教材、科研等为依托的教学科研体系基本形成；从纵向看，不同学历层次培养体系也正逐渐清晰。从学历层次来讲，基本上形成了高职高专、本科、研究生甚至是博士这样一个金字塔式的学历层次的培养体系。

（2）从会展专业的地域分布来看，会展教育呈现出多区域快速发展态势，但主要集中于长三角、珠三角和环渤海湾地区。重庆、湖北、辽宁、湖南、河北、陕西等地都有两所以上的高校开设会展本科专业，北至黑龙江，南至海南的高校也先后获批开设会展本科专业。但会展本科教育主要集中于长三角、珠三角和环渤海湾地区，上海、广东、浙江、北京和天津 5 个省市的 31 个会展本科专业占据了全国总数的一半以上。这 3 个区域是中国会展业发展较早的区域，相应地，会展教育的跟进速度也较快。其中，上海开设会展本科教育的院校基本都是在 2009 年前获批的。

（3）会展专业教育以会展策划、经济管理方向为主导。据相关调研指出，在 220 所开设会展专业的高校中，开设会展策划与管理专业的院校占 2/3，会展经济与管理专业占 1/4，广告与会展专业占 1/10。由此可见，我国的会展教育主要以培养会展策划和经营管理人才为主。

（4）各高校依托自身院系资源而开设会展专业，教学优势各有差异，教学体系各不相同，缺乏教学的标准化。在会展本科专业院校中，本科专业设在旅游学院（旅游学院、旅游与会展学院、旅游管理学院、酒店与旅游学院等）的较多，也有些设在管理类学院和商学院，此外，也有个别学校设在经济金融类学院、国际交流学院、文化传播、传媒、人文等院系。会展艺术与技术专业主要依托于艺术设计学院。从学历层次来看，本科培养大约占 1/4 的比例，专科大约占 3/4 的比例。

2. 国内会展培训教育

目前我国会展培训认证市场上机构主要有四种类型：

（1）政府部门组织开发会展专业人才培训认证

例如，由国家劳动和社会保障部开发的《会展策划师》，由国家人力资源和社会保障部开发的《中华人民共和国人力资源和社会保障部专业技术人才知识更新工程培训结业证书（会展管理师）》，由中国商业联合会开发的《中级会展业职业经理人资质证书》，上海市组织部、人事局、市教委、市成人教育委员会联合颁发的《上海紧缺人才培训工程“会展策划与实务”岗位资格证书》。

（2）行业协会组织开发会展专业人才培训认证

如中国对外贸易经济企业协会推出的“国际商务会展员”培训及认证；中国会展经济研究会曾推出的中国会展经济高级研修班、中国会展业官产学研高级研修班。

（3）其他社会机构、企事业单位举办的各类培训班及培训研讨会

如中国国际人才开发中心曾推出《会议服务经理人岗位资质认证》培训、《专业会议服务岗位技能资格证书》（初级）培训。

（4）由贸促会和各培训机构与国外会展培训机构或大学联合组织的出国考察培训。

如中国国际人才开发中心、美国乔治·华盛顿大学商学院联合主办的首期会展项目管理专业研修班，为学员颁发华盛顿大学商学院会展专业证书和中国国际人才开发中心会展专业等级证书；中国贸促会与德国国际培训和发展协会（前身为德国卡尔·杜伊斯堡协会，CDG）合作推出了中德系列展览培训班。

目前我国各类培训认证的开展在一定程度上对会展行业的发展起到了积极的促进作用。首先，各类培训认证的开展为会展从业人员提高自身专业技能提供了学习的平台。会展策划、营销、设计、管理方面在目前的国内会展培训市场均能找到培训机构，满足了会展从业人员提高自身技能水平的要求。其次，各类培训认证的开展一定程度上缓解了会展业所面临的人才紧缺的困境。目前我国会展从业人员中，中坚力量基本上都是半路出家，其成长体现出典型的“师傅带徒弟”特点，局限性大，而科班出身的专业人才还缺乏经验，无法满足会

展业的整体需求。各类会展培训的开展，产生了一大批具备会展从业要求和技能的专业人士，满足了企业对专业人才的需求。最后，各类培训认证的开展有利于推动会展理论与实践相结合。中国会展培训缺乏拥有丰厚理论和专业背景的师资，目前培训的讲师多是两类，大学知名教授和会展行业高级知名人士，这两类人在理论上和实践上都有缺陷，而且缺乏培训经验，造成培训达不到预期效果。随着市场的发展，许多展览公司“操盘手”都被邀请成为培训的讲师，一定程度上促进了会展理论与实际相结合的研究。目前，国内的主要会展职业认证培训项目如表 1-3 所示。

表 1-3　国内的主要会展职业认证培训项目

认证项目	开发机构	主要特点	主要培训对象
会展经营策划师	劳动和社会保障部 上海市劳动和社会保障局	由劳动和社会保障部组织开发，具有较大的发展潜力，但目前尚未树立起权威性	大学相关专业学生和会展行业从业人员
会展策划与实务	上海紧缺人才办公室 上海市旅游事业管理委员会	属于上海市紧缺人才工程培训项目，吸引力大，且标准化程度相对较高，但专业性亟待加强	大学相关专业学生和会展行业从业人员
会展管理师	国家人力资源和社会保障部开发	国家人力资源和社会保障部共同开发，证书标准权威性、证书项目权威性、颁证机构权威性	会展项目经理、会展公司高层管理人员
会展业职业经理人	中国商业联合会	中国商业联合会与山东教育考试院、天津教育考试院等地方考试机构联合	会展业从业人员
其他社会机构、企事业单位举办的各类培训班及培训研讨会	由各专业从事会展培训的社会机构和培训机构主办	培训层次多，从初级到高级都有，形式灵活，价格低，证书不够权威，缺乏会展专业权威人士的参与	各类会展从业人员

但总体而言，我国的会展职业培训项目缺乏整套会展教育、培训效果评估体系，缺乏认证标准，对会展教育、培训师资更缺乏及时、有效、权威和系统化的评估，培训证书缺乏通用性，培训机构缺乏权威性。我国的会展培训机构急需要政府在宏观层面的管理引导，设立明确的政府管理部门，并设立会展培训行业准入制度，建立全国行业通用的认证机制。

3. 网络时代，会展业未来发展新趋势

截至 2013 年底，中国网民规模已达 6.18 亿人，更有高达 83.2%的企业在使用互联网。随着互联网的发展，实体展会作为曾经有效的商贸交易平台，正面临着前所未有的挑战。

春江水暖鸭先知，传统展会对互联网的应用不可谓不积极，从跟风做官网，到跟风做 APP，再到跟风做微博、微信，甚至不乏中国国际针织博览会、泰山国际矿业装备与技术展览会等纷纷尝试举办网上展会。但随着业界探索的日益深入，却发现喧嚣过后，谁也没能真正抱上互联网的大腿。为此，越来越多的人开始反思，过去在互联网上一轮又一轮的投入，究竟给展会自身和参展商带来了什么？究竟怎样的一种方式，才是会展业与互联网结合的最佳模式？

2014 年，我国在本地化服务行业刮起 O2O 浪潮。而所谓 O2O 展会，就是立足线下实体展会，采用先进的互联网技术与信息化手段，构建网上平台作为延伸与补充，并通过专业化系统运营，实现线下平台与网上平台闭环运作的全新展会运营模式。当前，O2O 成为业界新宠。很多业内人士认为展会要在互联网时代继续保持竞争力，最核心的就是要提高生产率，以提供更加个性化的深度服务，突破传统思维，借助互联网技术，运用数字化展示、社会化媒体和云计算、大数据等手段，对传统展会进行升级改造。那究竟 O2O 的潜力有多大，其是否能成为会展业与互联网结合的最好范式，我们且行且看！

资料来源：试水 O2O 营销模式 会展业未来发展新趋势。中国商贸易报，2014 年 3 月 14 日。改编而成。

思考题

1. 会展的内涵是什么？

2. 请举例说明会展的外延。

3. 请查找一个你较为熟悉的会展活动，分析一下这个会展活动的构成要素。

4. 会展的基本特性有哪些？

5. 为什么说会展的本质属性会随着时代的变迁而不断升级？

6. 会展经济是如何形成的？

7. 会展经济的功能有哪些？

8. 会展人才主要有哪些种类？

9. 试比较国内外会展教育的异同。

10. 请根据本章所学的会展人才和会展教育知识，对你的大学会展专业学习和未来职业生涯进行规划。

第二章

展览与展览产业

学习目标：

- 掌握展览会的分类
- 熟悉展览会的主要专业术语
- 理解展览会的基本功能
- 掌握展览会产业运作的基本模式
- 简要阐述国际展览产业的发展趋势
- 简要概括中国展览产业的发展现状

课时安排：6 学时

引　言

展览会是伴随着人类社会的发展而产生的，为什么人类社会的发展会产生展览的需求？展览会最原始的表现形式是怎样的？展览会能够实现哪些功能？一个展览会是怎样运作的？全球展览业发展的概况怎样？我国的展览业发展又是处于一个什么格局？本章将带大家一起去探究展览会的本质，并一起概览世界和我国展览业发展的总貌。

第一节　展览会的产生与发展

一、世界展览会发展历程

1. 古代社会

展览会发展的历史可以追溯到古埃及、古希腊和古罗马帝国。当时，旅行商人与当地生产者开始在市场和集贸市场进行交易，但最初市场进行交易的地点往往并不固定。罗马人最先确定了固定的常设性的集市，将巡回交易发展成为固定地点交易，从而形成了“展览产业”的最初萌芽。《圣经旧约》第27章提到在佐尔镇的地方（现在的黎巴嫩）举办了集市交易会。犹太王希律（公元前37年—公元4年）在botana镇建立了第一个永久性的展览中心（面积3200平方米），据考古证实，这个展览中心的客户来自叙利亚、埃及、意大利、希腊、西班牙和法国。

2. 中世纪

集市（fair）一词来源于拉丁词feria，原意是一个宗教节日，通常发生在修道院和教堂。在中世纪fair一词被首次使用。在德国，展览会（Messe）也源自拉丁词Missa（原意是“弥撒”），当时祭司在宗教服务结束时，会说：ite，Missa est，以宣布结束宗教服务，于是教堂周围的广场上就会开始市场交易。公元629年，国王达戈贝尔特（Dagobert）在巴黎附近圣丹尼斯首次举办了交易会，到公元710年，这里已经吸引了超过700多名商人，目前被公认为是世界上最早的国际集市交易会。在荷兰乌得勒支市档案馆找到的记录也表明，主教godebald在1127年许可乌得勒支市可以举办展览会，当时每年乌得勒支市举办四次展览会。第一个既包括现购自运商品，又包括生产资料的展览会是1165年在德国举行的莱比锡展览会。中世纪最有名的集市是香槟集市。香槟集市（Fairs of Champagne）是12~13世纪法国香槟伯爵领地内四个曾是轮流举行的集市贸易的统称。14世纪，行商变成坐贾，集市作用逐渐变小。

香槟集市。11世纪末和12世纪上半叶，随着城市商人的兴起，西欧出现了大量的集市。在这些大大小小的集市中，香槟集市是最大的集市。香槟伯爵领地同德意志、佛兰德、罗退林几亚和法国相毗邻，并正处于低地国家、佛兰德与意大利之间，以及德意志与西班牙之间的两条交通要道的交叉点上。因此，从意大利运来的东方货物，从英国运来的羊毛，从佛兰德运来的呢绒，以及从斯堪的纳维亚及低地国家运来的货物都在此交易。同时，香槟伯爵又竭力保障集市上商人的安全和通往香槟道路的安全。于是，香槟集市成为欧洲重要的商业中心，并在13世纪后半叶达到全盛期。香槟集市，包括香槟伯爵领地内四个城市（两次在特鲁瓦城，两次在普罗文城，一次在拉尼城，一次在巴尔城）轮流举行的六个各为期至少六周的集市。在每一次集市之间要间隔一至二周以便商人运转货物，这样香槟伯爵领地全年都有集市。香槟的每个集市都是经过严格组织的，并由市民一人和骑士一人组成的集市法庭来裁决纠纷。集市的第一周是各地商人来城内街道上设置货摊，接着是10天布匹呢绒交易和11天皮革交易，再接下去是19天其他各种杂货的交易，最后有几天用于结账。在香槟集市上，商人的结算及商业债务，已使用清偿余额划汇结算的办法；期票、汇票等信用凭证也已使用。香槟集市对推动西欧商品货币经济的发展起过重要作用。

3. 工业革命

开始于18世纪的工业革命，使欧洲进入了以机械化大生产为特征的工业化时代。在工业革命的影响下，欧洲的展览会出现了一系列变革。由于生产能力的迅速提升，生产商品日益增多，企业需要建立更多的销售和分销渠道。因此，在18世纪和19世纪，展览会的功能发生了根本的变化，其主要功能不再是现场直接交易，而成为系列商品进行展示的场地，样品展示成为其主要功能，这些展览会又被称之为“样品展”，在德语中称之为Mustermesse。这一阶段的标志是1894年在德国举办的莱比锡样品博览会，这届展览会开辟了一种展会订货的贸易形式，而德国因此也被公认为世界贸易展览会的发源地。直到20世纪中叶，这种主题涉及投资品和消费品的样品展览会主导了欧洲展览会，成为最为流行的展会形式。

工业革命后，欧洲各国为展示国力，还组织了各类不同主题的工业大众展。1798年，法国政府在巴黎组织了世界上第一个工业产品大众展。1851年英国伦敦举办了万国工业博览会。除此之外，到19世纪末20世纪初，以展示国力、面向公众为主的展览会，主题得到进一步拓展，例如，电器展、健康展、机械工程展等以普通公众为目标市场的展览会日益增多。

4. 现代社会

第二次世纪大战后，随着经济的快速增长和生产企业分工的进一步细化，大量的专业展览会应运而生，展览场地也日益多样化。进入20世纪，尽管信息高速公路和电子通信迅速发展，但展览会依然是企业最为高效的营销工具。展览会集信息性、传播性、娱乐性于一体，是所有的营销工具中唯一能进行面对面交流的最为生动的市场营销传播媒介。

在21世纪初，展览会的特点是展览会的持续增长供给：在全球国际合作的背景下，展览会组织者将展览活动的范围扩大到全球各地。

二、中国展览会的发展历程

1. 古代社会

人类的贸易起源于物物交换，这是一种原始的、偶然的交易。随着经济的发展，物物交换逐渐发展成为集市。具有商业性质的集市最早出现于古代中国的奴隶社会，两千多年前，《吕氏春秋·勿躬》便有“祝融作市”的记载。集市包括集、市、庙会等多种市场交换形式。其中，“市”指人们交换产品的场所，到西周时发展成为官府控制的市场。在此后的几百年里，市坊制曾一度流行，即市设立或撤销由官府决定；后来官府控制的市场逐渐消亡，市进入了一个新的发展阶段，商业色彩也越来越浓。在我国，“集”大约形成于公元前 11 世纪，它是随着社会分工的深入和经济交流的扩大而发展起来的。与“市”相比，“集”的地点比较固定，举行时间具有明显的周期性，参加者主要是农民和手工业者，且彼此之间的交易活动实质上是生产者之间的产品流通，这些特点使“集”成为展览活动的雏形。庙会的产生源于宗教活动的开展，比起乡村的集，庙会的内容更加丰富多彩，除了传统的产品交换外，还包括宗教仪式、文化娱乐等活动。

2. 近代社会

在近代，我国的社会经济发展明显落后于西方，反映在展览业上就是集市作为主导展览形式一直持续到 19 世纪末。元代（1271~1368），大都（今北京）的集市多达 30 多个，今北京钟鼓楼一带是元大都繁荣的集市所在地。明代（1368~1644），北京集市依然繁荣，城隍庙、隆福寺、护国寺、白云观等地是定时庙会场所。明代还与北方少数游牧民族进行国家控制的互市，即茶马市。清代（1644~1911），北京的白塔寺、隆福寺和护国寺是著名的三大庙会。清代在传统集市的基础上，又逐步发展了具全国规模的一些专业集市，如无锡、芜湖的米市，最典型的是河北安国的药市，春秋两次。作为专业的药材集市，安国药市已初步具备近代专业博览会的形式和内容。清代后期，随着资本主义商品经济的发展，中国早期的博览会出现。1905 年，清工商部在北京前门设京师劝工陈列所，展示各地工业品，同时附设劝业商场销售商品，这是中国博览会的雏形。1909 年，江苏教育总会在沪召开全省学堂成绩展览会，这是我国首次以展览会命名的展览。

3. 现代社会

1910 年，清廷在南京举办南洋劝业会，掀开了中国近代展览史的第一页。南洋劝业会是中国历史上具现代展览概念的第一个商业博览会。大会分设各省、纺织、茶叶、工艺、武备等馆，会期三个月，观众达二十多万。1912 年，民国（1912~1949）初期，北京政府改清廷在前门的京师劝工陈列所为商品陈列所，以后又改为劝业场，使得这一中国最早期的展馆逐步变成商场。1921 年 8 月，上海总商会商品陈列馆建立，每年 6、7 月征集展品，每年秋季举办一次展览会。1922 年 10 月，上海总商会在上海首次举办了中国蚕茧丝绸博览会。1925 年举办了武汉展览会。1928 年举办了四川国货展览会。1929 年举办了西湖博览会，西湖博览会是我国历史上第一次规模最大的展览盛会。而自 2000 年起，西湖博览会继续在杭州举办，每年一届。1935 年举办了西南各省物品展览会。1936 年举办了浙赣特产联合展览会。1944 年东北伪满州国举办了哈尔滨博览会。中华人民共和国成立（1949 年）至 20 世纪 80 年代初期，中国的展览会主要为国家的单独展览。80 年代后期，中国的展览业逐步发展，特别是经过近 20 年的迅猛发展，展览业已成为国民经济的新兴产业。

第二节　展览会

一、展览会的概念

展览会是指在一定地域空间和有限时间内举办的，以产品、技术、服务的展示、洽谈和信息交流为主要目标的，有多人参与的群众性活动。展览会可以说明生产活动的进展和成就，传递组织信息，具有增长公众知识，促进生产、发展贸易的作用。

展览会的外延包括：博览会、展销会、交易会、展示会、贸易洽谈会、看样订货会、成就展览会等。其中，博览会是国际化的展览会，交易会是以物品交易为目的的展览会，展示会是宣传性展览会。

展览会是在集市、庙会形式上发展起来的层次更高的展览形式。在内容上，展览会不再局限于集市的贸易或庙会的贸易，而扩大到科学技术、文化艺术等人类活动的各个领域。在形式上，展览会具有正规的展览场地、现代的管理组织等特点。展览会相关概念如表 2-1 所示。

表 2-1　展览会的相关概念

集市	在固定的地点，定期或临时集中做买卖的市场
庙会	在寺庙或祭祀场所内或附近做买卖的场所，常常在祭祀日或规定的时间举办
博览会	国际性的大型展览会，即有许多国家参加的规模宏大的产品、技术、文化、艺术展览及娱乐活动的国际性展览会
世界博览会	由一个国家的政府主办，有多个国家或国际组织参加，以展现人类在社会、经济、文化和科技领域取得成就的国际性大型展示会。它是全世界各国展示和交流各自发展经验、解决面临问题的国际盛会。有经济、科技和文化领域中的“奥林匹克盛会”之称
经济贸易展览会	以贸易、投资和经济合作等商务活动为主要功能的展览会
公益类展览会	除经济贸易类展览会以外，以展示成就、公益宣传、公众教育为主要目的，或者根据政治、外交等方面需要举行的专门性展览会

续表

Trade Fair	即贸易展览会，通常是指在一定的时空区间内举办的以样品的方式展示同产业的企业产品，从而达到促进销售目的的市场营销类展览会。这类展览会的主要目标受众是贸易和商务客户
exhibition	通常是指在一定的时空区间内举办的展示、销售同产业的企业代表性产品，从而达到促进销售目的的市场营销类展览会。这类展览会的主要目标受众是普通公众
Exposition	起源于法国，法文的中译名为“展览会”。在近代史上，法国政府第一个举办了展示、宣传国家工业实力的展览会，由于这种展览会不做贸易，主要是为了宣传，因此便有了“宣传性质的展览会”的含义
Show	原义是展示，但是在美国、加拿大等国家，以 show 替代 exhibition

由于本教材主要基于产业化视角对展览会进行讨论，因此，本章节所指展览会除非特别说明，是指以贸易、投资和经济合作等商务活动为主要功能的展览会，即经济贸易展览会。

二、展览会的功能

展览会的核心功能是在特定的时间和空间内，给买卖双方提供信息、技术、发展等方面面对面交流的机会。展览会是与客户进行市场沟通的最有效的工具。展览会也是经济和市场趋势的指向标，因为展览会反映了市场运作的基本规律和市场变化的动向，指明了市场未来发展的方向和趋势。展览会能够实现特定的商务功能，同时也能实现经济功能和社会功能。

1. 商务功能

在所有的营销工具中，展览会是目前功能最为广泛的一种，展览会能够发展和维护客户关系，寻找合作者，进行公司的定位。展览会可以为新产品测试市场，因此也成为一种市场调研的工具。

展览会能够使公司通过分析竞争形势、准备产品和服务的销售，从而更好地认识自己。尤其是对一些新公司来说，可以使他们对自己的竞争优势、产品有更清醒的认识。因此，在市场开发的前期，参观展览会是有必要的。德国的企业把商务营销沟通预算的35%~40%用于参观展览会。平均而言，每个德国的参展商在两年内会参加 7~8 次展览会，花费大约在 25 万欧。与其他类型的沟通工具相比，展览会是较为低廉的沟通工具。

（1）寻找新客户，维护老客户

尽管许多经验丰富的参展商会邀请他们的客户在展览会期间参观他们的展台，但是展览会最重要的功能在于寻找潜在的新客户。对于参展公司来说，展览会最大的卖点在于它能为这些公司提供接触来自国内外的最全面的购买者。

因此，参加展览会能够开拓新市场。在商务活动中，需要长期地维护客户关系，展览会是与客户进行沟通的理想平台。

（2）展示新产品、新技术和服务

展览会能够展示创新和进步，并能及时反映行业发展的趋势。展览会还可以作为新产品的试金石。新产品和服务往往能够在展览会上吸引公众的眼球。参展商能够展示和提高产品或服务的范围，并集中显示其优势。因为一些创新能够吸引公众的注意力，因此，中小公司往往能够从展览会中受益。

（3）形象和媒体效应

参展商通过在经贸展览会上展出具有强吸引力的本企业及其产品信息、与参观者之间有效的沟通，从而在参观者心目中树立良好形象。不仅如此，经贸展览会同时具有强大的媒体宣传效应，通过参加经贸展览会，参展公司也在商业媒体中树立良好的形象。商业媒体经常会针对展览会进行专题报道，因此一些有吸引力的展品和创新性的设计往往会因此得到更多人的关注。

（4）市场调研和市场定位

通过与潜在客户的沟通讨论，参展商可以更好地了解客户的需求和期望。由于展览会往往是同行业企业之间共同参展，因此，参展商之间能形成一种竞争。参加展览会使参展公司更加注重自己产品和服务的质量，也更加关注竞争者的产品和服务。通过参加展览会，参展商和参观者能够调研市场情况、摸清竞争形势、了解最新的技术和创新，从而更有利于企业找准自己的市场定位。因此，展览会是面向竞争者的非常有效的市场定位的工具。

（5）员工激励及招聘

企业员工在参与展览会过程中，因为与其他竞争者同时展出，一定程度上会激发员工的斗志，希望能够获得更多参观者的关注，与参观者之间接触更多。此外，一些公司在展览会现场，通过面对面直接沟通，往往能够有机会测试一些求职者，从而招到满意的员工。

（6）个人沟通和情感交流

在展览会现场，企业能够与商业伙伴之间进行面对面的沟通和交流，这有利于双方之间相互信任，建立可持续的长期的合作关系。在展览会现场，客户能够现场观看企业的产品和设计，能够当面提出他们的问题，描述他们的需求，买卖双方可以展开深入对话来达成合作意向。展览会是一个“全方位感知”的活动，潜在客户可以运用各种感官对企业和产品产生印象，甚至可以建立一定的情感，这是网络、广告等其他营销工具所不能比拟的。

2. 经济功能

（1）区域经济功能

不仅参展商和专业观众会从展览会中受益，举办会展的城市及城市所在的周边区域都会从会展活动的举办中受益。展览会的服务商如，酒店、物流公司、翻译公司、设备公司、餐饮公司、展台搭建公司等都成为直接受益者。一般而言，会展活动的区域经济效应通常会是展览公司直接收入的5~6倍，甚至达到9倍。不仅如此，展览会还会带动这个区域的整体就业水平，增加地方税收收入。一些经贸展览会往往会同时带动本地的投资，从而有利于地方经济的长期发展。而参展商和参观者在本地的花费也带动了本地购买力的增加和就业增长。因此，展览会大大促进了区域经济的发展。2009年，德国因为展览会的举办产生了25万人次的就业，其中11.7万人次从业于服务业。其他行业如商业企业、交通运输、新闻传播和制造业也受益颇多。

（2）使市场更加透明

经贸展览会在有限的时间和空间内将行业的供给方和需求方汇集到一起，通过展览会可以看出整个行业的市场概况，购买者可以了解所有产品的概况，对产品进行比较，进而通过与参展商的直接沟通深入了解产品，因而展览会使市场更加透明，更有利于购买者作出科学的购买决策。

（3）出口的平台

展览会是企业打入国际市场的良好平台，尤其是对中小企业来说更为重要。中小企业一般实力比较弱，没有国际化营销网络，参加展览会对于这些企业来说成本较低，但借助展览会的影响力，往往能吸引国际买家的注意，因此展览会是出口的良好平台。德国是世界展览大国，同时也是世界国际贸易出口大国，两者之间存在一定联系，正是由于德国展览会的有力辅助，才使得很多企业获得进入国际市场的机会。

3. 社会功能

（1）知识的传播

展览会和会议是知识传播的重要平台。当今社会是知识社会，因此信息的传递变得尤为重要。信息的产生、选择、过滤及传播是国民经济的最重要的任务之一。现在会展业中出现的展中会、会中展的现象，正是因为展览会和会议的结合，更有利于知识的传播，提高知识传播的效率。

（2）国际化沟通和理解

在国际经贸展览会中，来自世界各地相关领域的人走到一起。他们克服了政治及地域空间的差异，因为营销的共同利益而走到一起，进行国际化的交流，并进一步产生合作，这有利于各个不同国家之间的人民建立友好的关系。展览会是通过对话而进行国际间人与人沟通的良好方式，因此称为“国际化理解沟通的市场”。

（3）政治与经济交流的平台

经贸展览会强化国民经济产业结构的利益。经贸展览会在企业和协会之间建立沟通交流的平台。一方面，代表了政府和议会；另一方面，代表了与这一行业领域相关的财政的、经济的、社会的政策。此外，对于举办展览会的城市而言，城市的政治决策者也会因展览会而引起国内外媒体的关注。因此，展览会不仅是各国之间经济交流的平台，也为政治交流创造了更多的机会。

三、展览会的分类

经济贸易展览会根据不同的划分标准，具有多种分类方式。

1. 按照展览会观众的不同类别划分

（1）商贸性展览会

商贸性展览会是指参观者和参展商都是商人的展览会，双方之间因为商贸原因而参加展览会。这类展览会通常是为产业如制造业、商业等行业举办的展览，展览会的主要目的是交流信息、洽谈商务贸易。商贸性展览会的展期多为3~5 天，举办日期、地点相对稳定，有规律。商贸性展览会对展出者的行业有限制，而观众主要是对口的公司人员，大都是经过挑选并通过特殊途径邀请而来的工商界的专业观众，普通公众一般被排除在外。这类展览会重视观众质量，商贸性展览会通常禁止直接销售。商贸性展览会又被称为 B2B（Business To Business）展览会。

（2）消费性展览会

消费性展览会是面对普通公众消费者开放的展览会。这类展览会多具有地方性、综合性，如服装、名优产品展等，这类展览会重视观众数量的多少，展览会以现场售卖商品为主，并且展览会的观众以来自展览会举办地的观众为主。消费性展览会的展期比商贸性展览会长，一般为 10~15 天。消费性展览会在中国常被称作展销会。消费性展览会又被称为 B2C（Business To Customer）展览会。

（3）综合性展览会（贸易性与消费性相结合的展览会）

这类展览会既吸引专业商务参观者，又吸引普通公众，因此具有综合性。这类展览会根据目标的不同，又分为几种不同的类型。有的综合性展览会尽管对普通公众开放，但是以吸引专业参观者为主，通常在展览会的前三天开放给专业参观者，在最后一到两天开放给公众。还有的综合性展览会以吸引普通公众为主，对于观众的参观没有任何限制。因此，需要根据具体情况区分这类展览会。

每两年在上海举办一次的“上海国际车展”既是汽车业界人士商务交流的专业平台，也是广大汽车爱好者集中观赏汽车的良好时机。一般来说，图书展、玩具展、体育用品展、电子游戏展、音响展、乐器展、家居用品展、航空展、旅游展等题材的展览会，大多是专业性和消费性同时兼具的展览会，可满足业内人士和普通观众的不同需求。综合性展览会又被称为 B2B+B2C 展览会。

2013 年世界商展 100 大排行榜前 20 名如表 2-2 所示。

表 2-2　2013 年世界商展 100 大排行榜前 20 名

排名	名称	简称	面积（平方米）	国家	城市
1	慕尼黑国际工程机械、建筑机械、矿山机械、工程车辆及设备博览会	bauma	555000	德国	慕尼黑
2	汉诺威国际农业机械展览会	AGRITECHNICA	380200	德国	汉诺威
3	巴黎国际工程机械展	INTERMAT	375000	法国	巴黎
4	拉斯维加斯工程机械展	CONEXPO-CON/AGG	338000	美国	拉斯维加斯
5	法兰克福春季国际消费品博览会	Ambiente	331700	德国	法兰克福
6	汉诺威工业博览会	HANNOVER MESSE	330800	德国	汉诺威
7	意大利米兰供暖、空调、制冷、再生能源及太阳能展	MCE	325000	意大利	米兰
8	中国国际机械、建材机械、工程车辆及设备博览会	Bauma China	300000	中国	上海
9	法兰克福国际汽车零配件及售后服务展	Automechan-ika	294300	德国	法兰克福
10	欧洲机床展览会	EMO	286000	德国	法兰克福

续表

排名	名称	简称	面积（平方米）	国家	城市
11	科隆世界食品博览会	Anuga	262000	德国	科隆
12	杜塞尔多夫国际包装机械、包装及糖果机械展览会	interpack	260900	德国	杜塞尔多夫
13	汉诺威消费电子、信息及通讯博览会	CeBIT	260600	德国	汉诺威
14	杜塞尔多夫国际塑料及橡胶展览会	K	257000	德国	杜塞尔多夫
15	法兰克福国际卫生取暖空调博览会	ISH	255900	德国	法兰克福
16	汉诺威商用车展览会	IAA	252000	德国	汉诺威
17	欧洲畜牧业展览会	EuroTier Mit BioEnergy Decentral	251400	德国	汉诺威
18	世界医疗论坛国际展览会及会议	MEDICA	250000	德国	杜塞尔多夫
19	杜塞尔多夫德鲁巴展览会	drupa	241800	德国	杜塞尔多夫
20	维罗纳国际建筑机械及掘土设备展	SAMOTER	240300	意大利	维罗纳

资料来源：节选自《2013 年世界商展 100 大排行榜》 进出口经理人，2013 年，SE2-SE4。

2. 按照展览会展览产品的范围划分

（1）综合展览会

综合展览会的展览范围较为宽泛，展品来自全行业或数个行业，也被称作横向展览会，如工业展、轻工业展。2007 年 1 月 1 日正式施行的《商务部举办展览会管理办法》，提出“综合性展览会参展的主要行业在 3 个以上”。汉诺威国际工业博览会、我国的广交会、华东商品交易会等都属于典型的综合展览会。

（2）专业展览会

专业展览会的展览范围比较单一，展品集中来自一个行业或关联性较强的几个行业。这类展览会与综合展览会相比，存在产业链条上下之间的相互联系，参观者之间能够相互交叉，产生共同需求，因此，能够组成一个展览会。例如，由法兰克福展览有限公司举办的法国（巴黎）成衣布料及辅料展览会（Texworld Paris）就是仅仅面向专业观众开放的专业展览会。

3. 按照展览会的影响力划分

按照展览会的影响力分类，一般分为国际性展览会、全国性展览会、区域性展览会和地方性展览会。

展览会的国际性一直被业界广泛认为是体现展览会水平和社会影响力的重要指标之一。考察展览会是否具有国际性，国内外展览业界普遍认同以国外或境外参展商或观众占全部参展商或观众总数的比例而定。

（1）国际性展览会

不同的行业组织和机构根据会展业发展的不同情况，给予国际展不同的统计标准。

国际展览业协会（UFI）的标准：

- 国外参展商至少占所有展商的 20%；
- 或国外观众的比重至少占所有观众的 4%；
- 或租赁给国外参展商的参展面积至少达到展出净面积的 20%。

德国展览业协会（AUMA）的标准：

- 国外参展商至少占所有展商的 10%；
- 国外观众的比重至少占所有观众的 5%。

我国国家质量技术检验检疫总局、国家标准化代理委员会发布的 GB/T26165-2010《经济贸易展览会术语》指定的国际展览会的标准：

- 境外参展商不低于全部参展商的 10%，或者境外观众不低于全部观众的 5%的展览会。

（2）全国性展览会

全国性展览会是指影响力辐射全国的展览会。《商务部举办展览会内部管理办法（试行）》（商贸字〔2006〕180 号）对全国性展览会的定义主要有两条标准：“（一）对全国经济发展有重大作用和意义、配合国家重大战略实施或配合外交外贸多双边工作的需要；（二）具有全国性、综合性或较强专业性，国内参展商来自全国一半以上省（区、市），且展位比例达到 30%以上。”

（3）区域性展览会

区域性展览会是指影响力超越本省（区）地域的展览会。如由西安市人民政府等单位联合举办的中国西部国际物流产业博览会暨交通运输展，伴随着西部物流产业的发展，已成为中国西部地区权威性最强、专业性最高、规模最大的品牌博览会，被业界誉为“西部物流产业第一展”。

（4）地方性展览会

地方性展览会一般规模不大，特征是参展商、观众以本省或举办城市为主。

4. 按照展览会的举办地区划分

按照展览会的举办地分类，一般可分为固定或不固定的展览会。

（1）举办地固定的展览会

举办地固定的展览会是指长期固定于某一地方举办的展览会。除举办地长期固定之外，也包括展览会固定展览时间和固定展览场馆。一般而言，展览会一旦举办地确定不会轻易变换举办地点。

（2）举办地不固定的展览会

举办地不固定的展览会，又称为巡回展览会或流动展览会，是指举办地经常变换的展览会。例如，由中国糖业酒类集团公司主办的“全国糖酒商品交易会”（简称“糖酒会”）一直采取巡回展方式，先后在郑州、长沙、西安、沈阳、石家庄、济南、福州等多个城市举办。

5. 按照展览会的出入境性质划分

按照展览会出入境的性质划分，可分为出境展览会和入境展览会。

（1）出境展览会

出境展览会是指国内主办方组织国内客商出国或出境举办展览会，或参加外国机构举办的展览会。出境展览会又称为“出国办展”，业内将其简称为“出展”。 中国贸易促进委员会不但是国务院授权管理出境展览会主办方资质的机构，同时是国内出境展览会的重要主办方。国内机构组织国内企业以“中国展团”方式参加境外展览会，也是“出展”的模式之一。

（2）入境展览会

入境展览会是指境外主办方组织境外客商来国内举办的展览会，业内习惯用“来展”简称入境展览会。由香港贸易发展局组织的“香港时尚精品展览会”、台湾机构组织的台湾商品展览会，是经常可见的“来展”项目。1998 年 12 月 1 日商务部颁布《在祖国大陆举办对台湾经济技术展览会暂行管理办法》，专门就台湾民间机构在祖国大陆举办经济技术展览会作出了具体规定。

6. 按照展览会的规模划分

按照展览会的规模分类，可分为大型、中型或小型展览会。国际上一般以展览面积显示展览会的规模，而较少如国内用标准展位数量来显示展览会的规模。但如何划分大、中、小型展览会，国际、国内均无统一标准。

目前，国内一般认为面积在5000平方米及其以下的展览会为小型展览会。国内一般认为面积在2万平方米~5万平方米的展览会为中型展览会，面积在5万平方米以上的展览会为大型展览会，10万平方米以上的展览会为特大型展览会。中国国际贸易促进委员会、中国会展经济研究会、《中国贸易报》、《中国会展》杂志等机构或媒体，在其公布的年度会展业发展报告中，多以面积达2万平方米以上的展览会作为统计对象，而大型或特大型展览会一般按展览面积由高至低顺序排名。

因行业不同，展览会的规模标准不甚相同。如航空展览会、机械工程展览会因其展品巨大，所使用的展览面积自然较多；而珠宝展览会因其展品玲珑，所使用的展览面积自然较少。在上海举办的中国国际纺织纱线展览会，虽然展览面积只有3万平方米，但已经是全球最大规模的专业展览会了。

7. 按照展览会的形态划分

按照展览会的形态进行分类，可以分为线下展览会和线上展览会。

线下展览会即实体展览会，也称为传统展览会。线上展览会即互联网上的展览会，又称虚拟展览会。目前，尚无线上展览会单独举办的情况。在网络信息化发展的背景下，实体展览会大多通过展览会官网、服务行业与展览会的网络媒体或者开展电子商务网络平台，利用互联网进行进行营销拓展，并作为丰富客户服务的手段。

四、展览业专业术语

随着展览业的不断成熟和行业规范的不断推进，展览行业专业用语的使用日益规范，这些专业用语是了解行业的敲门砖，以这些专业用语为契机，可以以点见面地全面了解整个行业（参见表2-3）。

表2-3 展览会专业术语一览表

专业术语	含 义
展览题材	简称展题，是指展览会的展品范围所属的行业
展期	展览的时间期限，以天数计算，包括布展、开展、撤展三个阶段
媒体日	展览会仅对媒体开放的展览日
主办单位	策划、运营展览会，拥有并对展览活动承担主要责任的组织
承办单位	受主办单位委托，承担、协助、参与展览会的策划或运营的组织
协办单位	协助主办（或承办）单位举办展览会的组织
支持单位	向展览会或相关活动提供有效资源的组织
参展商	签订参展合同，履行合同义务，拥有展台使用权，展示产品、技术和服务的组织

续表

专业术语	含 义
观众	展览会展出期间，参观展览会的人员
专业观众	展览会展出期间，出于收集信息、采购洽谈、联络参展商等专业或商业目的参加展览会的观众
招商	展览邀请可能成为观众的个人或团体参加展览会的活动
招展	邀请可能成为参展商的组织参加展览会的活动
展品	参展商在展览会期间展示的产品、技术和服务
展台	展览会上用于展示活动的结构单元
标准展台	又称为标摊。展览场所内主办（或承办）单位按统一样式和尺寸、采用统一材料搭建的展台 注：标准展台具备相同的基本配置，尺寸一般为 9 ㎡、12 ㎡、15 ㎡
楣板	标准展台上标有参展商名称、机构标志和展台编号等有关信息的展板
特装展台	展览场所内标准展台以外的展台
光地	用于搭建特装展台的展览场地
展台净面积	参展商根据参展合同有偿使用的展台面积
展览净面积	展台净面积之和
展览总面积	展览会实际用于展览活动的所有场地面积 注：不包括餐饮区、办公区和仓储区
展览服务商	为展览会提供服务的组织 注：展览服务商提供的服务可包括展台搭建、展品运输、广告代理、观众登记、会务、餐饮服务等
主场服务商	由主办（或承办）单位指定并委托，为参展商提供现场服务的组织
展品运输	会展物流服务商受参展商委托将展品从指定地点运至展台，或由展台运回指定地点的活动
现场服务	展览会期间，主办（或承办）单位和展览服务商在展览场所向参展商和观众提供的各种服务
招展书	主办（或承办）单位编制的、推广和销售展览会的文件
参展合同	参展商与主办（或承办）单位签订的展台租赁协议
展位平面图	表示展览场所出入口、通道、展台分布和公共服务设施等信息的图
展商手册	主办（或承担）单位编制的、指导参展商参展的文件
参观指南	介绍展览会、参展商和展品等信息，指导观众参观展览会的文件
展报	报道在展览会期间有关参展、参观及其他活动信息的报刊
展会报告	主办（或承办）单位在展览会闭幕后发布的关于展览会情况的报告

资料来源：根据国家质量技术检验检疫总局、国家标准化代理委员会发布的GB/T26165-2010《经济贸易展览会术语》整理而成。

第三节　展览产业的基本运作模式

一、展览会运营中的产业价值链

展览会是一种具有一定规模和相对固定的举办日期，以展示组织形象或产品为主要形式，以促成参展商和贸易观众之间的交流洽谈为最终目的的中介性活动。随着现代社会分工的日益深化，不论是在经济贸易领域，还是在终端消费领域，供给方和需求方相互沟通的需求都非常强烈，而展览会正是服务于这些生产商和贸易商之间的良好沟通中介平台。

在传统的商业价值模式中，交易由买卖双方共同构成，参与交易的买方和卖方通过线性价值链，实现价值的传递并实现各方价值，在这种商业模式中，卖方服务的是单一客户——买方，从而形成了所谓的单边市场。而展览会作为信息交流的媒介与平台，存在三大基本构成要素：展览会的组织者（主办方或承办方）、参展商、参观观众，三者之间的关系如图 2-1 所示，展览会的组织者是展览会的卖方，而参展商与参观观众是展览会的买方。参展商与参观观众不仅是展览会的买方，同时也是展览会的重要组成部分。此外，参展商与参观观众之间互为需求，只有展览会组织者能够吸引足够的潜在参观者，参展商才会满意。只有足够多的行业的知名企业能够在展览会展出他们的产品，参观者才能够满意。只有参观者和参展商都满意，展览会才能取得成功。

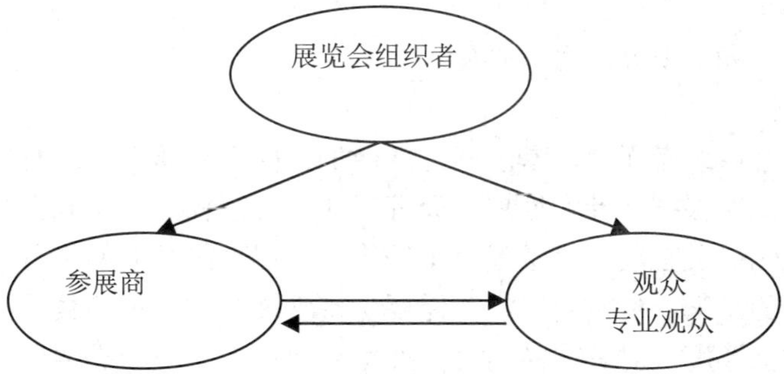

图 2-1　展览会运营中的价值三角

1. 展览会组织者

展览会组织者即展览会的主办方（有些展览会除主办方之外还有承办方）。展览会组织者的价值亦即展览会的价值，主要通过参展商与参观观众的参展、观展实现。主办方的收益主要来自参展商的参展费和广告费。主办方的长期价值就体现在展览会本身，一个成熟的品牌展览，能够给展览组织者带来不菲的收益。展览会组织者要负担的成本主要是招展费、推广费、展览过程中的场地费、设备费，以及展览结束后的信息收集整理、客户维护和其他营运成本。

2. 参展商

参展商是指在展览期间利用固定的展台进行直接信息交流的特定群体，是展览会的主体之一。参展商的参展价值，通过直接促进销售、建立新的业务联系、推广公司新产品、获得订单、增强与老客户的联系、提高企业形象、了解企业在市场中的位置、寻找代理商等参展目标来实现。参展商实现价值的关键，在于是否有大量高质量的专业观众。参展商所付出的成本有：展位费、推广费、展品费、运输费、展具租用费、布展费、人工费、差旅费、通讯费等，另外，参展商还有一个不能忽视的成本，就是参加一个展会所付出的机会成本，即在同一时间内用其他方式招商，或参加其他展会可能获得的最大收益。

3. 参观观众

参观观众又分为普通公众和专业观众两类。对于一些经贸性展览会而言，专业观众是参展商的主要潜在客户群体。专业观众期望通过展会接触大量高质量的参展商，实现快速、有效、低成本达到参展目的，如建立新的客户联系，寻找供应商和采购货品，获得最新的市场信息，保持以往客户联系等。专业观众价值能否实现的关键，在于是否有大量高质量的参展商。展会期间主办方提供的专业研讨会或新技术、新产品发布会，也能增加观众参加展会的附加价值。观众所付出的成本主要包括人工费、差旅费、通讯费、入场费等。同时，观众参加展会也存在机会成本。

4. 价值三角各要素之间的关系

（1）展览会组织者与参展商

对展览会组织者而言，参展商是展会价值的主要体现，同时也是展会收入的主要来源。根据《专业性展览会等级的划分及评定》所确立的标准，境外参展商比例以及参展商满意率，是评价专业展会级别的两个重要指标。为了打造展会的品牌，展览会组织者需要保持参展商的质量和数量，提高参展商对展会的满意度。对参展商而言，展览会组织者为他们提供展会价值。参展商之所以花成本参加展会，就是因为他们相信，展会能够为他们提供更高的收益。利用展会平台，展览会组织者为参展商提供高质量的客户与客户联系，提供良好的交易环境，实现交易，提供行业最新信息，推广企业及产品形象。如果参展商达到了预期目的，甚至超出了预期目的，他们不仅会信任这个展会，继续参加下届展会，还会告诉其他同行，为展会带来更多的参展商。如果参展商没有达到预期目的，他们就会失望，失望对他们产生的直接负面影响，就是拒绝再参加这个展会。如果参展商再将参加过的展会或其他贸易促进方式进行比较，发现同一时间或同样的成本，其他途径的收益更大，他们就会后悔参展，并将影响他们对展会的满意度，最终影响他们参加下届展会的积极性。所以，一旦参展商对展会失望或后悔，会直接影响展会的参展商来源。

（2）展览会组织者与专业观众

对展览会组织者而言，专业观众带来的直接现金效益较少，但是观众的质量以及数量，会直接影响参展商对展会的满意度，最终影响展会的效益。为了保证展会的效益，展览会组织者就要保证足够质量和数量的观众。同时专业观众的比例以及境外观众的比例，也是展会评级的两个重要的指标。对观众而言，他们为参展商而来，专业观众的价值能否实现，关键是展会能否提供高质量的参展商和丰富的展品。一般观众评价一个展会的质量，会从海内外参展商质量、展会规模、展会软硬件设施、展会氛围、现场服务等几个方面考察。如果观众没有达到预期目的，他们也会失望，甚至放弃参加下届展会。观众也会与其他展会或采购方式进行比较，如果他们发现其他机会更好，将影响他们参加下届展会的决策。

（3）参展商与专业观众

参展商与专业观众相互促进，相互吸引。专业观众是参展商参加展会获得收益的最终来源。参展商希望通过展会向更多潜在客户展示产品和企业形象，获取订单，获得新客户来源，在有限的空间和时间，获得更多市场信息。对参展商而言，高质量的专业观众，是展会的核心价值元素。专业观众参加展会，是希望接触更多高质量的参展商，采购满意的产品，获得更多市场最新信息。高质量的参展商，是专业观众参加展会的首要价值元素。参展商与专业观众的耦合关系，还体现为相互限制。如果参展商的质量很高，数量很大，而专业观众的质量和数量与参展商不相称，就会降低参展商的满意度。只有参展商和专业观众的数量及质量都相称，两者才会都感到满意。总之，如果专业观众数量多、质量好，参展商将对展会作出较高的评价，并愿意参加下届展会，还会吸引其他潜在参展商参加；越来越多的高质量参展商参加展会，又会吸引更多的专业观众。这样，专业观众的数量及质量，也将得到不断提高。参展商和专业观众数量及质量的不断提高，使展会不断进入更高的水平和级别。如果展览会组织者、参展商和专业观众三方进入一个良性循环，所形成的价值三角就会不断升值。相反，如果专业观众质量不高或数量不足，就会影响参展商的积极性，造成参展商数量减少，质量下降。这将影响专业观众对展会的评价，从而影响专业观众参加下届展会的决策。

综上分析可以看出，展览会价值三角既相互带动，又相互限制。任何一方的失衡，都会造成价值三角的变化。主办方初次办展时，应给予参展商和专业观众充足的信息，使他们有足够的动力参加展会是至关重要的。展览会品牌推广过程中，主办方应保证参展商和专业观众的数量与质量，把价值三角做大，实现三赢。

二、展览产业链的形成

由于举办展览会能够带来商业利润，具有投资价值，因而市场上竞相出现以举办展览会为主要业务的相关投资主体，也就是会展主办或承办公司。当展览市场发展到一定程度，这类以展览会为主营业务的企业也会迅速增加。与此同时，由于展览会的迅速发展，为展览会的筹办、展览会的现场服务、为参展商和观众服务的相关公司也会得到相应增长。因此，当展览会市场发展到一定程度，必定会使以展览为主营业务和为展览会服务的相关公司越来越多。

这些企业根据服务于展览会的层次不同，主要可以分为三类：

- 上游企业：会展活动的策划、组织和管理等会展企业或组织；
- 中游企业：为会展活动提供场馆、设施、服务的企业组织；
- 下游企业：能直接或间接为会展活动组织者、参展商和观众提供服务的部门，会展活动的代理商或分包商。

其中服务于下游的企业又可以根据服务类别的不同分为：

- 直接服务客流的企业：酒店业、餐饮业、旅游业、零售业、娱乐业、交通业、教育业、保安业、医疗保健业等；
- 直接服务物流的企业：交通业、储运业、邮政业、保险业和海关、商检、外运等；
- 直接服务信息流的企业：咨询业、通讯业、广告业、传媒业、网络业、印刷业、出版业等；
- 直接服务资金流的企业：银行业、保险业、信托业等以及会计、律师、咨询等中介机构。

这些上游企业、中游企业和下游企业围绕展览会的举办相互交融、相互关联、相互综合形成了展览产业（参见图 2-2）。

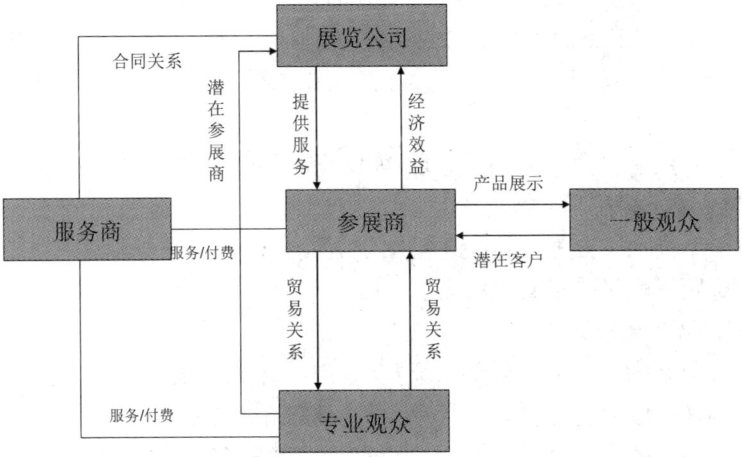

图 2-2 展览会各参与主体之间的关系

三、展览会产业链分析

1. 主办单位

会展主办单位是指具有合法资质，可以发起、举办展览会的组织机构。在国际展览业内，经济贸易性展览会主办方被称为组展商。在会展业中，任何一个会展项目的举办，都离不开主办方。

在中国，会展的主办单位主要分为政府、社会团体、专业展览公司、大型知名企业、会展中心、媒体六大类。

（1）政府

在我国，举办展览会的政府机构主要包括中央和地方两个层次。中央层面的办展单位基本是国务院相关部门，如商务部。而地方政府主办展览会，主要主办单位是各省、自治区、直辖市和省会城市政府及其相关部门，也有部分地级或县级政府担任主办单位。据不完全统计，全国每年由地方政府主办的以经济贸易为主题的展览会不少于 500 个。近年来，一些地方政府设立的博览局，部分承担了政府展会的举办。政府在展览会中的作用可分为三种情况：一是政府主办并主导，二是政府主办但没有主导，三是不主办但主导。政府性展览会主要服务于政府的施政需要。

（2）社会团体

不论是国内还是国外，各行业协会、专业学会与商会等社会团体都是重要的展览会主办者。

在我国的行业协会中，制造业的行业协会几乎都办有本行业的展览会。预计全国每年由国家级制造业行业协会主办的大型展览会，数量不少于150个。目前，在国内巡回展出的大型展览会有30多个，大多是由行业协会主办。因此，行业协会的展览会在国内展览业中，尤其是在大型专业展项目中，具有举足轻重的地位。

专业学会是主办会议的主要力量。如中华医学会及其专业委员会2012年主办的学术性会议多达249个。

在我国，商会主办的展览会，集中于贸促会、工商联合会两大系统。其中以中国国际贸易促进委员会系统为主。

（3）专业展览公司

此类公司因为专业从事展览的开发、主办、管理与服务工作，所以，虽不如政府机构和行业协会那样具有号召力和权威性，但具有丰富的知识、经验与操作技能，举办的展览会多是定期的专业展，质量较高、效益较好，在许多国家中是展览业的主力军。在新加坡的展览业中，专业的展览公司起着功不可没的作用。新加坡30多家国际展览公司主办的展览会，占新加坡办展总数的60%左右，展出面积和营业额则占80%以上。

我国的展览公司可以分为国有企业、外资公司和民营企业三类。国有展览公司数量不多，但是各地都有。外资进入中国的展览公司，以德资、英资公司为多，有近20家。2012年，国内的民营展览公司约有4000家，是我国展览业中数量最大的办展主体。

（4）大型知名企业

有些大型知名企业，为了技术交流、产品营销推广等原因，会独立或联合其他有关协会和专业展览公司合作举办展览会。这是企业会展活动中的一类，这一类展览会又可以称为独家展览会。独家展览会的好处是企业可自由选择并决定展览时间、地点和观众，还可以充分发挥设计能力，展示特殊效果，而不受常规的展览会的规定和限制。独家展的费用只是常规展的10%。据统计，英国的独家展览在20世纪80年代增长了330%。

独家展览会大多在旅馆举办。这类展览会可以与研讨会、报告会、年度订货会等合起来组织。独家展览会的一种特殊并且常见的形式是常设展厅。

（5）会展中心

展览会必须依赖展览场地的空间供给，因此会展中心成为了展览会的重要载体。我国在展览业飞速发展的过程中，尤其是近10年内，建立了一批大型的先进的展览场馆，在一定程度上满足了展览业发展的需求。但也因城市会展场馆的规划不利，造成城市会展场馆的分布不均、专业化程度不高等问题。很多会展场馆为了提高经营绩效，开始策划并举办展览会，这成为我国会展业发展的特色之一。

（6）媒体

近年来，许多地方媒体为拓宽发展领域，涉足展览业的日益增多，利用其自身拥有的广告客户，以汽车、房地产、旅游、食品为主题开展展览业务，成为展览市场上一支新军。

2. 承办单位

展览会的承办单位是指在展览会的组织和经营管理中，受主办方委托，服务和承担展览会的组织招展、服务、公关、广告宣传等具体工作的企业或单位。这些承办者一般都是同政府有关部门有着密切联系的会展中心和展览公司。

3. 展会相关服务商

展会相关服务商是展览业的重要组成部分，在展会的成功举办中扮演重要角色。一般而言，参展商和观众都会把展览服务商的工作看作展会组展工作的有机组成部分，将他们所提供的服务看成展会本身所提供的服务。因此，展会服务商的工作效果和服务水平，极大地影响着参展商和观众对展会的看法和认知。这类服务商可以根据服务对象的不同分成两类，一类是与展览主办方或承办方签订合同直接服务于展览会的服务公司，例如，翻译公司、广告公司、安保服务公司等；另一类是服务于参展商和参观观众的公司，例如，展台搭建商、技术公司、展品运输商、餐饮公司、酒店等。一般来说，现代展会为保证服务质量，主办方或承办商会在展会举办之前选定或推荐展览会指定的相关服务商。如展会指定或推荐展位承建商、展会指定运输代理商、展会指定清洁商、展会指定安保服务商等。

例如，法兰克福展览有限公司（Messe　Frankfurt）。

法兰克福展览有限公司（Messe　Frankfurt）位于德国商业中心城市法兰克福，是世界上名列前茅的从事全球性贸易展览业务的公司。法兰克福展览有限公司历史悠久，成立于1907年。在百年发展的历程中，法兰克福展览有限公司积极开拓、勇于创新、精于管理，在全球市场上创办了近百个知名展览会。2009年，公司在全球共有员工1665人，营业额达4.24亿欧元。

（1）强大的政府支持，为法兰克福展览有限公司的发展奠定了资金基础

法兰克福展览有限公司是一家德国国有企业，法兰克福市政府和黑森州政府各占60%和40%的股份。政府在公司发展初期，给予充分的资金投入，公司起点高，为进一步发展奠定了基础。但是，市政府和州政府在投入资金后，并不直接插手公司经营，公司按照政企分开的原则，完全实行企业化运营，这为法兰克福展览有限公司的发展奠定了制度基础。

（2）明晰的组织管理架构，为法兰克福展览有限公司的发展奠定了组织基础

法兰克福展览有限公司的业务是由其两个子公司，即 Messe Frankfurt Venue GmbH & Co.KG 和 Messe Frankfurt Exhibition GmbH 来完成，这两个公司共同构成了法兰克福展览控股有限责任公司（Holding Messe Frankfurt GmbH）。但这两个子公司经营运作完全独立，保证了集团运作过程中管理的高效性。母公司管理两个子公司的活动，制定总的方针政策，协调集团利益，集中大规模的采购，并且提供财政资源，而企业内部的管理则由控股公司和子公司共同完成。

Messe Frankfurt Exhibition GmbH 没有自己的展览场地，以展览会的组织和管理为主营业务，旗下又在全球多处设立了 28 个附属公司，公司同时负责对法兰克福展览的全球化品牌进行管理。2003 年，为扩展亚洲市场，法兰克福亚洲控股有限公司（Messe Frankfurt Asia Holding Ltd）成立，负责对亚洲各子公司展览会的管理。

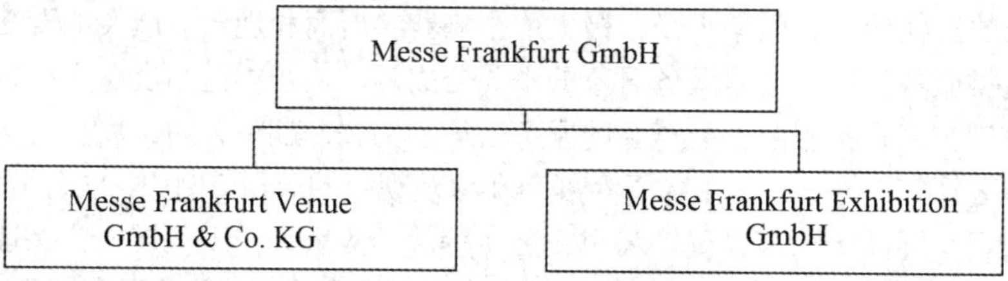

Messe Frankfurt Venue GmbH & Co. KG 的职责是为展会提供技术和服务，对展馆进行推广。它旗下又包含了两家展会服务公司：Messe Frankfurt Medien und Service GmbH 和 Accente Gastronomie Service GmbH。

法兰克福展览有限公司尽管是一家集团公司，但是公司内部管理科学、分工明晰，各子公司与分公司独立运作，权责明晰，这为公司全球化发展奠定了良好的组织基础。

（3）专业化的办展理念，为法兰克福展览公司业务发展找准了正确的方向

法兰克福展览有限公司很早就意识到了专业化的办展方向，早在 20 世纪 50 年代公司就提出了法兰克福原理（Frankfurt principle），认为独立消费品将会从传统的综合性消费展中独立出来。自 1951 年开始，法兰克福即开始了专业化办展的发展历程，创办了法兰克福书展和法兰克福车展，1959 年又创办了纺织品展览会，1960 年创办了国际暖通卫浴展（ISH），1971 年创办了家纺展（Heimtextil），1980 年创办了乐器展（Musikmesse）等。几十年来，专业化的办展理念成为法兰克福展览有限公司产品创新的有力法宝。如今，法兰克福展览有限公司从只有春季消费品展览会和秋季消费品展览会两个主打展会，两支

独秀的产品布局发展成为以展示日用消费品、科技及纺织产品为主营方向的各专业展览会百花齐放的多样化产品布局。

（4）重视品牌建设，依托品牌展会培育新展会，成为产品创新的重要途径

法兰克福展览有限公司（Messe　Frankfurt）由于其悠久的办展历史及享誉全球的拳头产品（如法兰克福书展、法兰克福车展、法兰克福春秋季消费品展）成为全球知名会展品牌。依托 Messe　Frankfurt 及法兰克福书展、法兰克福车展、法兰克福春秋季消费品展这些品牌资源，公司注意实施品牌发展战略。

一方面，由 Messe Frankfurt Exhibition GmbH 在全球进行 Messe　Frankfurt 品牌推广。另一方面，充分利用传统知名品牌展会，采用品牌伞的发展策略，培育新展会。例如，法兰克福展览有限公司现有的很多专业性展览会就是从春秋季消费品博览会中分离出来的，如 Interstoff 纺织品博览会， ISH 世界卫生设备、供暖和空调技术国际博览会， Heimtextil，Automechanika（世界汽车部件、车间设备商品博览）等。品牌综合性展览会可以先从综合展览会的展区划分开始，设立不同的分主题，然后在条件成熟的情况下，将主题展从综合性展会中分离出来。

（5）全球化市场开拓战略，为法兰克福展览有限公司创造了更大的市场空间

20 世纪 90 年代，德国展览业趋于饱和。法兰克福展览有限公司积极开拓国际市场，提出了“我们拓展全球市场”的口号。如今，法兰克福展览有限公司的展览会在全球 30 多个地区举办。2009 年，法兰克福展览有限公司共举办了 92 个展览会，其中 54 个在德国境外，境外展览总面积达到了 48 万平方米。

（6）加入国际组织，发展合作伙伴，为法兰克福展览有限公司发展带来更多机遇

法兰克福展览有限公司积极加入国际会展组织，如国际展览业协会（UFI）、德国展览业协会（AUMA）、展览会统计资料资源审核协会（FKM）、欧洲展览馆协会（E.M.E.C.A.）等。同时，办展过程中注意发展合作伙伴。在进入新兴市场时，注意通过合作的方式进行办展。例如，2003 年与广州光亚进行合作，成立了光亚法兰克福有限公司，共同合办广州国际照明展览会。又如，在举办中国（广州）国际家用纺织品及辅料博览会时，与中国纺织工业协会、中国国际贸易促进委员会纺织行业分会、中国家用纺织行业协会、中国对外贸易广州展览公司进行合办，多方共享会展资源，达到共赢效果。

（7）精益求精的服务态度，全方位的服务理念，成为公司业务扩张的基本保障

法兰克福展览有限公司将其比喻成一个全球化的工艺作坊，公司的每个员工就是一名工匠，而每个展览会就是公司员工精雕细琢制作而成的一个工艺品。

正是基于这样一种精益求精的服务态度，法兰克福创造了 made by Messe Frankfurt 的品质和品牌。

法兰克福展览有限公司在展览会举办过程中，注意为参展商和观众提供全方位、一站式服务，给参展商和观众参展提供了最便利的参展条件，增加了展会的吸引力。

（8）网络采购平台的运用和新营销通路的建设紧跟了信息时代发展的步伐

随着信息时代的发展，传统的展览会面临着变革的重要任务。法兰克福展览有限公司勇于创新，注意运用网络手段建立新的营销通路。例如，法兰克福公司使用全球社交网络服务网站 Facebook、Xing、Twitter、微博及其他网络平台开展宣传。除了实体展览会之外，法兰克福展览有限公司建立了网络采购平台（http://www.productpilot.com），既为现有的客户提供了增值服务，又吸引了更多的潜在客户。

第四节　国际展览产业的发展

综观会展经济在全球发展的情况，一国会展经济实力和发展水平是与该国综合经济实力和经济总体规模及发展水平相适应的。发达国家凭借其在科技、交通、通讯、服务业水平方面的优势，在世界会展经济发展过程中处于主导地位，占有绝对优势。经过测算可以发现，影响一个国家和地区会展业发展最重要的因素包括经济发展水平、社会开放程度、文化/历史背景、会展场馆设施以及从业人员的专业化水平五个因素。

一、世界展览产业的发展概况

欧美是国际展览业最为发达的地区。经过 100 多年的积累和发展，欧洲展览业的整体实力最强，规模最大，国际化程度和专业化水平高。在这一地区，德国、意大利、法国、英国都是世界级的展览大国，西班牙、荷兰、瑞士、俄罗斯的展览实力也较为强劲。尽管近年来受国际金融危机的影响，欧洲展览业业绩有所下滑，但总体而言，凭借其国际贸易优势和工业革命以来会展基础设施的长期积累，整个欧洲仍占据了全世界展览市场的半壁江山，世界展览业呈现出“欧洲主导、德国领先”的发展格局。

首先，从展馆的展能看，根据国际展览业协会（UFI）发布的报告 Global Exhibition Industry Statistics2011，截至 2011 年底，全球室内展览面积在 5000

平方米以上的展馆共有 1197 个，展览总面积约 3270 万平方米，主要分布在欧洲、北美洲和亚洲（参见表 2-4）。其中，欧洲 496 个展馆展览面积共计约 1560 万平方米，占全球展览总面积的 48%，北美占 24%，亚洲占 20%。德国展览业协会（以下简称 AUMA）2011 年统计数据显示，全世界展览面积（exhibition grounds occupying）超过 10 万平方米的展馆共有 49 个，室内展览面积 821 万平方米。其中，欧洲有 35 个，展能 610 万平方米，占比 74.3%，31 个在西欧，4 个位于中东欧。欧洲以外 14 个，其中 6 个在美国，展能 97 万平方米，占比 11.8%; 6 个在中国，展能 89.4 万平方米，占比 10.9%。根据 UFI 官网统计，2011 年世界前十大展览场馆统计和室内展览面积排名前 15 位国家，分别如表 2-5、表 2-6 所示。

表 2-4　全球展览场馆的室内展出面积统计表

地域	展览场馆总数（个）	室内展览总面积（万平方米）
欧洲	496（41%）	1560（48%）
北美	389（33%）	790（24%）
亚洲	184（15%）	660（20%）
中南美	70（6%）	130（4%）
中东	33（3%）	80（2%）
非洲	25（2%）	50（2%）

资料来源：根据 UFI 官网（http://www.ufi.org）资料整理而成。

表 2-5　2011 年世界前十大展览场馆统计

地点	展览面积（平方米）
汉诺威展览中心	466765
法兰克福展览中心	355678
米兰展览中心	345000
中国广州琶洲展馆	340000
科隆展览中心	284000
杜塞尔多夫展览中心	262704
芝加哥展览中心	248141
巴黎北维勒潘特展览中心	242582
西班牙巴伦西亚展览中心	230837
地点	展览面积（平方米）
巴黎凡尔赛展览中心	227380

资料来源：根据 UFI 官网（http://www.ufi.org）资料整理而成。

表 2-6　2011 年室内展览面积排名前 15 位国家

国家	室内展览面积（平方米）	全球所占份额（%）
美国	6 712 342	21%
中国	4 755 102	15%
德国	3 377 821	10%
意大利	2 227 304	7%
法国	2 094 554	6%
西班牙	1 548 057	5%
新西兰	960 530	3%
巴西	701 882	2%
英国	701 857	2%
加拿大	684 175	2%
俄罗斯	566 777	2%
瑞士	500 570	2%
比利时	448 265	1%
土耳其	433 761	1%
墨西哥	431 761	1%

资料来源：根据 UFI 官网（http://www.ufi.org）资料整理而成。

其次，从展览会的数量和展出面积来看，2011 年世界百强商展，主要分布在 9 个国家。其中，德国举办的入选世界百强的展会 56 个，其他欧洲国家意大利举办 11 个，法国 7 个，西班牙 2 个，俄罗斯、英国、瑞士各 1 个，共计 23 个。欧洲 7 国在百强商展中共计举办展会 79 个，展出面积 1503.8 万平方米，占百强商展总面积的 83.1%。欧洲之外，中国 14 个，展出面积 199.7 万平方米，占比 11%；美国 7 个，展出面积 107.1 万平方米，占比 5.9%。

最后，从展商实力方面看，AUMA 统计 2010 年度营业额超过 1 亿欧元的全球组展商共有 27 家。其中，欧洲 7 国占了 24 家，美国 1 家，亚洲 2 家，拉美、非洲、中东无一家入围。27 家中入围 2010 年全球组展商十大巨头的展商均出自欧洲，英国 2 家，德国 4 家，瑞士、意大利各 1 家，营业额共计 40.6 亿欧元，在 27 强中占比 61.8%。全球组展商 10 强如表 2-7 所示。

表 2-7 全球组展商 10 强

励展博览集团（Reed Exhibitions）
智奥会展公司（GL Events）
杜塞尔多夫展览有限公司（Messe Duesseldorf）
法兰克福展览有限公司（Messe Frankfurt）
博闻集团（UBM）
米兰国际博览集团（Fiera Milano）
慕尼黑国际博览集团（Messe Muechen International）
德国汉诺威展览公司（Deutsche Messe AG）
科隆国际展览有限公司（Koelnmesse）

在国际性贸易展览会方面，德国是第一号的世界会展强国（参见表 2-8），世界著名的国际性、专业性贸易展览会中，约有 2/3 都在德国举办。按营业额排序，世界十大知名会展公司中，也有 4 个是德国。世界 27 家顶级组展商中，德国独有 8 家，营业额占 31.8%。德国每年举办的国际性贸易展览会约有 130 多个，净展出面积 690 万平方米，参观人数逾千万，参展商 17 万家，其中有将近一半的参展商（约为 48%）来自国外。在展览设施方面，德国也称得上是头号世界会展强国。

表 2-8 2003~2010 年德国国际展览会发展状况

年份	展览会数量（个）	展览总面积（平方米）	参展商数量（个）	国际参展商比率（%）	观众数量（个）	国际观众比率（%）
2003	142	6,118,937	160,238	52.8	9,536,187	19.5
2004	154	6,617,716	166,991	52.8	9,675,845	23.5
2005	141	6,237,854	158,060	53.1	9,593,075	22.4
2006	159	6,536,003	171,507	51.9	9,727,793	21.9
2007	139	6,727,995	165,757	54.2	10,579,410	23.6
2008		7,035,359	176,485	52.8	10278165	
2009		5,781,738	154,155	53.1	8916693	
2010	157	6,832,836	173,421	53.2	10074724	20%

资料来源：根据 AUMA 数据整理而成。

北美的美国和加拿大是世界会展业的后起之秀。经过快速发展，美国已成为举办国际贸易博览会的主要国家，吸引着世界各国的客商。在北美，举办展览最多的城市是拉斯维加斯、多伦多、芝加哥、纽约、奥兰多、达拉斯、亚特兰大、新奥尔良、旧金山和波士顿。美国每年举办净展出面积超过 500 平方米的展览会约4000个，展出总面积约4000多万平方米，参展商100多万，观众超过7000万。

整个中南美的会展经济总量约为20亿美元。其中，巴西位第一，每年办展约500个，经济收入8亿美元。阿根廷紧随其后，每年举办约300个展览会，产值4亿美元。排在第三位的是墨西哥，举办的展览会近300个，营业额2.5亿美元。除了这三个国家外，其他拉美国家会展的规模很小，很多国家尚处于起步阶段。

非洲的会展经济发展情况基本上与拉美相似，主要集中于经济较发达的南非和埃及。南非凭借其雄厚的经济实力及对周边国家的辐射能力，其会展业在整个非洲南部地区处于遥遥领先的地位。

亚洲会展经济的规模和水平仅次于欧美，但比拉美和非洲要高。据UFI统计显示，2011年东南亚会展业的强劲增长推动了亚洲会展业的发展。亚洲展能总面积增长了2.6%，室内展能面积达159万平方米，其中近55%由中国提供，12%由日本提供。近年来亚洲市场发展速度迅速，根据UFI统计，2006~2011年欧洲场馆室内展能面积增加了1.3%，北美地区增加了1.1%，亚太地区则达到了7.7%；2008~2010年欧洲和北美地区市场的展览租用面积分别衰退了5%和3.5%，亚太市场则逆势增长了2%。亚洲会展市场虽然尚不能与欧洲基础雄厚的展览业相抗衡，但随着亚洲经济的不断发展，作为全球制造业基地、人口众多的巨大消费市场和原材料产地，亚洲展览业的地位将会得到进一步的提升。

在中东，尽管受到金融危机和政治事件的影响，展览会数量仍然保持了14%的增长率，展览面积增长21%（2006~2012年）。其中阿拉伯联合酋长国占区域室内展览面积的31%，成为区域展能最大的国家。其中，迪拜每年举办展览会104个，占整个区域展览面积的17%。伊朗以年举办219个展览会，成为区域内举办展览会最多的国家。自2006年起，作为经济中心城市的阿布扎比和多哈，展览面积增加了230%。

二、世界展览产业的发展趋势

随着经济全球化的不断深化，展览业以形成国际性的产业规模，成为有前途、有市场、有竞争的产业。据UFI 2012年推算，全球每年大约举办31000个（展览面积超过500平方米）展览会，总计展览净面积达到1.24亿平方米，参展展商约440万家，参观观众达到2.6亿人次。

根据近年来各国展览业在最具规模的展馆、最有竞争力的展会和最大营业额的展商三个维度上的发展变化，可以发现如下的发展趋势。

第一，世界范围内的展览业竞争将日趋激烈。作为服务供给与需求的关联性产业形式，展览会是各种生产要素集结、整合和聚变的载体，是特定国家调整产业结构、提高生产效率的关键力量。展览产业对国民经济的拉动效应显著，对全球综合国力竞争的影响越大，展览产业国际竞争就将越激烈。这种竞争首先反映在展馆展能上。这是因为展馆对展览业的内容、特点、规模与效应形成了刚性制约，是城市、区域、国家参与全球竞争的物质基础。同时，展览产业的竞争主要是规模经济的竞争。从目前来看，单一展览会规模扩大的障碍，主要来自展馆展能的局限。也就是说，未来展览产业的国际竞争将在世界上最具影响力的会展城市和最具规模经济效应的大型会展设施之间展开。

第二，新兴市场经济体在展览国力竞争中将扮演越来越重要的角色。在饱受金融危机和欧债危机拖累的全球经济形势下，这与新兴市场经济体日益上升的地位相适应。近年来，以中国、俄罗斯、巴西、印度、南非、墨西哥、土耳其为代表的新兴市场经济体对会展业非常重视，在展览产业国际市场上增长势头强劲。这些国家在展览业发展上尽管起步普遍较晚，然而市场潜力巨大。随着展馆建设高潮的持续，部分市场展能面积不足的缺陷将逐步被克服乃至于消失。新兴经济体的崛起，引来了会展业发达国家的关注。2011 年德国在中国、俄罗斯、印度、阿联酋、土耳其、巴西等国家举办的展览会，占到其海外展览会总数的 74%。其中，上海（33 场）、莫斯科（30 场）、孟买和迪拜（各 18 场）、伊斯坦布尔（15 场）和北京（13 场）均排在前列。可以预见，在不久的将来，这些国家和城市在会展产业的国际市场竞争中将占有自己的地位，掌握越来越多的主动权。

第三，德国独大和欧美主导的趋势将长期持续。作为国际展览产业的发祥地和根据地，经过 100 多年的积累、完善、充实和发展，欧美国家会展业已经相当成熟。它们的展馆数量多、规模大、设施先进，近年来又对许多展览设施开展了新建和改扩建工程，至今仍处于先进行列。而且欧美国家的展览企业经验丰富，人才众多，产业经营已经形成了国际化、专业化、品牌化格局。这种优势在很长一段时间内，其他国家难以超越。此外，欧美会展业发达国家的展览公司巨头未雨绸缪，提前布局，早已开始在会展市场潜力大的国家和地区设立海外办事处、建立子公司或合资公司，形成了全球化的展览营销市场网络，在会展产业国际竞争中抢占先机。

第四，各国展览业将在新形势下逐步探索并形成自身的特色。为了谋求全球发展，实现规模效益，决胜国际竞争，各国展览业将在自己的实践中不断寻找符合自身特点的发展模式，形成百家争鸣的态势。这种探索既体现在展馆的建设和功能配套上，也体现在题材发展和服务创新上，最终凝聚为各具特色的会展经营模式。在德国模式、美国模式等现有经营模式基础上，相信未来将涌现越来越多各具特色的经营模式，推动展览产业的世界性繁荣。

第五节 中国展览产业的发展状况

一、中国展览业的发展历程

中国现代会展业的起步落后于世界会展业近一个世纪，并经历了计划经济体制下近 30 年的缓慢起步时期，真正蓬勃发展只有改革开放后短短 30 多年的时间。

新中国成立后直至改革开放前这段时期可以说是中国会展业的萌芽阶段。这一时期，我国的展会主要以打破西方国家实行的封锁和禁运，获得国民经济建设和发展的要素资源，争取更多国家的理解和支持为主要目的。这一时期的展览会主要分成两类：第一类是宣传和借鉴性展会，第二类主要是以广交会为代表。这一时期的展览会由贸促系统占据垄断地位。1951 年，中国首次参加“莱比锡春季博览会”，标志着新中国展览业发展的开端。1951 年至 1979 年，中国贸促会共赴 104 个国家举办出国展览 313 个；1953 年至 1978 年，中国共接待 112 个国家来华展览，其中大多数是全国贸促会系统参与组织和接待。这一时期的特点是展会数量少、组织水平低、专业化程度低，展会作为配合国家外交政策的手段，不具有经营性质。

改革开放以来，伴随着中国经济体制改革的不断深入和对外开放的不断扩大，特别是社会主义市场经济体制的建立，中国会展业迎来了大变革和大发展时期。1984 年，中国国际展览中心建成，1986 年，我国最早从事展览器材开发、研制和生产的专业化公司——中国常州灵通展览用品有限公司成立。1986 年，中国贸促会参加瑞士“巴塞尔样品博览会”，首次采取了以展览为手段，以贸易成交和销售为主要目的摊位式展览形式，改变了以往以宣传成就为主的展贸分离的整体式展出方式，展览的贸易性、专业性大大加强，中国展览业开始与现代国际展览业接轨。1978 年到 1989 年为我国会展业从政治化走向市场化的过渡时期，从总体来看，这一阶段会展数量少，组织水平和专业化程度还处于初级阶段，会展从严格意义上讲大都不具备现代贸易会展的特征，真正的会展产业尚未形成。

20 世纪 90 年代，随着中国经济体制改革的逐步深入和对外开放水平的不断扩大，中国会展业开始进入了产业化发展阶段。我国一线城市北京、上海、广州等城市的会展业迅速崛起，以年均 20%的速度递增。20 世纪 90 年代末，国内会展经济的发展逐步得到了各级地方政府的重视，全国范围内明确提出将会展经济作为新的增长点的城市多达三四十个。

二、中国展览业发展的基础

我国会展业之所以能够在短时间内取得迅速发展，亦是因为具备了良好的会展业发展市场的基础。

第一，中国经济的持续快速增长，成为推动我国会展业发展的根本动力。

第二，经济全球化和中国全球制造中心地位的形成，为中国会展业的市场发展创造了良好的发展机遇。

第三，我国企业经营方式的转变，开拓国内外市场的巨大需求，成为会展业发展的直接动力。

第四，中国相对实惠的商务成本，使我国会展业发展具备比较价格优势。

第五，各级政府对发展会展业的重视和支持，为会展业发展提供良好的发展环境。全国许多城市已将会展业作为地方“以展促贸，以展引资，以展会友，以展兴市，以展扬名”的支柱性产业来发展。

第六，社会主义市场经济体制的建立，全方位对外开放的发展格局，中国稳定的政治环境为会展业的发展创造了良好的社会基础。

三、中国展览业的基本特征

中国的会展业虽然起步较晚，但发展迅速。无论是展馆数量、展览规模，还是展览门类，都有了长足的发展，成为中国市场最活跃的领域之一。“十一五”期间，中国会展业作为一种新的经济业态，逐步实现了年均增长率20%以上的快速发展。从2004年我国五大会展经济带初步形成，到2010年上海世博会的成功举办，从1997年中国举办1000个展览会到2011年的7333个，从2001年40亿元的展会直接收入到2008年的180亿元，无不彰显了中国会展业发展的强劲势头。2011年中国展览场馆的室内展能面积已经达到475万平方米，占全球展览场馆室内展能面积的15%。中国展览场馆的数量和室内展能面积在整个亚洲分别占比57%和69%，居第一位。

如第二节所述，从展览会运作的市场主体来看，展览会组展主体呈多元化。与此同时，会展业的产业集聚效应初步得到显现。北京、上海、广州已逐步发展成为我国三大会展城市。截至2011年底，中国展览业已经形成了长三角、珠三角、环渤海三个会展城市群，东北、中部、西部三个会展城市带和海西、海口两个会展城市圈（参见图2-3）。其中，长三角会展城市群以上海为龙头，包括南京、苏州、南通、杭州、宁波、温州、义乌、合肥等会展城市；珠三角会展城市群以广州为中心，依托香港、澳门，包括深圳、东莞、顺德、珠海、中山等城市；环渤海会展城市群以北京为中心，包括天津、青岛、济南、石家庄、烟台、潍坊、威海、唐山、廊坊等城市；东北会展城市带包括大连、长春、哈尔滨、沈阳等城市；中部会展城市带包括武汉、郑州、长沙、太原、呼和浩特等城市；西部会展城市带包括成都、重庆、西安、昆明、南宁、乌鲁木齐等城市；海西会展城市群包括福州、厦门等城市；海口会展城市圈包括海口、三亚等城市。

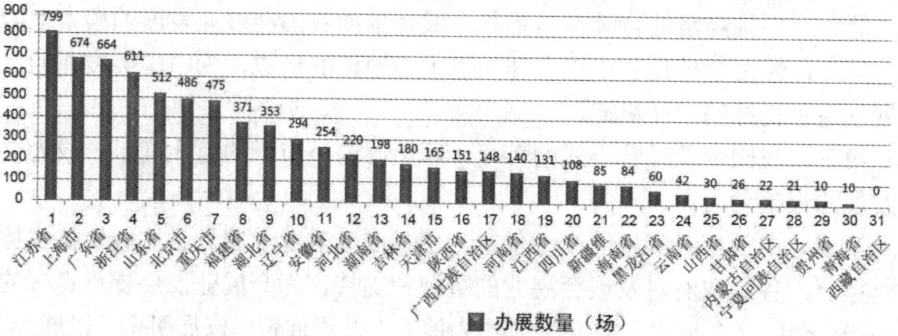

图 2-3 2011 年各省市展会数量图

资料来源：中国会展经济研究会，《2011 年中国展览统计分析报告》，2012 年。

四、中国展览业存在的问题

我国会展业尚处于产业发展的初级阶段，由于产业市场化发展不充分、行业管理不完善、产业发展缺乏规划等原因，造成一系列产业发展不协调的因素出现，主要表现如下：

一是展览场馆建设缺乏统一规划，结构失衡，功能单一，利用率低。自 2003 年以来，全国各地兴建展览场馆的热潮空前高涨。各级地方政府仅仅从促进经济发展、扩大城市知名度的主观意愿出发，大举兴建展览场馆，而没有考虑到城市的区位、资源条件、市场环境、基础设施配套等因素，造成资源浪费。新建展馆功能不完善，配套设施不到位，智能化水平和服务水平不高，不能满足现代会展业办展所需。从展馆的区域布局看，供需结构失衡严重，北京、上海、广州等城市对展馆需求旺盛，但供应不足，而一些中西部城市展馆运营效率较低，展馆闲置现象比较普遍。全国多数展览场馆的使用率不足 20%，众多中小型场馆每年举办的展会不到 10 个，有的展馆甚至每年只举办 1~2 个展会。

二是展会项目重叠，层次较低，办展方式粗放。目前我国每年举办展会项目超过 4000 个，平均每天有 10 个以上的展会在举办，但平均每个展会面积不及有的发达国家的 20%。从运营情况看，相当部分展会规模小、周期短、生命力不强。同时，重复办展、时间密集、秩序混乱等问题也比较突出。在相同或邻近城市、相同或接近时间举办同类展会，以及由此带来的相互争夺参展企业和客商资源的现象比较普遍，展会的集约化水平有待进一步提高。

三是市场分割，管理分散，协调性不强。我国对会展业的管理相对分散，国内会展业没有统一的行业管理部门，也没有建立全国性的行业协会。职能分散，部门之间缺乏协调，一定程度上造成会展秩序混乱，市场分割，不利于行业协调健康发展。会展业行业管理体制的不健全，导致没有部门全权负责国际、国内会议及展览界之间的横向交流与联系，这既不利于提高我国会展业的国际化水平，也无法协调各地展会的内容、层次和频率。

四是办展主体错位，市场化程度低，政府和企业负担较重。我国许多城市的大型会议或展览都由政府主办，政府对会展活动的具体运作干预太多，过多地插手展会的管理运作过程，政府机构繁杂的手续和非专业化的管理，极大地阻碍了会展经济的市场化进程和会展业管理运作效率，导致了我国会展经济多头办展、重复办展、低层次办展等现象的发生。据不完全统计，目前我国政府参与主办的展会约占展会总数的一半。此外，我国展览会缺乏明确定位，组织管理模式落后，服务水平低，成为制约我国展览会，使之停留在相对封闭、单一、服务水平低下层次上的重要原因。

第六节 世界展览王国——德国展览产业的发展

一、德国会展业发展概述

德国会展产业的发展，可以追溯到 13 世纪。1895 年春，在莱比锡举办了第一次样品博览会，由展出可以订购的样品取代单纯的出售商品，从而正式拉开了现代博览会的帷幕。发展至今，德国已经成为世界第一大会展强国，被誉为世界展览王国，在全世界影响较大的 210 个专业性国际贸易展览会中，有 130 多个是在德国举办的，居世界领先地位。

每年约有 150 个国际性贸易博览会在德国举办，参展商达到 16 万~17 万人次，参观观众 900 万~1000 万人次，展出总面积超过 650 万平方米。德国展览会的国际化程度较高，1/2 以上的参展商来自国外，1/3 的公司来自欧洲之外，1/5 的观众来自国外。

除了国际博览会外，德国还有许多跨地区的专业展览会和消费者展览会，参展的厂商每年有 5 万~5.5 万家，观众达 700 万~800 万人。每年在德国举办的各类会展，总共为 20 多万商家和 1600 万至 1800 万观众搭建了一个庞大的交流平台。

德国拥有世界上最为先进的会展场馆。德国现有 23 家会展场馆，展馆总面积达到 270 万平方米。其中，10 家展馆的面积超过 10 万平方米，6 家展馆面积超过 5 万平方米。世界上最大的 6 大展馆中有 4 家在德国。在未来的 5 年内德国展馆的增长速度将保持在 1%左右。德国的会展场馆设计科学合理、交通设施完善便捷、配套服务周到细致、出租价格实惠合理，为德国会展业的发展配备了良好的硬件条件。

在德国，展览会成为国内企业最为重要的营销沟通工具。据 AUMA 的调查，82%的公司认为展览会是最重要的营销沟通工具，远远高于其他的营销媒介。AUMA 的调查表明，德国有一支常年参展的企业队伍，他们是支撑展览业发展的中流砥柱。这支队伍代表着 56000 家德国企业。他们既是展会的展商，又积极参与商贸洽谈会。从结构上看，这些企业基本上属于中小企业。其中 44%的企业雇佣员工人数在 50 人以下。另有 40%的企业，员工人数在 50 人~499 人之间。从营销收入看，营业额在 250 万欧元以下的占 32%。营业额在 250 万欧元~5000 万欧元之间的占 47%。每年德国展商和观众参加展会的总支出在 100 亿欧元左右。

为扩大出口，德国联邦政府采取政策鼓励国内企业出国参展，每年德国政府为企业提供出国参展经费支持。2007 年为 3600 万欧元，2008 年为 3700 万欧元，2009 年为 3800 万欧元。德国的对外出展主要由联邦经济和技术委员会组织，2007 年参加了世界各地的 239 场博览会，其中 40%在东南亚，16%在中东，24%在其他欧洲国家。参展的德国公司近 78000 家，参展观众达 440 万人。

德国现有展会公司约 100 家，其中 40 家有能力举办国际展会。德国展会公司的投入平均每年约为 5 亿欧元，年营业额平均约为 27 亿欧元。世界上总收入排名前 10 名的会展公司中德国占 4 家。

近几年，德国的国内市场趋于成熟，市场较为稳定。展会公司之间的竞争异常激烈，为了寻找更多的市场机遇，展会公司积极拓展国外市场，实施国际化发展战略。2007 年，德国展会公司在国外共举办展览会 216 个，其中 60%在亚洲，其次是在欧洲其他国家、拉丁美洲、北美等地区，参展的德国公司近 78000 家，参展观众达 440 万人。

在德国，展会的效益主要不是体现在营业额或利润上，而是在于带动了其他服务行业的发展，比如出租汽车业、餐饮业、酒店业和商业等。德国展览业对其他行业的产业带动系数为 1:5。据 AUMA 统计，从 2001 年到 2007 年，通过展会形成的订货合同每年都在 230 亿欧元左右。这些合同产生的直接社会效益是确保了 25 万人的就业岗位。

二、德国会展业的市场环境基础

德国之所以能够发展成为世界第一会展强国，首先是因为具备了良好的会展业发展的市场环境，形成了良好的产业发展基础条件。

第一，德国的良好区位优势及高度发达和高效率的交通基础设施为会展业的发展提供了物质基础。德国位于中欧西部，与9个国家相邻，素有“欧洲心脏”的称号，因此，德国具有联系欧盟内部国家以及联系东欧国家的良好天然优势。除此之外，德国的交通基础设施高度发达，不论是道路交通还是数据传输，都在世界上处于领先地位。

第二，德国强大的经济实力，为会展业发展提供了良好的经济基础。会展业的发展需要具备产业和市场两大因素。德国是世界上第三大经济实体，产业经济发达，既具备会展业发展的产业基础，又具有强大的消费市场，是专业买家和卖家非常集中的地方。欧盟4.54 亿人口的贸易和投资市场，更为德国会展业的发展提供了巨大的发展空间。

第三，德国强干、外向型的中小型企业队伍，成为会展业发展的中坚力量，这些企业对展会的信任和支持，保证了德国展览会的持久活力。

展览会主要服务于中小企业，德国国内的56000家中小企业，需要参加展会进行营销推广并寻求供应商，而据德国AUMA的调查，82%的德国中小企业认为展览会是市场最佳沟通工具，远远高于广告、专业杂志等其他传播工具。

第四，德国政治经济的稳定性，法律的规范化，为会展业发展创造了良好的社会环境。德国政治稳定，实行开放的、市场化的经济体制，德国的市场无论是从法律规定还是从实际运作角度来看，都是一个开放性的自由市场。

第五，德国制造的优秀品质，为德国会展业的国际化奠定了基础。“德国制造”是世界优秀品牌的标志，德国的展览会因为参展产品的优质，吸引着众多的世界各地的采购商和合作伙伴。

第六，德国政府对会展业的强力支持，成就了德国会展业的高起点。德国对会展业发展高度重视，尤其是在产业发展之初，重金投资建设领先于世界的现代化、高科技会展场馆及配套设施，使德国具备了发展会展业的基础设施。并且，在德国政府的正确引导下，德国每个城市重点发展一到两个国际化、高品质品牌展会，得德国会展业一开始就站在了较高的起点上。

三、德国展览会的经营理念

德国之所以能够成为会展强国，与展览经营者先进的展会经营理念是分不开的。

1. 德国的展览会能够协调展会相关利益主体关系，尤其注重客户利益的实现

德国的展会组织者在展览会举办的过程中，注意协调展会各相关利益主体的关系，德国展会组织者根据各利益主体与会展业之间的关系，注意正确处理展会与各相关利益主体之间的关系。德国的展览会尤其注重参展商和专业观众

的利益实现。德国每个展会设立由参展商和专业观众代表组成的顾问委员会，每个展览会的举办计划都是组织者与参展商、专业观众、各个联合会、协会密切协商后制定出来的，会根据客户需求变化不断进行调整。

2. 德国展览会具有品牌化经营的理念

德国各城市会展公司，注意结合城市特点开发具有地方特色的品牌展会，既发展了众多的世界知名会展展会，又扩大了会展城市的全球知名度。德国展览公司举办的展览会在全球100多个行业中成为“风向标”、“晴雨表”。全世界知名的专业展中有2/3在德国举办。汉诺威、法兰克福、慕尼黑、杜塞尔多夫、克隆等城市因为会展业而成为世界知名城市。

3. 德国展览会具有专业化经营的理念

在德国的展览会中，服务于行业的专业展是市场发展的主流。一些展览由综合性向专业性转变，如汉诺威公司早些时候已经将不具专业性的会展予以拆分或归并、取消。各展会在经营过程中注意采用专业化的经营和服务理念，给顾客创造最大的市场价值。例如，德国的国际博览会不向一般观众开放，仅对专业观众开放，因此，对贸易洽谈、签约成交、结交客户、开拓市场非常有利。

4. 德国展览会具有规范化经营的理念

德国的展览会具有规范化经营的理念，按照展会运营的规律和商业基本守则进行产业经营，当然，这与德国人严谨的办事风格是一致的。

5. 德国展览会具有国际化经营的理念

德国的展览会非常注重国际化发展，展览会的国际化程度较高，1/2以上的参展商来自国外，1/3的公司来自欧洲之外，1/5的观众来自国外。德国会展企业积极推行全球化战略，并迅速在全球竞争中占据优势地位。德国各会展公司在全球的办事处和分公司遍布世界各地。一方面，德国展会积极吸引外国企业到德国参展；另一方面，从20世纪50年代起，德国就在一些具有发展潜力的国家不定期地举办展览，现已建立起周密的代办网络，在全世界有办事机构390多家。

6. 德国展览会具有全面服务客户的营销理念

在德国，展览会不仅仅是一个展示平台，豪华的展台、观众的人数、合同定单的数量等一些外在指标并不是一个展览会追求的最终目标，展览公司认为企业参加展览会的目标是进行营销推广，因此，展览会的最大目标是使参展的公司最大化地实现营销目标，围绕这一服务理念，德国会展公司将展览会打造成为企业的营销伙伴，帮助企业解决各种营销问题，提供解决方案，提供更多的无形服务。例如，有些展会设置了专门的软件，供客商使用，教客商参展时如何定位，要达到何种目的，准备拿出多少资金，如何评估支出与收益，需要何种帮助与咨询等。

四、德国展览会的运营模式

德国的展览会在长期发展过程中构建了以行业分工为主、地区分工为辅的行业组织模式。

德国展会设立的首要原则就是行业细分市场必须明确。尽管德国每年有上百个展览会，但在德国展览委员会等权威行业协会的统一协调下，各展会的目标非常明确。例如，同样在电子行业，汉诺威信息技术展和柏林消费电子展的观众群有明显区分，前者以采购商等专业客户为主，后者则以终端消费者为主。

在行业分工明确的基础上，各地区逐渐形成了独具特色的会展品牌。德国最重要的会展城市主要有汉诺威、法兰克福、慕尼黑、科隆、莱比锡、柏林、杜塞尔多夫、汉堡、纽伦堡和斯图加特等，其中上百年的会展品牌不在少数。

五、德国展览会的价值链结构。

德国的专业展览公司扩展了经营范围，延伸了展览会的价值链，相关题材展会的联合运作在德国会展业中已经出现，发挥联动效应成为展览会的一个亮点。

德国会展业越来越关注专业细分，追求大而全的会展已经被认为不能带来良好的效益。在此背景下，一些展览由综合性向专业性转变。此外，除了传统的来展、出展、展览策划、国际会议组织、展览设计、展览广告、展览运输、展馆投资建设以外，德国会展业还在展馆管理经营、展位搭建、会展旅游等方面，进行拓展。通过联动、专业细分、跨业态经营，延伸了会展业的价值链，给买卖双方都带来了好处，扩展了业内经营触角，增加了业内的增值点。

德国有一套成熟的展览服务运作模式，主办单位以服务客户的面目出现，按照市场化、商业化、专业化的要求进行运作，提供“一站式服务（one-stop service)”。整个展览服务贯穿于整个展览会的展前、展中、展后等各个不同阶段，既包括展览现场的租赁、广告、保安、清洁、展品运输、仓储、展位搭建等专业服务，也包括餐饮、旅游、住宿、交通、运输等相关行业的配套服务。全方位、周到满意的服务为参展商与顾客提供了极大的方便，这不仅便于参展商成功地达到参展目的，更为展览会培养了顾客忠诚度，树立了良好的品牌形象。

思考题

1. 简要阐述世界展览会的发展历程。
2. 简要描述展览会的功能。

3. 什么是经济贸易展览会？为什么经济贸易展览会会成为当今主流的展览会形态，并受到会展业界的重视？

4. 展览会的分类方式有哪些？

5. 试分析展览会运营中的价值三角。

6. 一般来说，展览会的主办单位有哪些？

7. 试简要概括世界展览产业的发展概况。

8. 请讲一讲你所熟悉的会展企业。

第三章

会议与会议产业

学习目标：

- 理解会议的本质与价值
- 熟悉会议的各种不同形态和形式
- 掌握企业会议、政府会议、协会和社团会议的主要特征
- 掌握专业会议运作机构 PCO、DMC 的职能
- 了解全球国际会议产业发展的概况
- 了解中国国际会议产业发展的环境与状况

课时安排：6 学时

引　言

开会是我们日常工作中不可缺少的内容。本章所讲到的会议与我们平常所讲的会议是一个概念吗？为什么我们要专门去学习这些司空见惯的会议呢？本章你会学习到国际会议的基本知识及产业运营知识。国际会议市场发展迅速，会议产业在我国越来越展现出巨大的发展潜力。究竟有哪些利益相关群体在运作会议？什么是 PCO？什么是 DMC？什么是社团会议？在本章我们将会让你对会议的认识大为改观。

第一节 会议

一、会议的定义

会议是指三个以上的人，为了研究问题、交流信息、获取知识、统一思想等目的而在特定的时间和特定地点聚集，按照一定的规则所进行的发言、讲解、讨论、商议、交流等活动。并非所有聚集在一起的人群的活动都可以称作会议，一个可以称作会议的活动必须具备下列六个要素：

- 人数不少于三人。
- 有明确的目的。一般来说，会议的目的是激励参与者、开展业务、交流思想、学习、社交、磋商等。
- 必须具有明确的地点。
- 必须具有明确的时间。国际会议举办通常 3~7 天。
- 遵循一定的规则。如会议有详细的日程安排表。
- 会议通过发言、讲解、讨论、商议、交流等活动，达到特定目的。

二、会议的本质

1. 会议的信息性

会议是一种信息的传递、交流、创造活动。会议最本质的属性就是信息传递、信息交流与信息创造功能。

2. 会议的社会性

会议是一种社会活动。人是社会性的动物，人需要社会交往，所以，马斯洛在其需求层次论中把“社交活动”归为人类的五大需求之一。会议为人们进行社交活动提供了很好的平台。正是因为会议的社会性，电视会议、电话会议、网络会议等才无法取代一般会议。

3. 会议的积聚性

会议是人们在相同的时间聚集在相同场所的活动，它首先是人流的集聚；这些人或多或少带着相关的信息到会上与他人交流，所以带来了信息流的积聚。除此之外，由于参与会议的人流积聚和交流而引发了信息流的集聚。

三、会议的价值

1. 会议的核心价值

会议是一个信息交流平台，会议的核心价值就是达到信息传递、信息交流与信息创造。因此，衡量一个会议成功与否，主要看会议是否能达到良好的信息交流的效果。

2. 会议的附加价值

会议的举办不仅使会议参与者通过信息交流，达到了既定目的。从经济功能来看，举办会议还能够为会议组织者带来最直接的经济效益，锻炼会议人才，并促进了相关学科、科技、信息等方面的发展。

3. 会议的外围价值

会议的举办，还为所在城市或国家的旅游业、商业等服务业带来间接收益，在会议目的地形成会议经济，拉动本地经济发展。不仅如此，国际会议的举办，可以提高会议目的地的国际形象，并加速目的地的建设和经济发展，促进目的地社会文明程度的提高，对于会议目的地的长远发展产生重要影响。因此，会议对于会议目的地具有重要价值，这也是目的地政府关注会议产业发展的重要原因。

当全世界都在关注首尔 G20 峰会的议题和成果时，多数韩国人民关心的却是 G20 究竟给韩国带来了怎样的经济效益。而据韩国三星经济研究所对 G20 峰会可能带来的旅游收益、企业宣传效果、出口扩大效果等多项指标分析的结果显示，2010 年底在首尔召开的 G20 峰会给韩国带来的直接和间接经济收益达 24 兆韩元（约合 200 亿美元）。与此同时，韩国贸易协会国际贸易研究院则认为，G20 峰会带来的经济收益达 450 兆韩元（约合 3750 亿美元）。虽然不同的研究机构由于评估指标不同，导致各自提供的数据产生巨大的差异，但不可否认的是，G20 峰会的举办的确给韩国经济带来了可观的收益。

资料来源：黄莹莹，《韩国人是怎样开会的》，梅州日报，2011-03-09。

四、会议的分类

根据不同的标准，可以把会议分为不同的类型。

1. 按会议举办主体进行分类

在国际上，按会议举办主体进行分类，通常将会议分为非营利性组织会议和营利性组织（企业）会议。非营利性组织又可以根据性质的不同，划分成非政府组织（NGOs）会议（即社团会议）和政府（GOs）会议（参见图 3-1）。

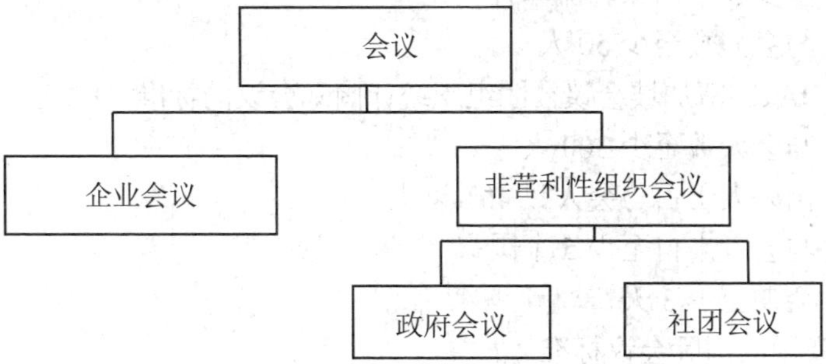

图 3-1　国际会议的分类

由于我国社会结构的特殊性，事业单位成为重要的一类办会主体。因此，按照会议举办主体来分，我国的会议可以分为以下四类：

（1）社团会议：由协会、公会、妇联、学联、学会、商会、基金会、研究团体等各类社会团体主办的会议。

（2）企业会议：由企业主办的，以行政、管理、技术、营销等为内容、以促进企业的发展为主要目的的会议。

（3）政府会议：由政府机关主办的，以商讨政府各项事宜为主要目的，主要参会者是政府工作人员的会议。政府间会议属于政府会议范畴。

（4）事业单位会议：由学校、医院、科研机构、文艺团体等事业单位组织主办的，以文化、教育、卫生、体育、科学技术为主要内容的会议。

2. 按照规模分类

根据会议的规模即参加会议的人数的多少，可将会议分为小型会议、中型会议、大型会议及特大型会议。

- 小型会议，出席人数少则几人，多则几十人，但不超过 100 人。
- 中型会议，出席人数在 100~1000 人，
- 大型会议，出席人数在 1000~10000 人
- 特大型会议，人数在 10000 人以上的会议。

3. 按照会议参加者的国别划分

（1）国际会议

国际会议是来自不同国家的人所参加的会议。来自非会议目的地国家或地区的与会者要占到一定的比列才能够称为国际会议。关于国际会议的界定，世界上目前尚无统一的标准，但一些重要的国际组织对国际会议的统计制定了自己的标准。

① 国际大会与会议协会（ICCA）统计国际会议的标准

- 固定性会议
- 至少 3 个国家轮流举行
- 与会人数至少 50 人

② UIA & 新加坡会议社团组织统计国际会议的标准

- 与会人数至少 300 人
- 国外人士占与会人数 40%以上
- 与会者来自至少 5 个国家
- 会期至少 3 天

③ 我国的国际会议标准

按照我国有关文件的规定，国际会议是指来自 3 个或 3 个以上的国家和地

区（不含港、澳、台地区）的代表参加、以交流为主要目的的研讨会、报告会、交流会、论坛以及国际组织的行政会议，而对参加会议的国外代表人数和时间的长短没有具体的要求，这就可以认为是我国衡量国际会议的标准。

（2）国际间会议

由来自 2 个国家和地区的代表参加，且国际代表人数不少于总参会人数的 1/3 的会议。

（3）国内会议

凡来自国外的与会者人数占出席会议总人数的比例达不到国际会议和国际间标准的会议均称作国内会议。

4. 按照会议的学科分类

若以学科为划分标准，还可以将会议分成医学、科学、教育、农业、环境等类别。国际大会与会议协会（ICCA），从专业的角度，将国际会议划分成以下种类：医药、科学、工业、技术、教育、农业、社会科学、经济、商业、交通、管理、文化、艺术、体育、环境、法律、语言、建筑、安全、文学、历史、图书及信息、数学及统计、地理、其他。其中，医药类会议最多，其次是科学类会议、工业类会议和技术类会议。而我国目前常采用的学科门类标准有自然科学、农业科学、医药科学、工程与技术科学、人文与社会科学五个门类。

5. 按照会议的性质划分

为不同目的举办的会议决定了会议的性质。根据会议性质的不同，会议可以划分为以下一些类型（参见表 3-1）。

表 3-1　按性质划分的会议种类一览表

会议性质	定 义
政治性会议（political conference）	由相关政府组织和部门为某一政治议题召开的会议，通常有全体大会和分组讨论
行政会议（executive meeting）	由组织内部人员参加的本组织为管理、协调、监督、决策等目的而举行的会议
学术会议（academic conference，academic meeting）	由某一领域的专家学者或具有专业技术背景的专业人士参加的，以学术探讨、交流商议或鉴定评选等为主要目的的会议
代表大会 congress	一个组织定期召开，由正式代表参加并围绕特定的主体展开讨论的会议，包含有全体大会和多个同时举行的分组会议
用户大会（user conference，users'meeting）	为分享、交流使用经验，商议探讨解决问题的方法，由某种产品或某类产品的用户群体自愿参加的会议
高峰会（summit）	由政府、事业单位、社团或企业的高层领导参与的高级别会议

续表

会议性质	定 义
培训会议（training meeting，training session）	以参会人员进行技能交流和知识传授等为目的的会议形式
奖励会议（incentive meeting）	企业为表彰员工、分销商或客户的工作业绩而举行的会议，通常设有颁奖环节，是企业重要的一种激励手段
销售会议（sales meeting，sales conference）	企业主办的，以达成销售目标为主要目的的一种会议形式
经销商会议（dealers meeting，dealers conference）	企业召集经销商举行的，以介绍企业营销政策或新产品，总结经验、商议应对方案和举措，设定销售目标和奖励方案，增进企业与经销商之间感情为目的的会议
新品发布会（new product introduction，new product launch）	企业召开的以对新产品进行介绍、宣传和推广为目的的会议，通常会配以新产品的现场展示
新闻发布会（press conference）	某组织向新闻界发布有关该组织或该组织举办的会议的信息、解释该组织的重大决定或为某一特定时间而举办的会议
媒体吹风会（briefing conference，press briefing，media briefing）	在某一信息发布之前、某一行动采取之前或某个会议召开之前，主办方提前召集媒体记者向其介绍背景、内容、成果或重要演讲人等信息的会议
技术交流会（technical seminar）	以推广科技成果和先进技术为主要目的的会议形式，一般由科技协会、学会、行业协会发起组织，并多为展览会的附带会议
报告会（lecture）	由指定报告人对某一专题进行专门报告的会议

6. 按照会议的形式划分

会议的形式是会议的具体表现形态。会议的性质与会议的形式具有一定的关联，有些会议的性质即决定了会议的形式，例如，新闻发布会既可以理解成会议的性质，也可以理解成会议的形式。但会议的形式更为具体，为了更好地达到会议的沟通效果，一个会议可以采用多种不同的会议形式进行组合。具体划分如表 3-2 所示。

表 3-2 会议形态一览表

会议形式	定 义
论坛（forum）	围绕一个主题，由两个或两个以上的发言人向观众而非对方发表自己的观点并进行陈述的会议。通常由听众提出问题，由主持人引导发言和讨论并总结各方意见。其特点是讨论反复深入，发言人和听众之间互动性强

续表

会议形式	定 义
座谈会（conversazione）	主办方邀请若干人员对某一主题进行讨论、发表意见的，氛围相对轻松自由的会议
研讨会（seminar，symposium）	由行业内的专业人士参加、专门针对某一主题进行研究、讨论、交流的会议。研讨会通常以演讲人陈述为主，讨论议题集中，参会人员数量有限制
专业讨论会（workshop）	为处理专门问题或完成特殊任务而举办的以小组形式进行讨论、并由主持人归纳总结得出意见或结果的会议
专门小组讨论会（panel session）	由3名或3名以上具有丰富专业知识或不同观点的演讲人就某一问题在主席台公开进行讨论，且台下听众也可以一同参与讨论的会议形式，常设有一名主持人。专门小组讨论会通常是一个大型会议的一部分
讲座（lecture，symposium）	采用专家演讲的方式，旨在传授某方面的知识、技巧，或改善某种能力、心态的一种会议组织形式
早餐会（breakfast meeting）	参会客人边用早餐边进行交流、探讨问题的会议，气氛比其他的会议更为轻松活泼，有时也是为了节省时间
主题午餐会（luncheon meeting，luncheon）	主办方把会议和午餐结合在一起，含有主旨演讲和问答环节的会议形式。主题午餐会一般由一名知名度较高的人士担任主持人，且仅有一个演讲人，演讲时间约为20~30分钟。通常主办方邀请部分客人参加或售票，也可以由某个组织赞助
卫星会议（satellite meeting，satellite conference）	在正式的学术会议开始前，会议的午餐时间或正式的学术议程结束后由公司赞助的或社团举办的小型学术会议，通常有讲座、研讨会、非商业研讨会等形式。卫星会议是大型学术会议的一个组成部分，但一般不属于大会学术议程
圆桌会议（round table meeting，roundtable conference，roundtable）	与会者围圆桌而坐，旨在体现平等原则和协商精神的一种会议形式
视频会议（video conference）	基于网络通信技术，利用远程视频设备，把不同地点的人员无需物理移动而集合起来召开的会议

7. 按会议的正式与否分类

按照会议是否正式可以将其划分为正式会议和非正式会议。

正式会议是按照预先规定的规则和程序举行，并就与会各方共同关心的实质性问题达成具有约束力的协议的会议。

非正式会议是相对于正式会议而言的，它是在没有预先确定会议的规则和程序的前提下进行的协商、交际和宣传。非正式会议并不形成正式的决定或决议，因此，非正式会议并不具有强制力。但非正式会议对于问题的解决却可以起到巨大的促进作用。另外，非正式会议一般不对外公开。

8. 按会期的间隔分类

按照会议间隔可以将会议划分为定期会议和不定期会议。

定期会议是按照一定周期定期召开的会议。通常有一年一次、一年两次、两年一次、三年一次、四年一次等频率。

不定期会议是根据时局的需要随时召开的会议，又可以称为临时性会议。不定期会议具有应急性和紧迫性。

9. 按会议的技术手段分类

按照会议技术手段可以将会议划分为传统会议和现代电子会议。

所谓传统会议是泛指那些与会者面对面地进行沟通和交流的会议。

现代电子会议可以通过现代科技手段，将身处不同地理位置的人们聚集在同一空间里，并进行有效互动沟通的会议。最典型的就是远程视频会议，这种会议既达到了交流和沟通的目的，同时又节约了大量的出差费用和时间。

第二节　会议产业运营模式

会议产业是围绕着会议策划、会议组织、会议管理、会议接待（会议场所）、会议服务、会议教育与研究、会议技术与设备、会议附加活动等而展开的一系列市场行为的总和。会议产业是社会经济发展到一定程度的产物，其发达程度与一个国家、一个地区社会经济的发达程度密切相关。

会议市场是围绕着会议的举办，由会议的各类供给主体和需求主体共同构成的市场。会议市场至少包含两个层次（参见图 3-2）。第一个层次，以会议这一产品或服务作为核心，包含会议需求方和会议供给方。其中，会议的需求方即具有参会需求的会议代表和参会者，一般来说，由于工作原因或公职原因参加会议的参会代表和参会者是需求主体。会议的供给方是指通过举办会议以达到相应目的的相关利益主体，主要包括企业、社团、政府、事业单位及其他相关企业。第二个层次，是为会议、会议的供给方和会议的需求方提供相应专业服务，从而保证会议正常举办的相关企业和相关单位。其中，第二个层次的相关企业又可以根据服务内容形成一定的供需关系，从而形成了会议的产业链条。

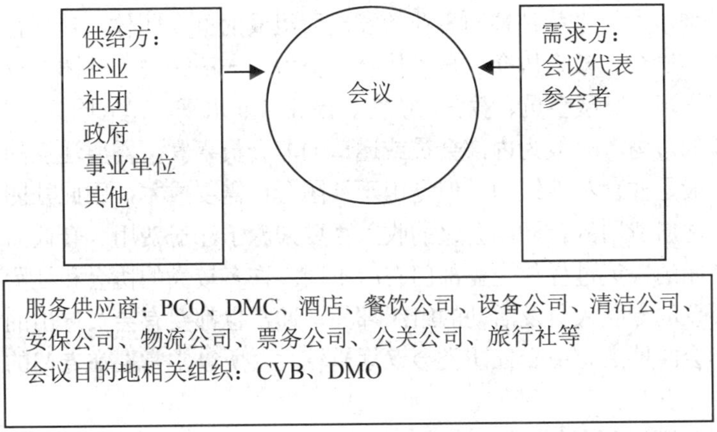

图 3-2　会议市场的层次

一、会议产业的供需分析

从会议市场的角度来看，会议供给方是会议的主办方。这主要包括企业、社团、政府、事业单位、工商类企业。这些会议供给方通常不是专业办会主体，因此，有些主办方会选择一些专业的会议公司来协助会议的组织，这就催生了专业会议组织（简称 PCO）和会议目的地管理公司（简称 DMC）这类专业会议服务商的诞生。举办会议，同展览会一样，必须选定会议的场所，并选择餐饮、车辆、设备等，从而保证会议的正常召开。这就使更多地相关服务参与到会议产业中来。

会议的需求方，会议的代表和参与者，也因为会议主办主体的不同而不同，因此，需要结合不同的会议举办主体具体分析供需情况。

1. 企业会议的供需分析

企业会议分为内部会议和外部会议。内部会议包括培训会议、信息交流会议、工作行政会议、员工激励会议等；外部会议包括股东大会、企业年会、销售会议、新闻发布会、客户见面会等。企业会议多以辅助企业的整体运营为主要功能，因此大多数这种企业会议都由销售和市场部、培训部和人力资源部以及中心行政管理部门（包括公司的秘书在内）具体负责操办。尽管企业是一个营利性组织，但是企业的会议却不以直接营利为目的。一般来说，专门设立会议或活动管理部门的企业为数甚少。大多数企业会把重要的会议外包给公关公司或专业的 PCO。 而会议的决策（选址、决策、活动的规模、演讲人、会议的策划程序内容等）由企业的会议组织者、部门经理或总经理，或者一组顾问人员负责。

2. 社团会议的供需分析

社团是指为促进某种共同事业的发展而组成的群众团体，包括行业协会、专业和科学协会、教育协会、技术协会等类型。一般来说，社团会议的目标是相互交流学习、发展会员、教育、研究、提高专业水平、建立国际公共关系等。社团会议的参与者一般为内部会员或邀请的非会员嘉宾。需要注意的是尽管社团组织一般是非营利性组织，但是由于社团会议需要成本，因此社团会议一般都是收取注册费用的。社团会议的收入主要来源于注册费用、会议附设展览及赞助。社团的决策过程与企业部门有所不同。许多较大的协会和社团，即使设有组织会议的专职人员及活动的组织部门，通常也都要有会员选出的管委会决定召开年会的地点。由于社团类会议规模较大，所以常常要在专门的会议中心或会展中心召开。

社团会议与企业会议的特征如表 3-3 所示。

表 3-3　社团会议与企业会议的特征

	社团会议特征	企业会议特征
背景资料	容易搜集	不易搜集
选择会址	需要选择有吸引力的地方，吸引会员参加	寻找方便、安全、服务较好的地方
决定时间	较长（1~4）年	较短（1~6 个月）
开会模式	分散，通常是委员会，有时会考虑是否有当地会员、分会的邀请	按需求（任何月份）
决策者	分散，通常是委员会，有时会考虑是否有当地会员、分会的邀请	公司总部决定
与会者	会员自行决定是否参加	必须出席
与会者的费用	会员自负	公司付全部费用
会议举办地点	多选择全球性地方轮换举办	只在适合公司业务需要的城市举办
会议规模	会议规模较大	会议规模较小
开会次数	固定一年一次或两年一次	没有固定次数，较频繁
会议期限	3~5 天	1~2 天（会议） 3~5 天（培训）
住宿	不同类型、价格的酒店（与会者按价格自行决定）	通常用 3 星或 4 星级酒店（公司决定）

续表

	社团会议特征	企业会议特征
会议场地及设施	会展中心、会议中心、大学	选择有良好设施的酒店
会议和旅游局参与	经常利用旅游局	很少与旅游局联系
价格	敏感	不太敏感
配偶参加	经常	很少
展览	经常	相对较少

3. 政府会议的供需分析

政府会议，通常是由相关的公共部门组织。公共部门在许多方面与协会部门大致相同。这些组织都是非营利性的，可以使用公共资金。相比较其他一些会议，政府会议更为注重会议的安全性，演讲嘉宾的邀请也更为严格，政府会议一般由财政税收出资，无注册费、无赞助费。

4. 事业单位会议的供需分析

据相关调查表明，我国共有 126 个事业单位，数量是社团组织的 3 倍。因此，事业单位会议也是一类重要的会议。由于我国的事业单位性质较为多样，因此有关事业单位会议特征难以总结。总体而言，事业单位会议是处于社团会议和政府会议之间的一种中间类型。因此，既具有社团会议的特征，也具有政府会议的特征。

5. 其他工商企业类会议的供需分析

工商企业类会议主办方是指以会议策划和会议主办为主要业务的企业。这类企业一旦在商业或科技领域发现热点，就会策划和组织一个会议，邀请高层次的演讲人和专家对这个热点问题进行演讲、讨论和辩论。工商企业类购买者的目的，是向愿意付费参加会议的任何人出售会议的参与机会。这类型的会议一般都是由出版社、贸易协会、科研团体或个体会议组织者等组织的。

二、会议产业链分析

由于会议市场与展览市场存在很大差异，因此会议市场与展览市场在产业链上有相似之处，也有较大差异（参见表 3-4）。

表 3-4　展览会市场与会议市场的主要差别

特征	展览会市场	会议市场
目的地/举办地	很少，不变化，多数是大城市	经常变化，大城市或小城市/度假地/休闲目的地

续表

特征	展览会市场	会议市场
场馆	专业的，大型展览场地	会议中心、酒店、大学、度假村等
活动	很少但是较大，从 5000 平方米到 50 万平方米	更多小型活动 很少大型活动

与展览会举办城市和举办地点比较固定不同，会议市场经常变化举办地点，以吸引参与者关注。因此，与展览会相比，会议的产业链更为复杂。会议产业链中的 PCO、DMC、DMO 等都是服务于会议产业的专业服务商或组织机构。

- 产业链上游：会议主办方，包括企业、社团、政府、事业单位、其他工商企业等。
- 产业链中游：各类会议服务商 PCO、DMC、会议目的地会议与旅游者管理局（CVB）/DMO 等。
- 产业链下游：会议场馆、航空公司、餐饮公司及其他会议相关服务供应商。

三、会议服务供应商

会议市场的服务供应商是指为保证会议顺利实现而提供相关物流及组织等产品和服务的相关公司。这些服务公司可以分成两类。第一类是不可移动的（im-mobile）、固定的，如会议中心、酒店、目的地旅游组织等。这些公司或组织只能在特定的某个会展目的地向客户提供服务，会展活动组织者需要选定特定目的地，再选定当地的会展场馆或会展目的地组织。第二类是可以提供移动性服务的公司，这类公司的服务范围比较广，不受目的地的局限。例如，专业会议组织者（PCO）、会展技术服务公司、货运公司（freight forwarder）等可以根据客户的需求而在会展活动目的地提供相应服务，并不一定将服务范围限定在这些公司的所在地。

会议市场常见的服务供应商主要有以下一些：

- 会展中心、会议中心、多功能厅、会议酒店等；
- 会议举办地相关政府组织、会议目的地管理公司（DMO）、新闻媒体等；
- 专业会议组织者（PCO）；
- 会议目的地管理公司（DMC）；
- 会议、旅游目的地营销组织（DMO）；
- 活动公司、活动组织者；

- 展台搭建商；
- 同声传译、翻译公司；
- 音响设备技术公司；
- 会展管理软件公司；
- 安保服务公司等。

当然有些综合性的旅游基础设施类服务公司，如酒店、餐馆、餐饮、航空公司、铁路、旅行社、路面服务公司等也属于会议服务供应商。

1. 会议场馆

根据国际会议中心协会（AIPC）的定义，会议中心是为会议召开而建造的一种会议设施，会议中心符合国际建设规划和技术设施的国际标准，并提供确保各类会展活动安全和有效举办的各类服务。

根据德国会议局的研究结果，德国会议接待能力超过 50 人的会议场馆有 11000 个，其中包括 400 个会议场馆、多功能厅。目前国际会议市场处于买方市场阶段，专业会议组织者在会议场馆选择方面的余地非常大，因此，现代化的宽敞的会议设施是会议目的地发展会议产业的必要条件。

如果一个中小城市仅有一个会展场馆，那么这个会展场馆必须具备多项功能，从而确保城市各类会展活动的举办。尽管如此，这个会展场馆必须确立主要的目标市场，在会议、展览这些会展活动中选定其一作为主要的目标服务对象。因此，现代化的展览中心、会议中心、会展中心往往具有多功能，但在服务的侧重点上往往有所不同。会议中心既具有足够的各种类型的会议室，还设有展厅、宴会厅、多功能厅等。最近的趋势是会议中心和会议酒店出现了多种形式的融合，原因主要有二，一是会议组织者和参与者都有“一站式”的强烈需求。参与者都希望能够找到最简单的方式，展览、会议、酒店这些他们需要的服务都在一个建筑中完成。二是通常单个的会议中心往往比较容易亏损。但是会议中心往往能够吸引国外商务旅游者的住宿，对地方经济有贡献，因此会议中心的亏损往往由政府来资助。如果一个会议中心能够与酒店一起经营，那么就解决了利润的问题，因为这种商业组合带来了更多的利益。会议酒店也是同样的道理，会议酒店不仅可以靠客房盈利，同时也可以提供会议室来盈利。因此，从乘数效应的角度看，会议场馆与酒店、展览场地的结合可以带来更多的好处。近年来，展览场地越来越受到许多会议的重视，因为会议中的“会中展”是专业会议组织者和主办者的重要收入来源。

会议的其他主办地点包括酒店、大学和其他学术机构、国家或市政会议地点、度假村等。

2. 会议与旅游管理局（Convention & Visitor Bureau，简称 CVB）

近几年，会议产业处于买方市场，会议组织者对于目的地的选择余地很广，因此城市会议产业之间的竞争日趋激烈，城市需要应对这种激烈的竞争。会议组织者往往希望会议目的地能够为会展活动的举办提供集合城市各部门的、上下协调一致的全方位的服务。因此，会议市场中的很多城市成立了专门的城市会展组织，如会议管理局，有的在旅游局下专设会议管理的部门，从而能够实现整个城市会展相关资源的整合和利用。

根据国际会议和旅游局协会（AICVB）的定义，会议与旅游管理局（CVB）是代表特定目的地的非营利性组织。会议和旅游者管理局通常是由依赖旅游和会议作为收入来源的各类商业企业作为会员整合而成的组织。会员主要包括酒店、会议中心、餐饮公司、专业会议组织者等。在某些城市，零售企业及购物区也是会议与旅游者管理局的会员。也就是说，所有与会议及旅游相关的利益相关者都应该加入这一组织。

在有些国家和城市，在会议与旅游管理局中会有专门的负责会议管理的部门。这些组织通常被称为会议局。

对于旅游者来说，会议与旅游者管理局就像是进入这些城市的钥匙。会议与旅游者管理局作为一个经纪人或官方的代表来联系会议组织者、旅游经营者和旅游者。他们协助会议组织者进行会议的准备，鼓励商务旅游者参观当地的旅游景点。

会议与旅游者管理局并不向他们的客户（旅游者、商务旅游者及会议组织者）收费。实际上，美国的多数会议与旅游者管理局由酒店住宿税收和会员费资助。

会议局与旅游管理局（CVB）的职能主要如下：

- 协助会议组织者筹备会议，给会议组织者提供详细的参考资料；
- 建立本地酒店的房间目录；
- 通过分发促销资料，向会议参与者进行目的地影响，鼓励参与者参与；
- 作为会议组织者和协会官员沟通的桥梁，确保会议特许，以及道路通行、道路封锁等；
- 获得高级政府官员的特别邀请函，在特定情况下，邀请官员到会议进行演讲；
- 能够为会议参与者的休闲时间提供足够的建议，帮助会议开发一些系列活动，并组织会前或会后旅游；
- 协助现场物流和注册；
- 提供房屋、提供服务；

- 开发一些会议前或会议后的活动，如旅游活动或其他活动；
- 协助安排会场考察的参观旅游，并协助选择场地；
- 提供演讲者和当地教育机会；
- 帮助特定场馆的安保工作；
- 协助进行当地交通的协调处理。

根据2000年ICCA的调查研究，欧洲60%的城市会议局是城市旅游局下设的部门，因此它主要受公共财政的资助。另外，40%的组织是采用了公共、私人合作组织的形式，这些组织至少部分受会议产业或其他私人基金的资助。

3. 专业会议组织者（Professional Congress Organizer，简称PCO）

根据国际专业会议组织者协会（IAPCO）定义，专业会议组织者（PCO）是专门从事会议管理的公司。这些公司可以作为组织会议的社团的咨询者和服务者，运用他们组织会展活动的经验和知识，在会议举办中起到关键作用。

专业会议组织者在会议中起到特定的作用，它们可以作为客户和其他服务提供者之间的中介：如果它们成为某一会议主办方的专业会议组织者或永久专业会议组织者，那么它们需要提供所有与会议相关的配套服务。例如，选择会议目的地（至少给予建议）、会议场馆、酒店、餐饮等，在这一过程中它们可以使用会议主办者的名义，部分行使主办者的职能和承担责任。

由于专业会议组织者的业务范围往往以某一些区域或某一城市为主，因此它们可能会成为当地许多会议服务供应商的重要媒介。

专业会议组织者（PCO）可以提供许多不同范围的服务。PCO的职责如图3-3所示。因此，会议主办方和专业会议组织者在合同签订之前需要首先选定相关的服务项目，通常专业会议组织者会提供给会议主办方一份服务清单（tender document）。

专业会议组织者可以提供的全面服务如下：

- 协助处理会议的招标、投标
- 场馆调研和可行性分析
- 建议和咨询服务
- 帮助定义目标
- 指导会议税收
- 责任（负债）
- 初步计划
- 草拟收入和花费预算
- 财务咨询——预先财务
- 赞助、展览、借款

- 注册费
- 预定保留
- 银行账户控制、收入控制
- 费用分类
- 场馆协商
- 组织构架
- 与组委会的会晤
- 生产公司的协调
- 秘书处和办公的设备
- 相关的邮件地址
- 电子和人工会议注册系统
- 科学技术项目的支持
- 人工和电子论文摘要管理
- 展览销售和管理
- 张贴环节
- 演讲者联络
- 营销和公共关系
- 场馆管理
- 新闻办公
- 现场员工管理
- 社会活动
- 航空公司联络
- 会议代表的旅行及现场交通服务
- 会议账户的关闭
- 会后评估
- 设计和打印（会议形象）
- 电子信息和设计
- 礼品和会议附属物
- 保险
- 餐饮
- 舞台设计和装饰
- 现场服务——电子信息系统、标示、安保
- 声音及视频设备
- 同声传译

- 会议录音
- 会议文件翻译
- 视频会议
- 住宿预订
- 旅游活动安排

资料来源：www.iapco.org.

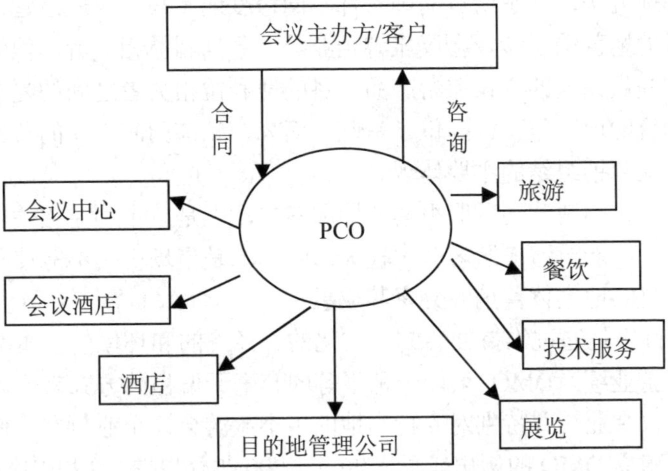

图 3-3 PCO 的职责

4. 目的地管理公司（Destination Management Company，简称 DMC）

目的地管理公司（DMC）是特定区域或城市专门从事协助外地客人的服务公司。这些公司服务于所有外来的旅游者，包括团体旅游者和个体旅游者，为这些旅游者提供他们在目的地旅行需要的各类服务，如酒店预订、往返交通、特别社会活动、特殊活动、会前会后旅游等。专业会议组织者和会议目的地管理公司在部分业务上重叠，相互之间构成竞争。但如果举办会议的地点不在专业会议组织者总部的话，专业会议组织者往往需要选定一个目的地管理公司，有时，目的地管理公司作为营利性商业机构也会与受资助的会议目的地组织产生一定的竞争。

5. 会议、旅游目的地营销组织（Destination Marketing Organization，简称 DMO）

世界各国，几乎所有的旅游会议目的地都设有旅游目的地管理机构（Destination Management Organization），都设有与政府旅游管理机构合为一体的或相对独立运作的旅游目的地营销组织（Destination Marketing Organization）。

在中国，各级政府下设的旅游局承担了相关职能，在此，统一简称为DMO。

同一般市场营销活动一样，“谁来营销”，即目的地营销组织是目的地营销需要解决的重要问题。高效的目的地营销组织为目的地营销的顺利实施提供了组织保障。然而，与一般产品不同的是，目的地会议旅游产品由公共部门（目的地政府）及私营部门（会议旅游企业）共同提供，在一定程度上具有“公共物品”的性质，由此决定了旅游管理部门对目的地营销负有的责任。以国家级会议旅游目的地为例，几乎所有的国家都不同程度地参与会议旅游营销。除公共部门外，目的地营销还涉及会议旅游企业等一系列利益相关者，他们共同为会议及旅游者提供完整的会议旅游产品。目的地利益相关者之间的复杂关系及相互依赖性为目的地协作营销提供了基础，而公、私部门间组建的营销联盟即是协作型目的地营销组织的主要体现。

一般来说，目的地营销联盟组建的原因有二，一是单个利益相关者资源有限，其促销行为不能对潜在游客产生较大影响；二是市场机制不能使所有的利益相关者支持目的地集体营销并分享其成果。

DMO 的目标是通过维持社会的、文化的、经济的和环境的基本准则来提高目的地的旅游业绩。DMO 须以一种平等的、毫无偏袒的方式来代表目的地的所有旅游会议企业，并特别对支持当地的中小旅游会议企业负有责任。

欧美各国建立DMO的历史较早，20世纪90年代以前，这些国家的DMO主要通过遍布各地的旅游咨询中心、旅游问讯网络（以电话、信函为通讯工具）、海外办事处等宣传旅游目的地形象。这一阶段基本没有建立以计算机网络为中心的旅游营销/管理系统，通常每年或半年组织编写一次旅游宣传资料。由于没有一体化的信息技术，其提供的旅游信息只能尽量地简单化，效率也不高，不能全面反映旅游产品的种类和价格的变化。旅游业提供预订服务的历史很早，但是基本上以电话为主要工具，由于电话这种媒体工具本身的局限性，导致电话预订服务不能令消费者满意。

随着计算机网络技术的成熟，DMO 开始应用网络技术来建设功能齐全的旅游目的地信息系统，目前世界各国基本都建立了本国的旅游目的地信息系统，如丹麦、芬兰、新加坡、中国等。这些目的地信息系统既有以国家为中心的，也有以主要旅游名胜地为中心的，我国的一些旅游大省（如海南省）也纷纷建立了以本地为中心的旅游目的地信息系统。当因特网在世界逐渐普及后，旅游目的地信息系统迅速适应了这一变化，各国的DMO纷纷在因特网上建立网站，因特网将 DMO 的营销能力扩大到全球范围内，同时也通过网络增强其管理的高效率。

第三节　国际会议产业的发展

一个国家举办国际会议的多少，象征着这个国家经济、政治、文化、科技等诸多方面的雄厚实力。同样，衡量一个城市是否符合国际大都市的标志之一，即召开国际会议的多少。

国际会议旅游产业已有几十年的发展历史。由于国际会议具有规模大、档次高、成本低、停留时间长、利润丰厚等特点，对整个城市的经济发展起着巨大的推动作用。如今任何一个著名国际会议主办权的申办都是在 10 个国家或地区以上，在近乎白热化的竞争之后方能尘埃落定。

一、主要的会议产业成熟国家会议业发展的现状

1. 美国

美国国土面积较大，人口众多，经济高度发达，会议业一直在全球排在首位。

（1）行业规模

据美国会议产业理事会（CIC）2014 年发布的《美国会议产业影响力研究报告（中期）》（简称《报告》）显示，2012 年在美国召开的会议数量超过 180 万个，为美国国内生产总值（GDP）贡献 3938 亿美元，高于电影和录音、航空运输、铁路运输等其他产业（参见表 3-5）。按照 2012 年美国约 15.7 万亿美元的国内生产总值计算，美国会议业产值占国内生产总值的比例约为 2.5%。

表 3-5　美国会议业的地位

行业	对 GDP 的增加值（预计值，亿美元）	提供的全职和兼职工作（万个）
医疗卫生	11570	1707.5
广播和通信	3920	114.2
餐饮业	3150	1003
石油天然气开采	2690	18.8
计算机系统设计和相关服务	2300	163.4
法律服务	2250	113.8
汽油和煤炭产品的制造业	1790	11.1
卡车运输业	1260	13.8
住宿业	1250	182.3
汽车制造业	1220	78.5

续表

行业	对 GDP 的增加值（预计值，亿美元）	提供的全职和兼职工作（万个）
会议业	1156	178.7
电影和录音产业	1130	38.4
演艺、体育和博物馆	870	56
信息和数据处理	800	33.5
航空运输业	780	46.5
娱乐、博彩、休闲	710	145.4
铁路运输	400	20.2

（2）经济贡献

《报告》显示，美国会议业对经济发展具有巨大贡献。在 2011 年 2 月 CIC 公布的《美国会议产业影响力研究报告（初期）》中就显示，2009 年，美国总参会人数达到 2.05 亿人次，对美国国内生产总值的贡献为 1060 亿美元，产生的联邦税收、州级税收和地方税收总计达 256 亿美元。而在 2012 年，美国会议业对国内生产总值的贡献达 3938 亿美元，创造的联邦税收、州级税收和地方税收总计达 887 亿美元，3 年内美国会议业创造的税收增加了近 2.5 倍。美国会议业除了对国内生产总值和税收等方面产生巨大影响，在就业、劳动收入等方面也起着巨大的作用。2012 年，会议业为美国提供了约 530 万个就业岗位，并创造了约 2346 亿美元的总劳务收入（参见表 3-6）。据相关新闻显示，到 2020 年，美国将创造 2000 万的就业岗位，与 2010 年相比，就业总人口将增加 14.3%，其中与活动策划相关的职业需求更有显著增长。随着经济逐步复苏和企业全球化发展，美国企业将需要越来越多的活动策划人员。

表 3-6 美国会议业的经济贡献

经济贡献	行业产出（亿美元）	对 GDP 的贡献（亿美元）	创造就业（万个）	劳务收入（亿美元）
直接效应	2804.03	1156.15	178.7	668.92
间接效应	2762.67	1568.89	208	991.39
派生效应	2137.06	1212.80	144	686.08
合计	7703.75	3937.84	530.7	2346.39

（3）产业带动

《报告》显示，预计 2013 年与美国会议业相关的总直接消费（指美国经济中由于会议和活动而采购的商品与服务）将超2800亿美元，其中1500亿美元（也就是54%）直接消费用于会议成本、策划以及场地租赁等，同时约1300亿美元(也就是 46%)用于住宿、餐饮和交通等方面。可见，美国会议业对城市其他产业有着很大的拉动作用。美国会议业商品直接消费如表3-7所示。

表3-7　美国会议业商品直接消费

商品	直接消费（亿美元）	百分比（%）
旅游相关		
住宿	393.15	14
餐饮	298.32	11
机票	237.61	8
零售商品	82.35	3
汽油	74.98	3
休闲娱乐	70.34	3
汽车租赁	62.58	2
旅行社及其他旅游产品	37.07	1
其他交通	23.69	1
城市公共交通	15.77	1
铁路和水路交通	600	＜1
小计	1301.86	46
会议相关		
会议策划和执行	1066.58	38
场地租赁	103.63	4
其他会议相关商品	331.95	12
小计	1502.16	54
总直接消费	2804.02	100

（4）行业结构

2012 年，在美国召开的会议超过180万次，约有2.05 亿人次参会。在180多万次会议中，公司以及商业会议约占会议总量的50%，位列其后的分别是年会、专业会议、代表大会以及发布会等（参见图3-4）。

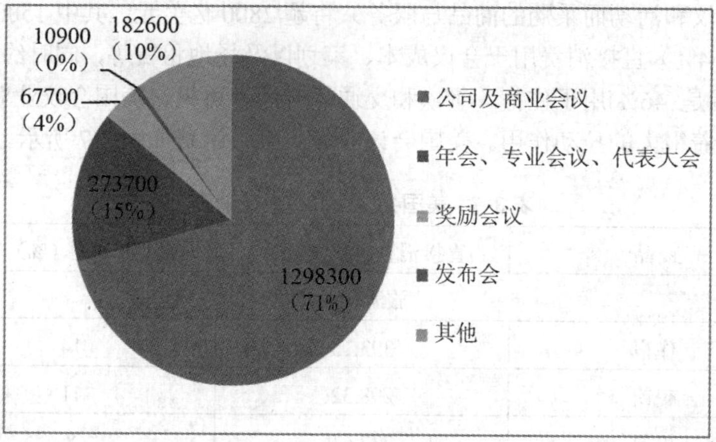

图 3-4 会议数量按类型分布

再从参会人员来看，大部分的参会人员都来自企业会议，协会及会员组织居第二位（26%），第三位的是非政府、非营利性组织（23%）（参见图 3-5）。

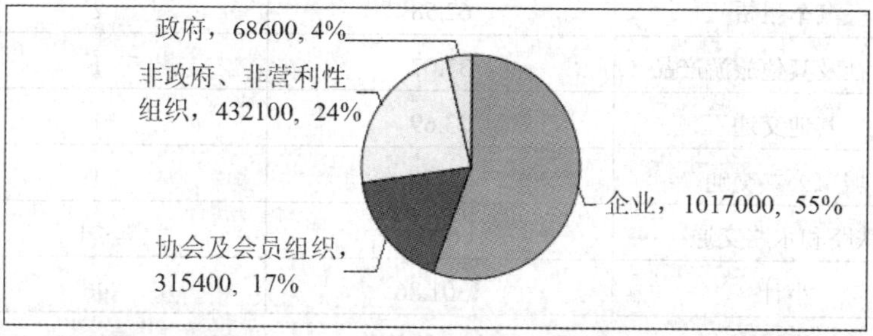

图 3-5 会议数量按主办单位性质划分

通过以上两组数据可以看出，企业及商业会议是美国会议业的主要类型，对整体会议业具有非常重要的意义。

（5）美国的会议管理机制

自 1896 年底特律成立第一个会议与旅游局（CVB）开始，美国就进入了一个政府对会议及旅游统一管理、协调和扶持的时代。到目前为止，美国几乎所有的城市都设立了会议与旅游局。

2. 德国

德国地处欧洲中心地带，具有作为会议举办地最为重要的地利优势，尤其是具有欧洲交通枢纽功能的法兰克福机场对德国会议产业起到了积极的推动作用。不仅如此，德国的城市具有良好的基础设施和发达的公共交通系统，这些都为会议产业的发展奠定了良好的基础。

此外，德国旅游、娱乐、体育和特殊活动等相关产业均较为发达，并拥有丰富而独特的历史文化资源，从而进一步增强了在国际市场上的吸引力。但最为重要的是德国在会议专业运营方面具备了硬件、软件和管理等方面的综合优势。

首先，德国的会议硬件设施较多，选择余地广，德国现有大型会议举办场所 11050 个。其中，10260 个为酒店宾馆，420 个为会议中心，330 个分布在各大学，还有近 40 个分布在各大机场。其他可供选择的各类会议活动场所大约有 63000 个。660 个会议场馆可以容纳 500 人以上的会议规模。除了专门的会议场所，德国还拥有 1500 处其他类型的场所可供选择，如修道院、庄园、博物馆、现代化的主题公园、海洋性会场等。

其次，德国具备发展会议产业的软实力。德国的各大会议目的地能够给会议举办者带来物有所值的办会体验。这得益于德国在商业和科学领域内在全球的领先水平和专业水准。因此，德国的会议目的地可以利用自身在科学、商业及产业方面的专业实力和资源为会议举办者提供更多的增值服务。目前，德国会议目的地在以下六个领域已经做到了专业服务与会议运作的良好结合：医学和保健学、交通运输和物流、化学和医药、科技与创新、能源与环境、金融服务。目前，德国会议业主要以其专业性来增强其竞争力。在德国会议促进机构会议管理局的宣传手册上，德国列出了各个目的地会议城市各自所擅长的专业服务领域（参见图 3-6）。与之相对应，各会议目的地也根据自身的学科、产业、商业优势找准了自身定位。例如，德国汉堡、纽伦堡主要定位于各类交通运输和物流方面的会议，莱比锡和法兰克尼亚主要定位于医学和保健学类的会议，杜塞尔多夫主要定位于化学和医药类的会议。而作为会议主要目的地的柏林主要以绿色会议来定位。

最后，德国会议局是德国会议业发展的又一秘诀。德国会议局（Germany Convention bureau）原为德国会议协会，成立于 1973 年，原属汉莎公司的一个专业职能部门，旨在推广德国会议活动。1974 年属下 30 名成员与德国旅游中心合并成为会议局。1984 年发展到 120 名成员，而 2014 年已经发展到 400 多家会员，会员单位包括德国各类酒店、会议中心、旅游目的地、汽车租赁公司、活动代理及活动提供商等。德国会议局在会议的组织者与德国会议市场供应商之间起着联系的作用，为会议事务的组织与计划工作提供建议与相关支持，也为市场提供联系人。

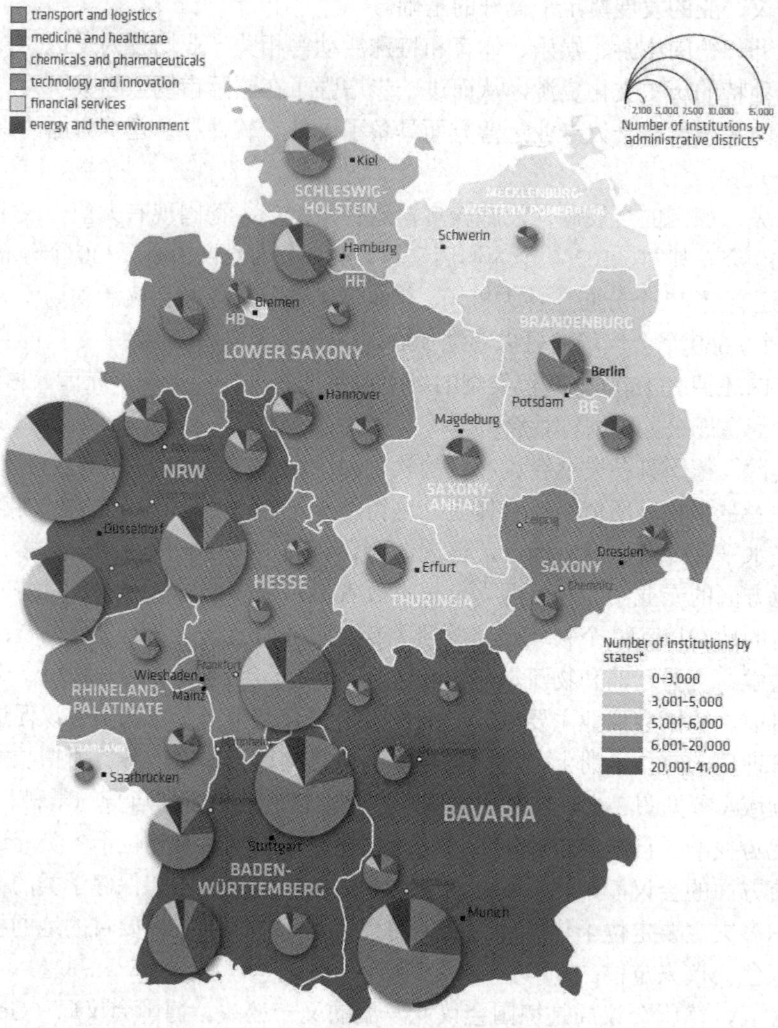

* Weighted according to the revenue classes of the companies or facilities; supplemented by quantitative factors regarding research & teaching, administration and trade associations

图 3-6 德国会议业的区域分工

根据世界相关旅游组织的统计数据，2012 年因参加商务旅游而到德国的旅游者超过 330 万人次，年增长率达到 23.5%，成为德国入境旅游的重要组成部分。2012 年，德国共举办各类活动 297 万个，参与者达到 3.62 亿人次。根据国际大会与会议协会（ICCA）的统计，2012 年德国所举办的社团会议数量在欧洲排名第一，居世界第二位。

二、主要会议产业成熟国家及地区会议产业政府管理现状

政府对会议及旅游进行统一管理、协调发展和共同扶持是发达国家的普遍做法。在区域会议经济推进中，不乏政府进行营销的国际经验。

1. 新加坡

新加坡是亚太地区首要的会议目的地城市。新加坡政府于 1974 年宣布成立新加坡展览会议署，充分利用当时的各类饭店会议设施开拓国际会议旅游市场。到 1988 年，新加坡旅游局又开始实施旅游开发计划，最终使得新加坡的会议旅游步入了快速发展轨道。

新加坡的会议产业发展已有 30 年历史。新加坡旅游局下设会议及旅游局。内部又分成两个部分：一个负责会议和奖励旅游，另一个负责引进世界其他国家的会议。除此之外，新加坡旅游局在海外还设有 23 个办事处，每一个办事处都有专门负责在当地推广新加坡会议产业的办公室。在鼓励措施和鼓励办法方面，新加坡旅游局采用资金奖励的办法，同时也采用其他一些方式，如会议协调、对外联系、手续办理等。

2. 日本

日本在会议产业的发展过程中，逐渐建立起一套完整的会议产业振兴体系。1964 年，日本成立国际观光振兴会，2003 年国际观光振兴会成为隶属于国土交通省的独立行政法人，从而成为专门的会议产业行政管理部门，从 2008 年开始人们通常称其为日本政府观光局（简称 JNTO）。

日本政府观光局是会议产业政策决策与管理的职能部门。日本政府观光局为非营利性组织，代表全国多个城市和团体，吸引和服务于不同类型的会议前来举办。JNTO 主要功能有：协助公司、社团进行会议的整合协调；整合观光旅游等资源，提供举办会议活动的各项需求；促使参会者利用当地所提供的文化、旅游等资源，扩大消费。早在 1960 年，运输省观光事业审议会就提出了建立会议局的必要性，并于当年由相关机构和行业联合成立了会议局。1985 年以各城市为成员加盟，改成日本会议推进协议会，开始与 JNTO 共同发展国际会议产业。1988 年与国际会议事业协会联系，成立财团法人日本会议振兴协会（JCPA），1995 年 5 月解散，6 月另外成立了由国际观光振兴会、国家会议观光城市以及原日本会议振兴协会等构成的日本会议局（JCCB）。至 2009 年 8 月 20 日，日本会议局已拥有 111 个会员，其中有 68 个会员为地方会议局或会议协会。日本会议局（JCCB）在 JNTO 的行政指导下，为发展本国会议产业，在加强成员间的合作、培养专业人才、促进国内国际会议的申请和举办等方面发挥着重要的作用。

日本政府对会议产业管理的做法可以总结为：

一是在日本，一般不允许给予会议组织者或其他相关单位直接的资金支持；二是日本各个地方观光会议局会为参会者提供低折扣的景点门票，提供感受日本文化的活动。

3. 韩国

由于意识到国际会议所能带来的巨大效益，韩国政府在1996年颁布了《国际会议产业发展的相关法律》，并于1998年推出《国际会议产业发展支援计划》，用以对国际会议的申办和举行提供各方面的支援。根据该支援计划，国际会议的申办和举行的主管机关由文化体育观光部来担任。在申办会议的必要性得到认证之后，观光部对会议的申办和举行进行财政与各项软硬件的支援。

以韩国观光公社为中心的国际会议推广协会（KCPCC）在1989年开始运作。韩国根据2003年修正的国际会议培育法积极扶植国际会议产业，政府在全国范围内选定4个国际会议举办城市，积极支援选定城市的国际会议申办和举办活动，选定的国际会议城市为首尔、釜山、大邱、济州岛。

为了防止一些滥竽充数的会议打着“国际会议”的名目申请政府财政支援，打击腐败，韩国政府于2005年颁布了《申办及举行国际活动的相关规定》，另于2008年颁布了《国际活动管理指针》，对举办国际会议的申请进行严格细致的管理，对国际会议的必要性和恰当性进行评估与审议，审查的标准包括会议的公益性、时宜性、规模的恰当性、经济性、社会舆论等方面。

在韩国，国际会议俨然成为一项产业，能给国民经济带来积极影响的具有高附加价值的服务产业，最重要的原因是举办国际会议产生的巨大的经济效果，以及由此带来的城市和国家形象的提升。韩国政府对国际会议的财政支援控制严格。以致力于打造“国际会议最佳城市”品牌的首尔市为例，对大型国际会议的财政支援每次最多不超过1亿韩元（约合9万美元），举办会议的资金主要还是来自企业和社会团体的赞助。对韩国政府来说，最少的投入和最大的回报才是他们所追求的。

首尔是韩国会议产业的先锋，首尔政府于2005年成立专责机构Seoul Convention & Visitors Bureau，整合民间企业及组织、专业会议公司，提供场地的会议中心及饭店，通过发展会议产品、联合营销等方式，全面推动会议产业。该机构针对会议承办单位提供三大类服务：①实地勘察会议场地及观光资源；②推介专业会议公司、目的地管理公司、旅行社、翻译社管理公司，并组织秘书处，招待人员等义工队；③提供公关及营销等行政支持。

4. 中国台湾省

台湾省相关的主管机关贸易局、会议及旅游局和各地方政府分别提供会展服务业的奖励和协助措施，以吸引团体及活动。具体措施：①提供经费补助给主办单位；②提供文化表演、接待酒会、晚宴；③赞助观光景点的入场券；④协助扩大台湾会展产业的投资及规模；⑤给予会议业者在竞标与宣传阶段的协助；⑥提供参会者入境签证协助。

5. 中国香港

中国香港是中国拥有国际会议城市资质较长历史的城市，它有一套完善的产业管理体系。香港观光协会（HKTA）为半官方组织，成立于1957年，由香港政府出资设立基金。在海外设有17个办事处。该协会于1986年成立了香港旅游会议局，其目标是促销国际会议、展览及奖励旅游，全面积极地发展会议产业。2008年香港旅游发展局“香港会议及展览拓展部”成立，该部分成三个团队，分别向企业会议及奖励旅游、大型会议、展览活动三个类别的活动提供专门服务。

6. 中国澳门

澳门有一支专业团队推广会议产业。团队成员都是来自一些比较优质的旅游企业。澳门旅游局有专项资金用于支持会议产业。澳门旅游局制定了详细的“激励商务旅游市场发展计划”。这个计划包括三个类别：会议、展览和奖励旅游，分别根据它们各自的特点给予活动组织者奖励。针对会议的奖励包括：住宿补贴、餐饮或会议套餐以及主题演讲嘉宾及团长酒店补助；针对展览的奖励包括展览场地租金的补贴、住宿补贴、对展览场地硬件设施的补贴以及开幕典礼的补贴；针对奖励旅游的鼓励办法包括现金奖励、协助宣传、协助协调、协助竞投。各目的地国家和地区会计推广机构网站如表3-8所示。

表3-8　各目的地国家和地区会议推广机构网站一览表

德国：www.germany-meetings.com
瑞典：www.MySwitzerland.com/meetings
澳大利亚：www.businessevents.australia.com/associations
波兰：www.poland-convention.pl
中国台湾：www.meettaiwan.com
爱尔兰：www.meetinireland.co.uk
中国香港：www.discoverhongkong.com/mice/eng/html/conventions/conventions.html
爱沙尼亚共和国：www.ecb.ee
南非：www.southafrica.net
捷克共和国：www.czechconvention.com
摩纳哥：www.visitmonaco.com

三、国际社团会议的发展状况

社团会议、企业会议和政府会议这三类会议差别较大，企业会议数量多、规模相对较小，而政府会议具有政治敏感性、安全性等特征，因此，国际上对于会议产业的研究数据和资料，主要以社团会议为主。相比较企业会议和政府会议，社团会议的规模相对大，经济效益高，社会影响力大，据国际会议与大会协会（ICCA）预计，全球每年大约有 23000 个社团会议。因此，不论是会议公司，还是会议目的地，都非常关注社团会议市场的发展状况。国际会议与大会协会（ICCA）每年都会对全球的国际社团会议进行统计研究，因此，下面我们将主要以国际会议与大会协会（ICCA）的统计资料为基础，来总结国际社团会议的发展特点。

1. 国际社团会议轮流举办的特点

根据 ICCA2009 年的统计数据，在三个以上地点轮流举办的国际会议有 8205 个，其中在全球范围内轮流举办的国际会议有 3861 个，占 47.1%；在欧洲轮流举办的国际会议有 2459 个，占 30%；在亚太地区轮流举办的国际会议有 462 个，占 5.6%。由此可见，世界市场是最大的会议目的地轮换区域。欧洲是国际社团会议举办地轮换率最高的区域，并在过去的十年里保持相对稳定。这些国际社团会议由全球 6407 个国际协会举办。从这些协会的地域分布来看，59%的国际协会总部位于欧洲，这也是欧洲国际会议数量雄踞第一的重要原因。其次是北美，占 23%；亚洲和中东的国际协会占 9%。

2. 国际社团会议的洲际分布

欧洲是国际社团会议最多的洲，大约占到全球国际社团会议市场的一半以上。但是近年来欧洲所举办的国际会议的比重逐渐降低。亚洲和中东作为新兴的会议目的地，比重逐渐增高，大约占到全球市场份额的 18%。北美大约占到全球市场份额的 11%，但近几年北美也出现了一定的市场份额的下降。拉美大约占到市场份额的 10%。

3. 国际社团会议的国家分布

在过去十年中，美国和德国仍然是举办国际会议最多的国家。除此之外，始终保持在排名前 10 位的国家还有：法国、意大利、西班牙和英国。2012 年，我国排在第 10 位。国际社团会议的国家分布如表 3-9 所示。

表 3-9　国际社团会议的国家分布

排名	国家	国际会议数量（个）
1	美国	833
2	德国	649

续表

排名	国家	国际会议数量（个）
3	西班牙	550
4	英国	477
5	法国	469
6	意大利	390
7	巴西	360
8	日本	341
9	荷兰	315
10	中国	311
11	奥地利	278
12	加拿大	273
13	澳大利亚	253
14	瑞士	241
15	瑞典	233
16	韩国	229
17	葡萄牙	213
18	阿根廷	202
19	比利时	194
20	丹麦	185

资料来源：ICCA2009 年统计数据。

4. 国际社团会议的城市分布

维也纳连续多年成为最受欢迎的会议举办城市。巴塞罗那也始终保持在前 5 位。新加坡凭借其吸引力一直保持在前 10 位。总体而言，大多数城市在过去十年里吸引到的会议日渐增多（参见表 3-10）。

表 3-10　国际社团会议的城市分布

排名	城市	国际会议数量（个）
1	维也纳	195
2	巴黎	181
3	柏林	172
4	马德里	164
5	巴塞罗那	154
6	伦敦	150
6	新加坡	150

续表

排名	城市	国际会议数量（个）
8	哥本哈根	137
9	伊斯坦布尔	128
10	阿姆斯特丹	122
11	布拉格	112
12	斯德哥尔摩	110
13	北京	109
23	香港	96
26	台北	80
35	上海	64

资料来源：ICCA2009 年统计数据。

一般来说，国际社团会议举办的城市具有以下几个方面的优势：

- 城市知名度高、场馆条件优越的城市更具吸引力。
- 处于交通枢纽地位，与世界各地有密切的航空联系，交通便捷。
- 政府高度重视，尤其是政府投资基础设施的硬件建设。
- 重视会议人才，尤其是翻译人才的培训。欧洲最早重视对国际会议翻译人才的培养，法国和瑞士都是培养高级口译人才的摇篮。
- 在发达国家或城市，会议都有专业的会议组织者（PCO）安排会务及其活动。例如，在布里斯本有 20 年历史的 Interme-dia 会展管理公司，承办过几百次会议，职员仅 40 名。这些专业的 PCO 公司，其机构精简，办事水准与效率甚高。
- 这些城市先后成立了会议局，从政策、规划和财政上都十分支持其发展，尤其能适时地作出远景规划，超前意识强。

5. 国际社团会议的基本特征

（1）国际社团会议的规模

1000 人以下的会议占到整个会议市场份额的 80%以上，其中 500 人以下的会议占到 70%。参加会议的平均人数在 2010 年达到最低点，每个国际会议的平均参会人数仅为 571 人。近年来，小型会议（参加人数多于 50 人、少于 250 人）的市场份额迅速扩张，成为会议产业中最大的一个市场分类。北美一直是参会平均人数最多的地区。

（2）国际社团会议的举办时间特征

迄今为止，国际社团会议基本是以年度会议为主。近年来，两年一次的国际会议正在逐步减少。举办国际会议的旺季是每年的 5 月到 11 月。9 月份是多数社团协会组织国际会议最受欢迎的月份之首。其次是 6 月、10 月和 5 月。

（3）国际社团会议举办场地特征

近年来，酒店会议设施的使用率逐渐增加，并在 2005 年首次超过会议/展览中心的费用，成为最流行的场地。

（4）国际社团会议的主题

近年来，举办数量最多的会议主题仍然是医学类，第二是技术类，第三是科学类。

第四节　我国国际会议产业的发展

我国国际会议产生于 1978 年改革开放之后，起步虽然很晚，但是发展很快，目前我国的国际会议处于平稳发展的阶段。

一、我国国际会议产业发展的历程

我国国际会议起步很晚。新中国成立之后，在我国基本没有举办过国际会议，有文字记载的是 1964 年 8 月在北京组织过一次北京科学讨论会，来自亚洲、非洲、拉丁美洲和大洋洲 44 个国家和地区的科学家 367 人参加这个会议，为此还专门在友谊宾馆修建了一座科学会堂。1978 年我国实行改革开放的政策，我国打开关闭了 29 年的国门，吸引了世界各国人士的关注，也为我国国际会议的产生提供了机遇，1980 年 1 月由我国 5 个部委联合举办国际粒子物理讨论会，参加会议的代表人数就多达 120 人。那时不管是我国机构发起的国际会议还是国际组织的国际会议，都能吸引大量的国外代表来华参加，除了参加会议还踊跃参加会议附设的旅游活动，当时对国际会议的统计数据表明有 30%以上的会议代表携带陪同人员，有 60%的会议代表参加会议旅游，远高于世界其他国家举办国际会议的比例。进入新世纪之后，我国的经济实力和科学地位快速提升，使一些只轮流在发达国家举办的国际会议也开始选择在中国举办，例如，2007 年在北京举办的第 22 届国际制冷大会和第 26 届国际照明大会。

二、我国国际会议产业的管理

有别于其他国家，在我国举办国际会议都属于外事活动，为此国家主管部门也制定了许多相应的政策对国际会议进行管理。

1. 会议审批

在我国举办任何类型的国际会议都属于外事活动，都要经过政府的批准。根据会议规模的不同和学科的不同，批准的级别也不同，实行国务院和省部级两级批准，省部级以下无权批准国际会议。在没有得到批准前，任何个人和机构都不能在我国筹备和举办国际会议，也不能承诺国外机构在我国举办国际会议。

2. 财政管理

我国财政部对国际会议的财务管理也有详细的政策，对国际会议的各项收入和支出范围都有明确的规定，2012 年财务部发布《在华举办国际会议费用开支标准和财务管理办法》，明确规定除特殊情况报经批准外，国际会议工作人员人数控制在会议正式代表人数的 10%以内，驻会工作人员不得超过会议工作人员的 50%，并对国际会议的支出项目如场地租金、会议开幕式和闭幕式费用、会议工作人员食宿费用开支标准、交通费等开支作出了严格规定。

3. 外汇管理

我国的外汇管理部门对国际会议的外汇收入也实行严格的管理。对国外代表交纳给会议的注册费也实行结汇制；当会议要使用外汇时再向银行购买，对给国外报告人发讲演费和国际旅费，以及上交给国际组织的会议收入等都有不同的规定。

4. 来华签证

我国人员到国外参加国际会议时，只要持有大会主席签发的会议邀请信和有效护照就能到该国驻华使领馆办理签证手续。而国外人员来我国参加国际会议必需获得外交部统一规定的签证通知表和有效护照才能到我国驻外使领馆办理他们的来华签证手续。

对国际会议的严格管理，保证了我国国际会议能够平稳健康地发展，也避免了一些需要我国尽东道国义务的国际会议在我国举办，但是由于许多会议组织者缺乏对政策的了解，增加了他们在组织会议时的困惑。

目前我国对国际会议采取从紧政策，主管部门多次发文从严控制在华举办国际会议，但是从最新的政策可以看出“对于有较高专业水平的自然科学技术领域的专业或学术性国际会议，可积极举办”，这种政策导向既贯彻了我国提倡的科学技术是第一生产力的国策，也符合国际趋势。

“八项规定”与会议产业。2012 年 12 月 4 日中共中央政治局召开会议，审议《中央政治局关于改进工作作风、密切联系群众的八项规定》。其中第二项规定如下：“要精简会议活动，切实改进会风，严格控制以中央名义召开的各类全国性会议和举行的重大活动，不开泛泛部署工作和提要求的会，未经中央批准一律不出席各类剪彩、奠基活动和庆祝会、纪念会、表彰会、博览会、研讨会及各类论坛；提高会议实效，开短会、讲短话，力戒空话、套话。”2013 年新年伊始，商务部党组出台《中共商务部党组关于贯彻落实中央改进工作作风，密切联系群众有关规定的实施意见》，共计 10 项内容、25 条要求。其中明确指出要“突出精简会议数量、压缩会议规模、严格控制会议活动经费、切实转变会风；强调严格审核举办各类展会、论坛。从严管理党组成员参加展会、论坛、庆典、研讨会等各类活动”。会议产业业界人士普遍认为，“八项规定”势必会对我国的会议产业产生重要影响。

三、我国国际会议产业的发展现状分析

根据《中国会议统计分析报告 2011》的抽样调查结果，我国的会议市场，由企业会议、事业单位会议、政府机构会议、社团组织会议共同组成。2011 年，我国举办的 15 980 个会议中，企业会议数量最多，占整个市场份额的 54%，事业单位会议占 22.8%，政府机构会议占 13.8%，社团组织会议占 9.3%。

从会议的规模上来看，会议的规模越大，会议的数量越少，呈现反比例规律。人数少于 100 人的会议比例为 55.7%，规模为 101 人~200 人的会议占 31.5%，301 人~500 人的会议约占 8%。

按照人文与社会科学、工程与技术科学、医药科学、自然科学、农业科学五个学科门类进行划分，2011 年，我国的人文与社会学科领域的会议特别多，大约占到样本统计的 81%，这说明我国的社会科学会议和自然科学会议的比例还不尽合理。

从会议主办机构的情况来看，跨国公司的会议和大型国际学术交流会议交给会议服务机构承办的情况较多，而其他类型的会议交给会议服务机构承办的比例则相对较小，这说明我国会议的产业化运作还有巨大的发展空间。从我国会议产业专业化发展趋势分析来看，未来交给会议服务机构的会议比例还会逐年增多。从会议服务公司的选择上来看，会展公关公司和旅行社成为市场上两类主要的会议服务机构。

从会议的性质来看，工作会议排在首位，表彰总结年会排在第二位，销售订货推介会议排在第三位。表彰总结年会和销售订货推介会议主要是以企业会议为主，学术交流会议排在第四位，培训会议排在第五位，签约发布会议排在最后（参见图 3-7）。

从举办城市的地理位置上来看，如图 3-8 所示，我国的华东地区排在首位，然后依次是华南、华北、华中、西南、西北和东北地区。

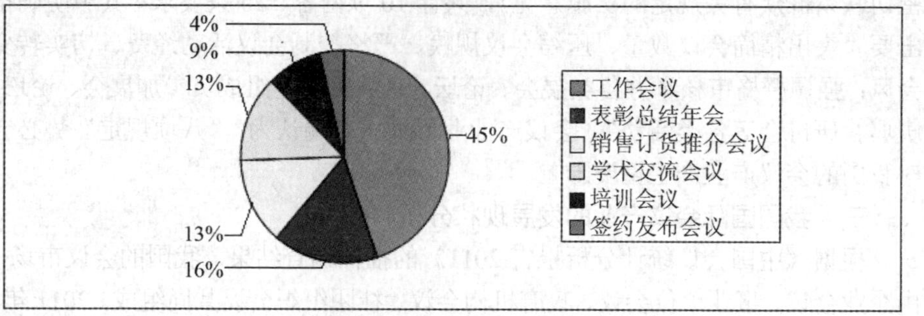

图 3-7 我国会议类型分布

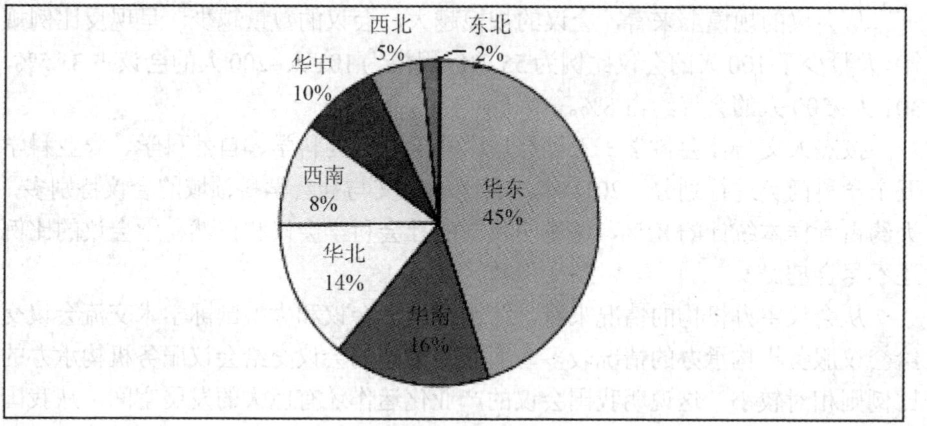

图 3-8 我国会议的区域分布

按照举办会议数量排序，如表 3-11 所示，2010 年、2011 年连续两年列入前 10 位行列的省份有浙江、广东、北京、山东、江苏、安徽、上海这 7 个省市。从提供数据的 98 个城市的统计情况来看，排在前 10 位的城市依次是北京、济南、杭州、西安、上海、南京、合肥、郑州、佛山和昆明，这 10 个城市都是我国最活跃的会议城市。

表 3-11 我国主要会议省市

序号	2011 年		2010 年	
	省份（直辖市）	数量（个）	省份（直辖市）	数量（个）
1	浙江	2131	江苏	1690
2	广东	2038	北京	1679
3	北京	1738	浙江	859

续表

序号	2011 年		2010 年	
	省份（直辖市）	数量（个）	省份（直辖市）	数量（个）
4	山东	1710	安徽	524
5	江苏	1628	广东	504
6	安徽	1074	山东	494
7	陕西	806	四川	429
8	湖北	652	云南	358
9	上海	631	上海	329
10	河南	629	辽宁	315
	合计	13037	合计	7181

2010、2011 承办会议数量居前 10 位的省市序列表（参见表 3-12）。

表 3-12　年承办会议数量居前 10 位的城市序列表

序号	2011 年		2010 年	
	城市	数量（个）	城市	数量（个）
1	北京	1738	北京	1679
2	济南	1172	南京	594
3	杭州	1124	杭州	578
4	西安	806	济南	494
5	上海	631	成都	429
6	南京	520	昆明	358
7	合肥	419	广州	355
8	郑州	391	上海	329
9	佛山	366	黄山	274
10	昆明	349	长沙	254
	合计	7516	合计	5344

从会议场地的统计结果来看，2011 年在会议型酒店举办的会议占比高达 80.7%，其次是度假村酒店、会议中心和培训中心。

从会议的流动性来看，仅有 13.1%的会议属于流动性会议。按会议主办机构分类的流动性来看，社团会议的比例最高，占比 24.8%，其次是企业会议。

从会议举办的时间来看，我国举办会议最多的月份是 1 月份，这是我国春节之前的团拜会、年会、表彰总结会和各类活动集中举办而形成的。2 月份举办的会议最少，其他的月份无明显的淡旺季之分。从会议持续的时间来看，44.8%的会议为 1 天，25.3%的会议为 2 天，15.6%的会议为 3 天。我国的四大会议市场在会议持续时间上有所不同，企业会议的持续天数高居第一位，特别是持续 5 天以上的会议数量优势更加明显，这些主要是企业的培训会议。

从会议的消费结果来看，在会场费、餐饮费和住宿费三项费用上，住宿费是三项消费中最高的，餐饮费消费排在第二，会场费的消费最低，会均消费仅为 2.38 万元。社团组织相比较其他会议市场，会均消费最高。与国内会议相比，国际会议在酒店的会均消费远远高于国内会议，会均消费为 42.2 万元，是国内会均消费的 3 倍多，充分说明了国际会议高消费的特点。

四、我国国际会议产业发展的瓶颈

我国的综合国力不断增强，国际地位日益提高，国际影响越来越大，这些都给我国国际会议的快速发展带来机遇，但是我国国际会议是一个政策市场，能否快速发展主要取决于政策的调整。当前国家在政策上并没有给出一个明确的信号，积极鼓励和支持我国国际会议的快速发展，许多方面与世界其他国家存有很大差别，例如，不管是欧美发达国家，还是发展中国家，都有国家级的国际会议管理机构，有的是放在旅游局管理，有的成立会议管理局，而我国至今也还没有一个国家级的会议管理机构。我国各级财政也没有固定的经费去支持申办国际会议，会议的申办资金都需要自筹，申办失败损失完全自己承担，国际会议成为无米之炊。当申办国际组织的大型会议时管理层的态度总是希望在我国举办时要压缩规模，举办国际会议时当会议规模超过批准人数时还要适当控制与会者的人数。奥运会的举办使北京拥有了亚洲最大和最先进的具有国际水准的会议中心，但是完全商业化的运作使得它的经营成本每年近 5 个亿，这样高的经营成本势必增加了每个国际会议的负担，也削弱在国际上的竞争力。今后我国国际会议是否能够快速发展，完全取决于我国是否调整发展国际会议的政策，从国家层面上给发展国际会议营造一个宽松的条件。

五、我国会议城市发展国际会议产业的促进措施

参加国际会议的国外代表不但要自己承担国际旅费，还要向会议缴纳注册费、旅游费和住宿费，这些费用最终都要支付在国际会议举办的城市。目前在我国参加国际会议的代表每天的消费为 1500 元人民币左右，一个有 1000 人参加的、会期为 5 天的中型国际会议，会议总消费至少能达到 750 万元。国际会议巨大的财富效应，特别是对本地经济产生的 1:8 的拉动效应，使得我国一些城市开始调整政策，促进本地区的国际会议的发展，争取更多的国际会议在自己的城市举办。

北京市旅游委员会为促进北京市会议产业的发展，采取了一系列的促进措施，被简称为“一项政策一个库、一个机构一联盟”。其中，政策指《北京市旅游发展委员会关于促进会议与奖励旅游发展的若干意见（试行）》及《北京市会奖旅游奖励资金管理办法（试行）》，这是强有力的政策保障，将推动业界把产业做大、做强；北京高端旅游资源库是整个促进体系的信息化支撑，集合了北京市高端旅游资源、产品、服务商、买家、项目等，具备资料采集、资源展示、统计查询、信息沟通等功能；北京高端会奖旅游服务机构（BCVB）作为一个服务实体，承担北京会奖形象的推广和国际会议的申办、承办等全方位服务工作，是服务北京高端旅游项目和企业的重要接口；北京高端旅游与会议产业联盟则是实现业界交流、交易、合作促进的重要载体和平台。这四项内容集中展现在北京高端旅游网上。北京高端旅游发展促进体系的形成有效提升了北京高端旅游产业发展水平，促进了北京旅游业的优化升级。北京市统计局、国家统计局北京调查总队联合发布的最新数据显示，2011 年，北京市规模以上会展单位实现直接会展收入 212.8 亿元，增长 21.8%。会展业整体呈现“会兴、奖旺、展增”的特点——会议数量与规模稳步提升，奖励旅游增势强劲，办展数量明显增加。2011 年接待会议 28.6 万个，增长 9.9%；接待人数 2033.5 万人次，增长 16.9%。其中，国际会议 7998 个，增长 20.9%，接待人数 69.9 万人次，下降 12%。2011 年奖励旅游 30 万人次，增长 40%。

上海市旅游局在借鉴国际成功经验的基础上，结合上海本土优势和特色，于 2006 年在国内首创了“上海会议大使”制度，目前已经累计聘请“上海会议大使”89 位。通过会议大使制度，上海市的国际会议产业获得了更多的发展机会。第一，越来越多的国际性、专业性会议在上海举办。近年来，通过“上海会议大使”及其同行们的努力，一批专业性强、层次高、人数多的国际会议在上海举行，如 2012 第七届国际钝体空气动力学及其应用大会、2012 年中国消化病学大会、2013 年第 16 届 IPNA 国际小儿肾脏病大会、2013 年亚太消化系统疾病学术周会议、2013 年第 26 届脑血流和代谢国际研讨会。同时，还有一批国际会议已经确定来沪举办，如 2015 年国际小儿神经外科年会、2015 年第 16 届世界系统生物学大会、2015 年亚太泌尿外科大会、2016 年世界交通研究大会、2016 年亚太小儿心血管会议等。第二，会议带来的社会和经济效益更加显著。近年来，通过“上海会议大使”的努力，20 余个大中型国际会议、上百个中小型研讨会已在上海举办，这些会议在上海举办充分展示了我国在这些领域的研究实力，提升了该领域的研究地位，促进了国际间更加广泛的学术交流。同时，这些会议还对商业、饭店业等会议相关产业的经济增长起到了拉动作用。例如，“上海会议大使”、长海医院消化内科主任李兆申及其团队承办的 2013 年世界亚太胃肠病大会的规模近 1 万余人，为期 5 天的会议仅酒店客房一项就为上海贡献了超过 3.5 万个房夜，数千万元的酒店客房收入。再如，2013 年亚太消化系统疾病学术周会议及世界消化大会的与会人数预计将达 1 万人。第三，部分立足于上海的会议正迈向品牌化和国际化。“上海会议大使”、长海医院神经外科刘建民教授主持的“东方脑血管病介入治疗大会”已经连续举办了十几届，规模从百余人发展到近千人，一年一度东方脑血管病介入治疗大会已经成为世界了解中国同行进步的最重要的平台之一。“上海会议大使”、中山医院葛均波院士主持的“东方心脏病学会议”已经连续举办了七届，会议规模从数百人发展到超过了5000人，成为一年一度的国内心脏病学最权威、最专业、最令人期待的学术盛宴。

杭州市成立了会议与奖励旅游业协会，建立了杭州会议与奖励旅游官网。杭州市政府为来杭举办会奖旅游的项目提供了强有力的政府支持，出台了一系列政策扶持会奖旅游业发展，积极促进大型会议花落杭州。2013年，杭州市旅游委员会实施2013“会聚杭州”会奖旅游特惠季活动，通过发放会奖特惠券的形式促进国内外企业来杭州举办年会和奖励旅游活动。当季共发放总价值200万元会奖特惠券，引进高端会议项目19个，参会人数超过9000人，财政兑付补贴资金83.025万元，实现会议消费1660.5万元。

案例　博鳌亚洲论坛

博鳌亚洲论坛（Boao Forum for Asia）成立于2001年，是一个非官方、非营利、定期、定址的开放性国际组织，论坛致力于通过区域经济的进一步整合，推进亚洲国家实现发展目标。其宗旨为：立足亚洲，深化亚洲各国间的交流、协调与沟通；为政府、企业及专家学者提供一个共商经济和社会等诸多方面问题的高层对话平台；通过论坛与政界、商界及学术界建立的工作网络为会员与会员之间、会员与非会员之间日益扩大的经济合作提供服务。

论坛是由三位亚太国家的前政要，即菲律宾总统拉莫斯、澳大利亚前总理霍克、日本前首相细川护熙于1998年共同发起倡议，2000年落户于中国海南博鳌镇，2001年2月，论坛正式宣告成立。

论坛自成立以来，积极促进亚洲各国间的对话与合作，为实现亚洲国家的共同发展作出了重要贡献，目前已成为亚洲以及其他大洲有关国家政府、工商界和学术界领袖就亚洲以及全球重要事务进行对话的高层次平台。经过多年的发展，论坛已成为在国际上具有重大权威性和影响力的高层论坛。

一、博鳌亚洲论坛成立的时代背景

博鳌亚洲论坛之所以能够在短时间内凝聚强大的影响力，源于论坛发起人及主办者能够准确把握时代脉搏，顺应世界经济发展趋势，准确判断亚洲经济、政治、社会发展方向，从而使论坛的建立和发展具备坚实的客观基础和条件。

亚洲地域辽阔、资源丰富、人口众多、人民勤劳、历史悠久、文化灿烂。目前，亚洲经济总量占世界总量的1/4，贸易总额占全球的1/3，外汇储备占全球的3/4。

近半个世纪以来，亚洲各国通过自身努力，在经济与社会发展方面取得了显著成就，在国际和地区事务中的影响力日益上升。特别是近二三十年来，亚洲经济总体发展迅速，东亚经济实现了腾飞，创造了令世人瞩目的“东亚奇迹”，并成为世界最具经济发展活力的地区之一。

跨入新世纪，在经济全球化和区域化不断发展、欧洲经济一体化进程日趋加快、北美自由贸易区进一步发展的新形势下，亚洲各国正面临巨大的机遇，也面临许多可以预见和难以预见的严峻挑战，这些都要求亚洲国家加强与世界其他地区的合作，同时也要求增进亚洲国家之间的交流与合作。如何应对全球化对本地区国家带来的挑战，保持本地区经济的健康发展，加强相互间的协调与合作已成为亚洲各国面临的共同课题。

亚洲国家和地区虽然已经参与了 APEC、PECC 等跨区域国际会议组织，但就整个亚洲区域而言，仍缺乏一个真正由亚洲人主导，从亚洲的利益和观点出发，专门讨论亚洲事务，旨在增进亚洲各国之间、亚洲各国与世界其他地区之间交流和合作的论坛组织。

博鳌亚洲论坛正是在亚洲国家和地区经济、政治交流与沟通加剧的形势下产生的。博鳌论坛的建立是亚洲经济、政治协调发展的客观要求。亚洲各国经济发展的沟通和交流的迫切性，为博鳌论坛的出现及持续发展提供了客观保障。

正是在这样的时代背景下，1998 年 9 月，澳大利亚前总理霍克、日本前首相细川护熙和菲律宾前总统拉莫斯倡议成立一个类似达沃斯“世界经济论坛”的“亚洲论坛”。

亚洲论坛的概念一经推出即获得了有关各国的一致认同。在中国政府的支持及亚洲有关国家政府的积极响应下，博鳌亚洲论坛成立大会于 2001 年 2 月 26~27 日在中国海南博鳌举行。包括日本前首相中曾根、菲律宾前总统拉莫斯、澳大利亚前总理霍克、哈萨克斯坦前总理捷列先科、蒙古国前总统奥其尔巴特等 26 个国家前政要出席了大会。此外，中国前国家主席江泽民、马来西亚总理马哈迪尔、尼泊尔前国王比兰德拉、越南国家副总理阮孟琴等作为特邀嘉宾出席了成立大会并发表重要讲话。大会宣布博鳌亚洲论坛正式成立，通过了《博鳌亚洲论坛宣言》、《博鳌亚洲论坛章程指导原则》等纲领性文件，中国前国家主席江泽民在博鳌论坛成立大会上指出：“博鳌亚洲论坛的诞生，反映了在经济全球化的背景下亚洲各国希望对话，寻求合作，实现共同发展的时代要求。”

如今，博鳌亚洲论坛已经成功走过十几年的历程，为实现亚洲国家的共同发展作出了重要贡献。博鳌亚洲论坛发起人之一、菲律宾前总统拉莫斯说：“论坛已从雏形初具的会议组织发展为解决亚洲问题的智囊机构。以共赢为前提的、开放的、务实的国际经济论坛将为解决亚洲区域合作进程中的问题提供权威建议，这就是博鳌亚洲论坛自我定位的角色和正在发挥的作用。”

二、博鳌亚洲论坛的选址——博鳌的文化特色及准确定位

会议的选址是国际会议策划成功与否的关键因素之一。在国际会议目的地的选择过程中，需要考虑自然环境、气候条件、文化氛围、地理位置、交通条件、市场基础、硬件配套设施等诸多因素。亚洲论坛之所以能够选择在中国，选择在中国的海南，并将海南的博鳌镇作为论坛总部的永久所在地，除部分人为因素的推动外，也因为海南博鳌镇具有发展成为国际会议目的地的基础和条件。

1. 中国的崛起，在亚洲及国际事务中日益重要的角色是亚洲论坛选择定址中国的基础。中国是联合国安理会常任理事国中唯一的亚洲国家，是维护世界和平和地区稳定的坚定力量。近几年，随着中国经济的高速发展，中国在亚洲及世界的地位不断提高，因此，亚洲论坛会选择将总部设在中国。

2. 博鳌优良的资源环境，良好的气候条件是亚洲论坛定址的先决条件。博鳌位于琼海市东部，面积 41.8 平方公里，是万泉河、九曲江、龙滚河三江交汇之处；千百年来自然形成了东屿岛、沙坡岛、鸳鸯岛三座岛屿和三座互不相连的山岭，金牛岭、龙潭岭、田涌岭；而玉带滩像一条天然的防波堤，呵护着堤内的万物生灵。三江、三岛、三岭、一滩构成了博鳌独一无二的丰富内涵。融江、河、湖、海、温泉等水系于一体，集岛屿、沙滩、山岭、奇石等自然景观于一身的博鳌被誉为世界河流入海口自然景观保存最完美的地方。优良的自然生态、良好的气候条件，成为博鳌的特色资源，也是其发展会展产业的最大优势，为博鳌发展成世界一流的会展中心创造了良好的先天基础。

3. 独特的地理位置、便捷的交通条件使博鳌具备了良好的可达性。海南背靠中国内地，近傍中国港澳地区，南望东南亚诸国，是中国通往亚太地区最便捷的省份。而博鳌镇位于琼海市东部，东、南临南海，距海口市 105 公里、三亚市 180 公里。海南环岛高速公路将博鳌与海口市、三亚市直接联通，距离海口国际机场和三亚国际机场分别为 2.5 小时和 1.5 小时车程。

4. 完善的公共基础设施，良好的酒店休闲配套设施，为博鳌论坛的举办提供了物质保障。1999 年，海南博鳌投资控股有限公司成立，积极推进博鳌亚洲论坛特别规划区的开发建设，在海南省委、省政府的领导和支持下，作为博鳌亚洲论坛特别规划区的主要投资商，公司开发建设了博鳌亚洲论坛会议中心、索菲特国际大酒店和金海岸酒店、高尔夫球场等项目及市政基础设施，从而为博鳌亚洲论坛的顺利开展创造了物质保障。

5. 独特的热带岛屿风光、原生态的纯朴生活环境打造出博鳌独有的地域文化，拓宽了博鳌会展业的发展空间。博鳌独有的热带自然风光、宜人的气候、安静的生活环境、原生态纯朴自然的社会生活使博鳌形成独特的地域文化特征，造就了博鳌“自然”、“度假”、“人居”的独特会展文化。

6. 瞄准国际会议市场，采取差异化市场发展战略，是博鳌成功的关键因素。20 世纪 90 年代，海南省以其“海洋、阳光、沙滩”的迷人热带风光，被誉为“东方的夏威夷”，成为我国主要的旅游目的地之一。但是区域内各城市之间由于旅游产品雷同度过高，因此，亦存在着激烈的竞争。博鳌作为一个小镇，如果将自身定位于发展观光旅游目的地，并没有多少优势。而蒋晓松独具慧眼，瞄准国际会议市场、采取差异化市场发展战略，将博鳌定位成“东方的达沃斯”，给博鳌以正确的发展方向，从而造就了亚洲博鳌论坛和博鳌的成功。

三、博鳌亚洲论坛的成功定位

亚洲经济协调发展及一体化为博鳌亚洲论坛成立提供了客观基础，而论坛发起人和主办者对论坛的成功定位，是论坛持续发展并成为国际高层论坛的动力源泉。

博鳌亚洲论坛是一个非官方、非营利的开放性国际组织。论坛强调其开放性和国际性，正如其英文名称所表述的 Boao Forum For Asia（立足于亚洲的论坛），而非 Asia Forum（一般意义上的“亚洲论坛”）。

与其他组织和论坛相比，博鳌亚洲论坛具有以下特点：

1. 这是第一个以亚洲为立足点，从亚洲的视角去审视世界重大经济问题，同时又通过与世界其他地区的对话与交流，深化亚洲内外经济联系的论坛。论坛立足于亚洲，但不局限于亚洲，注意与世界其他地区的交流与合作，更适应全球政治、经济一体化的发展格局。

2. 这是第一个由 26 个国家的代表共同发起成立的，但属非政府性质的论坛，也得到有关国家政府的大力支持。博鳌亚洲论坛的生命力在于其民间性和非政府性。博鳌论坛可以成为一个各界都能接受的中性平台，将政府、企业、学界都吸引进来，平等交流，畅所欲言。博鳌亚洲论坛成为本地区政府间合作组织的有益补充。

3. 与论坛相配套的博鳌亚洲研究和培训学院将聘用最具实力的专家教授任职，并与世界一流的科研院所联合，负责论坛的智力支撑和人力资源开发，这是论坛的一个优势。

4. 这是一个包容性很强的论坛，亚洲各国间除了经济发展水平差异较大之外，在政治、文化和宗教等方面也多有不同。博鳌亚洲论坛在如此复杂的背景下成立和发展，包容性成为其发展的重要条件，“亚洲寻求共赢”的主题选择确保了博鳌亚洲论坛的最大包容性。

四、博鳌亚洲论坛的的主题选择——亚洲寻求共赢

会议主题确定是会议策划的核心内容，适宜的主题是成功举办会议的中心问题。

正如博鳌亚洲论坛秘书长龙永图所言：“博鳌亚洲论坛良好的发展，首先得益于论坛确立的主题：亚洲寻求共赢！未来五年、十年、二十年，博鳌亚洲论坛的永恒主题都是寻求共赢。亚洲国家历史、文化、宗教复杂多样，寻求共赢把大家凝聚起来，这也正是博鳌亚洲论坛发展的重要动力和基础。”

“亚洲寻求共赢”是论坛的永久主题，在这个大框架下，论坛每年聘请国内外著名研究机构、咨询公司、投资银行以及独立专家组成的专家组充分调研和讨论，以确定每年年会的分主题，从而保证分主题的科学性，以增强论坛的吸引力和时代前瞻性。历届博鳌亚洲论坛主题如表 3-13 所示。

表 3-13 历届博鳌亚洲论坛主题

2002 年	新世纪、新挑战、新亚洲——亚洲经济合作与发展
2003 年	亚洲寻求共赢：合作促进发展
2004 年	亚洲寻求共赢：一个向世界开放的亚洲
2005 年	亚洲寻求共赢：亚洲的新角色
2006 年	亚洲寻求共赢：亚洲的新机会
2007 年	亚洲寻求共赢：亚洲制胜全球经济——创新和可持续发展
2008 年	绿色亚洲：在变革中实现共赢
2009 年	经济危机与亚洲：挑战和展望
2010 年	亚洲：可持续发展的现实选择
2011 年	包容性增长：共同议程与全新挑战
2012 年	变革界中的亚洲：迈向健康与可持续发展
2013 年	革新、责任、合作：亚洲寻求共同发展
2014 年	亚洲的新未来：寻求和释放新的发展动力

近几年，气候变化已成为全球关注并日益影响到经济和民生的重大问题，亚洲作为世界上经济最具活力的地区，不能也不愿置身事外。构建一个更加开放的绿色亚洲，不是简单的口号，而是认真的思考、切实的行动，更是亚洲可持续发展的必由之路。因此，2008 年年会的主题更突出强调“变革”和“绿色”，与会代表们就能源：政府和企业的合作、电信的持续增长与可持续发展、金融

改革与创新、从企业社会责任到负责任的投资进行了讨论。而2009年后，每年的主题也都与亚洲经济的发展得到了良好的呼应：2009年致力于经济危机下亚洲的挑战与展望。2010年后主要关注新动力、新变革与可持续发展、共同发展的话题。

五、博鳌亚洲论坛国际化运营与组织模式

博鳌亚洲论坛除了顺应时代潮流、最大限度地突出论坛特色之外，在运营方式和组织形式上，也相当注重论坛与国际论坛间的接轨，走国际化的经营路线。

2001年，在博鳌亚洲论坛的成立大会上，通过了《博鳌亚洲论坛宣言》、《博鳌亚洲论坛章程》等纲领性文献，成为论坛运营的指导性纲领，为论坛的持续发展奠定了基础。为保证博鳌亚洲论坛的科学、高效运作，论坛设立了严密的组织管理机构，论坛的组织机构由论坛会员大会、理事会、秘书处、研究培训院、咨询委员会组成。其中秘书处负责论坛的日常业务和运行管理，最大限度保证了论坛运作的科学性、高效性。论坛采用国际会议的盈利模式，实行会员制，对会员收取一定的会员费。会员费、会议注册费、捐款、各类赞助费用、活动和服务收入成为论坛的主要收入来源。

为满足各领域、各层次的与会代表的对话交流需求，论坛在年会组织形式上不断进行革新，更多地为企业家组织一些与政治任务、同行之间的小范围会议，所有会议都以讨论、对话为主，由主持人根据会议议题引导大家对某个或某些观点进行深入阐述和讨论，从而达到良好的交流效果。除了办好年会论坛，还举办一系列专题会议。2008年4月在宁波举办了博鳌现代物流与自由港国际论坛。2008年6月博鳌亚洲论坛国际资本峰会在英国伦敦举办，这是论坛首次走出亚洲举办的第一个专题会议，为论坛的进一步发展开拓了更广阔的空间。

博鳌亚洲论坛是在中国成立的首个非官方、非营利、定期、定址的开放性国际组织。自成立以来，取得了显著的经济和社会效益。博鳌亚洲论坛之所以能够取得巨大成功，一方面是因为其顺应时代发展潮流、适应亚洲发展需求；另一方面也得益于论坛主办方对博鳌的准确定位、对论坛发展的明确方向和科学经营管理方式。博鳌亚洲论坛既遵循了国际会议策划与管理的一般规律，又注重特色化、民族化，挖掘地方特色文化，是国际会议成功的典范。

思考题

1. 会议的本质是什么？

2. 简要陈述会议的价值。
3. 请简要说明社团会议与企业会议的异同点。
4. 什么是PCO？其主要职能有哪些？
5. 试比较CVB与DMO的功能差异。
6. 什么是DMC，DMC的功能有哪些？
7. 试比较PCO与DMC的异同点。
8. 国际社团会议的特征有哪些？
9. 试分析“八项规定”对我国会议产业的影响。
10. 什么是“会议大使”？其使命是什么？

第四章

奖励旅游与奖励旅游产业

学习目标：

- 掌握奖励旅游的概念、类型和特点
- 掌握我国奖励旅游的发展现状
- 掌握奖励旅游的运作模式和操作流程
- 理解奖励旅游的发展历程及发展趋势
- 分析奖励旅游在不同国家发展的差异性

学时安排：4 学时

引 言

在会展行业中，经常有“会奖旅游”的说法。会奖旅游通常是指会议和奖励旅游。上一章我们重点分析了企业会议、社团会议和政府会议三类不同的会议。本章我们将奖励旅游单独进行讲解分析，其目的是为了便于同学们的学习。但是请大家务必注意其实在行业中，奖励旅游与会议往往是不能分离的，尤其是企业会议与奖励旅游的关系更为紧密。

奖励旅游是当今世界发展速度最快和最受瞩目的旅游形式之一，也是会展市场重要的组成部分。进入新世纪后，奖励旅游又有了新的发展趋势，世界各国都迎来了发展奖励旅游的大好时机。在我国，奖励旅游正处在快速的起步时期。面对全新而广阔的市场机遇，我们必须采取有效的措施，尽快使我国在竞争激烈的国际奖励旅游市场上占据应有的地位。

第一节 奖励旅游

一、奖励旅游概念界定

奖励旅游的英文名称为 incentive travel，incentive 的含义是刺激、鼓励。不同机构、不同研究人员对奖励旅游有不同的认识和理解，他们从不同角度对奖励旅游进行定义与解释。

1. 米尔顿和简（Milton T. Astroff & Jajne S. R. Abbey）在合著的《会展管理与服务》中认为，奖励旅游是一种旅游奖励——一般是一次全包豪华旅游，作为奖励提供给工作特别努力和达到项目赞助者规定标准的员工和客户。

2. 新加坡旅游局将奖励旅游定义为针对达成，甚至超越公司个别或总体业绩之特定对象，如员工、经理人、代理商等，由企业主提供一定的经费规划假期，委托专业旅游业者精心设计“非比寻常”的旅游活动，以犒赏创造营运佳绩的有功人员，让他们体验一场难以忘怀之旅，并藉此增加参与者对企业的向心力。

3. 国际性旅游组织——奖励旅游管理者协会（The Society of Incentive & Travel Executives，SITE）认为，奖励旅游是一种用来实现非凡商业目标的现代化管理工具，为参与者提供一个异乎寻常的旅行体验作为对他们完成其非凡目标业绩的奖励。

4. 《香港大词典》将奖励旅游界定为：工商企业及其他行业为刺激工作人员的积极性，增加归属感以及搞好与有关部门、团体和个人的公共关系而组织的免费旅游。

5. 《中国旅游百科全书》认为，奖励旅游是一些组织单位为调动员工的积极性，增强凝聚力，举办的免费旅游。

其他一些具有代表性的定义有以下几种：

- 奖励旅游是现代旅游的一个重要项目，是为了对有优良工作业绩的员工进行奖励，增强员工的荣誉感，加强单位的团队建设，用公费组织员工进行的旅游。
- 奖励旅游是指在员工完成了公司有关销售指标和营业收入指标的基础上，公司以奖励旅游的方式进行奖励的活动。
- 奖励旅游是企业及厂商为提高产品数量与质量，增加销售，振奋士气，鼓励从业人员、经销商、零售商及消费者所举办的活动。
- 奖励旅游是指企事业单位为达到激励员工、塑造形象等目的，向那些对组织发展作出卓越贡献的特定对象（如优秀职员、经销商和顾客等）所提供的免费旅游活动。

通过以上分析，可以将奖励旅游界定为：企事业单位为实现激励员工、塑造形象等管理目标，为那些对组织发展作出卓越贡献的特定对象所安排的免费旅游活动。

二、奖励旅游的属性

奖励旅游具有多重属性，发挥多种功能，可以从以下几个方面对奖励旅游进行理解。

1. 奖励旅游是一种现代化管理工具

奖励旅游是一种现代化管理工具，是企业多样性管理手段的一种。奖励旅游是国内外现代企业管理最为常用、效果最佳的一种柔性管理方式。据相关调查研究，在西欧奖励旅游与奖金、业绩/效益挂钩奖金，成为企业三大主要奖励方式之一。奖励旅游不仅能够达到奖励、激励员工和客户的目的，同时能起到树立企业组织形象，宣扬企业组织理念，塑造和强化企业文化，增强员工的凝聚力和忠诚度，提高企业业绩，促进企业未来发展的目的。

例如，根据某企业 2013 年奖励旅游方案，企业员工完成 4 个月“红宝石级主任”（或以上）业务考核，可参加“3 天 2 夜创新学院”澳门游；员工亲自培训 1 位新业务伙伴，且本身完成“红宝石级主任”业务考核，可参加“2 人创新登峰迪拜游”。“寰宇领袖之旅”地中海游相应的奖励旅游方案对应的考核目标是员工需发展 15 位任期至少 6 个月的业务主任，或完成任期至少 6 个月，每月达到 36 个领导积分且培养 12 位业务主任的目标。通过一系列奖励旅游方案，企业激励员工实现销售与发展业务伙伴的目标。此外，豪华的奖励旅游也是企业员工发展业务伙伴的一个重要营销点。

2. 奖励旅游是一种商务会展活动

奖励旅游是一种商务会展活动，主要体现在以下几个方面。第一，奖励旅游的购买者是企业或其他组织，奖励旅游活动的费用不是由旅游者本身支付的，而是由其雇主即企业或组织支付的。第二，奖励旅游是出于商务的目的而组织的，企业组织奖励旅游的目的是为了奖励作出卓越贡献的员工，鼓励参与者将来工作得更加努力，并同时宣传企业文化、增强参与者对企业或组织的忠诚度。第三，奖励旅游活动产品的设计围绕特定主题展开。奖励旅游是由企业（或组织）管理者亲自或委托相关专业旅游供应商设计、组织安排的，奖励旅游产品的设计不仅仅考虑旅游线路的可游览性，整个奖励旅游产品的设计围绕奖励和企业文化这一特定主题展开，是一种主题性旅游活动。第四，奖励旅游形式多样，奖励旅游与展览、会议等商务活动进行结合的现象逐渐增多，奖励旅游与会展商务活动结合的趋势明显。

奖励旅游由企业出资，因此具有公费旅游的性质，与公务旅游、福利旅游具有一致性。但是奖励旅游又与一般的公务旅游、福利旅游具有明显的差异性（参见表 4-1）。公务旅游是以办理公务事项为主顺便进行游览的旅游形式。这类旅游的特点是办理公务事项作为活动的主要目的，同时在办理公务所到之地进行旅游。奖励旅游属于福利旅游的一种，但是福利旅游除了奖励旅游外，还包括社会旅游、员工均可享受的旅游等形式，而奖励旅游只有业绩达到一定标准的员工或客户才有资格参与。

表 4-1　奖励旅游与其他旅游的比较

	费用来源	参与对象	开展目的	旅游产品	产品特色
奖励旅游	公费，实际来源于员工创造的超额利润	达成、超过业绩目标的精英层（包括优秀员工、经销商、忠实客户），提倡带家属参与	慰劳员工，更强调激励员工，还可能包括宣传企业形象、塑造企业文化、拓展市场、培训员工等	量身定做的产品，强调创新性、独特性。行程中会安排主题晚宴、特色参与活动，还会穿插会议、培训等内容	能够给受奖者带来莫大的荣誉感
商务会议旅游	公费，公司或其他组织正常运营的费用	公司派遣的特定对象（公司的管理层人士或公司在会议、商务开展地的业务代表、负责人），具有特殊性和具体性	以组织或参加会议、商务洽谈等公务为主要目的	会议延伸产品，以提供会议所 需的相关服务为主（主题制定、议程安排等），会后安排与会人员对会议所在地的著名旅游景点参观访问	有助于与会人员增加对会议所在地的认识，开拓视野
员工旅游	公费，公司或其他组织提供的薪酬福利	一般是组织内部所有员工，可以携带家属参与	给予员工的一种福利措施，慰劳员工，提高员工的满意度	大众旅游产品，团体包价形式出游	能够让员工认识、了解组织文化，获得归属感
社会旅游	公费，政府、社会组织或者受众所属单位的公益资助	家庭贫困而无力支付旅游费用的人	社会福利措施，保障低收入群体的旅游需求	由政府、社会组织提供免费的旅游资源或提供补贴资助其购买大众旅游产品	帮助低收入群体满足休闲需求，让他们感受社会的温暖

资料来源：刘敏，《基于利益相关者理论的奖励旅游发展研究》[D]，东南大学硕士学位论文，2012 年。

3. 奖励旅游是一项旅游活动

奖励旅游是一种消遣性旅游活动。它主要表现在以下几个方面：首先，奖励旅游活动表现为参与者的消遣和享受目的及行为。企业组织奖励旅游活动的目的是为了使员工或客户能够通过旅游活动达到放松身心、享受和消遣的目的。其次，奖励旅游的行程是精心设计的，包含旅游目的地最著名、最独特的旅游吸引物和一些特殊的激动人心的活动。最后，奖励旅游活动往往与配偶或家人或同事一起参与，达到了共同愉悦身心的目的。

但奖励旅游与我们通常意义上的团队旅游有所不同。第一，参与奖励旅游的团员资格需要经过审核，并非人人都能参与奖励旅游；而一般团队旅游的成员并不需要经过资格审核。第二，行程安排不同，奖励旅游的行程安排、活动内容往往根据企事业单位的目的量身定做、精心安排，强调非比寻常，除了包括观光、娱乐和休闲等消遣性活动外，通常还会有会议、培训、颁奖典礼、主题晚会或舞会等内容；而一般的团队旅游的行程安排、活动内容适用于多数旅游团队，内容以观光、消遣性活动为主。第三，目的不同，奖励旅游的目的较为复杂，不同企事业单位实施奖励旅游的目的不同，如慰劳员工、激励员工、培训员工和进行团队建设等；而一般团队旅游的目的相对单纯，就是为了放松身心、休闲娱乐。第四，一般团队旅游都是组团而成，成员之间的关系较为松散，而奖励旅游的参与者往往来自同一单位，享受同样的奖励激励，成员之间的关系更为紧密，奖励旅游同时具有增强成员团队凝聚力的效果。

三、奖励旅游的特征

1. 受众特殊

与普通员工旅游完全不同，奖励旅游是针对已达成、甚至超越公司预定业绩目标之特定对象，如员工、经销商、代理商等，所给予的犒赏之旅，也就是说奖励旅游的对象是针对企业的有功人员，他们都是从企业团体中千挑万选出来的，必须通过特定的审核才可获得此资格。

2. 经费预算来源特殊

奖励旅游的费用来自奖励旅游的购买者（企事业单位组织），而不是由个人支付，因而被纳入到公费旅游和福利旅游的范畴。但对于开展奖励旅游的企业来说，研究者普遍认为尽管奖励旅游的费用来源于企业，却并不是企业自掏腰包，而是出自员工创造的超额利润的一部分。

3. 行程安排特殊

奖励旅游行程活动安排要求特殊，需根据企业意图量身定做。奖励旅游产品必须是别出心裁、富有创意，能给参与者带来无限惊喜和难以忘怀的体验，让参与者感到“非比寻常”和“备感荣誉”。产品设计强调独一无二，而不仅仅是饭店、景区、线路、机票的组合。旅行社对企业的特殊要求进行深入了解，是设计别出心裁的奖励旅游行程的成功要诀。

4. 消费高，利润空间大

奖励旅游团更加看重社会影响和独一无二，因此对住宿、餐饮等基础设施和服务设施有着高标准的要求。而这种高档次、高规格的消费水平远远高于一个普通的公费旅游团。由于奖励旅游的高利润空间，因此越来越受到一些旅游公司、旅行社的关注。奖励旅游作为高级旅游市场上的一部分，正在成为国际旅游业发展的一个重要方向，有着不可忽视的经济意义。

例如，宁波旅行社行业接待“奖励旅游”日益升温。

近年来，随着旅游业的纵深发展和旅游产品的转型提升，“奖励旅游”日益升温，产品市场占有额逐步提高。据统计，在宁波旅行市场上，该产品占比已经达到 20%以上，由于“奖励旅游”这块蛋糕巨大，“奖励旅游产品”逐渐成为宁波旅行社行业主打产品，该产品在宁波旅游市场呈现如下几个显著特点。

一是组团人数多、团队规模大。如浙江东港国际旅行社输送申洲集团 3000 名中高级管理人员分赴北京、香港等地观光度假。据悉，组团人数刷新了宁波出团纪录，动用飞机 82 架次、导游 82 名、后勤人员 18 名，规模堪称宁波史上最大。庞大的团队统一着装，成为香港大街上一道亮丽的风景线。有关负责人坦言，对旅行社来说，3000 人同时出发，不论是人数还是规模，在华东地区都罕见。

二是接待层次高、停留时间长。据了解，“奖励旅游”由于接待层次高、人数相当庞大的特点，团队停留时间也很长，80%以上的宁波奖励旅游团队停留时间都在 3 天以上，宁波旅行社行业普遍对组团“奖励旅游”异常重视，对接待各个环节部署周密，如浙江东港国际旅行社，在组团出发前，召集了香港、海南、桂林、北京、大连地接社召开质量大会，并对百名导游进行了动员大会，重点强调“安全、责任、服务、品质”。每个导游都经过了 6 轮培训，每个点之间的距离和时间都要算清楚，地接车辆达 70 辆。该旅行社对紧急预案也做了相关准备，比如针对台风，就订了 2 套机票，如果台风来，就飞往杭州。

三是市场潜力大、综合效益好。游客一般都是住宿高星级酒店，人数都是几百、甚至上万人的，一般在一地停留时间会超过 3 天以上，有的甚至可以达到一周以上。在旅游日益个性化的今天，奖励旅游无疑是旅游发展的一个新方向，很有潜力。对旅行社来说会产生非常不错的利润；对于当地，可以拉动汽车租赁、酒店住宿、餐饮、旅行社、旅游景点、购物等多方面的收益。宁波浙仑海外旅行社每个月都要接好多公司奖励员工旅游的单子，每年接待的大型会议不下 100 场，这个收入在该公司占的比重超过两成。

资料来源：2011/8/7 22:12:15 宁波市江北区旅游局 http://www.cnta.gov.cn/html/2011-8/2011-8-7-22-12-21272.html。

四、奖励旅游的类型

奖励旅游可以按照目的和活动模式两个不同标准进行分类。

1. 按目的划分

（1）慰劳型

慰劳型奖励旅游是一种纯粹的奖励，其主要目的是慰劳和感谢对公司业绩成长有功的人员，缓解其紧张的工作压力，放松身心。此类型的奖励旅游活动安排以高档次的休闲、娱乐等消遣性活动项目为主。

（2）团队建设型

团队建设型奖励旅游的目的主要是为了促进企业员工之间，企业与供应商、经销商、客户等的感情交流，增强团队氛围和协作能力，提高员工和相关利益人员对企业的认同度和忠诚度。此类型奖励旅游活动在旅游过程中注重安排参与性强的集体活动项目。

（3）商务型

商务型奖励旅游的目的与实现企业特定的业务或管理目标紧密联系，如推介新产品、增加产品销售量、支持经销商促销、改善服务质量、增强士气、提高员工工作效率等，这类奖励旅游活动几乎与企业业务融为一体，公司会议、展销会、业务考察等项目在旅游过程占据主导地位。

（4）培训型

培训型奖励旅游的目的主要是为了对员工、经销商、客户等进行培训，最常见的是销售培训。旅游活动与培训的结合，达到“寓教于乐”的目的，可以更好地实现培训的功效。

2. 按活动模式划分

（1）传统型

这类奖励旅游有一整套程式化和有组织的活动项目，如在旅游中安排颁奖典礼、主题晚宴或晚会，赠送赋予象征意义的礼物，企业首脑出面作陪，请名人参加奖励旅游团的某项活动等。通过豪华、高档和大规模来体现奖励旅游参加者的身价；通过制造惊喜，使参加者拥有终生难忘的美好回忆。

2000 年 2 月，康柏公司在迪拜举办了每半年一次、为期 5 天的 35 人奖励旅游，其主题为“阿拉伯探险”。活动取得了巨大的成功，其优点在于：活动由一家名为“旅游影响”的公司和一家激励管理公司两个专业机构联袂决策；活动目的明确，即促使销售业绩的提高和公司内部良好合作关系的建立；精心挑选参与者，从 1 万人的潜在市场中精选出 35 人；向潜在的参与者讲解如何被选中参加奖励旅游；迪拜有良好的基础设施，不需要签证，并且与英国之间有着便利的航空交通；聘用当地的目的地管理公司；由五星级饭店提供住宿；休闲活动种类繁多，如汽艇大赛、出人意料的豪华宴会、赛车手杰克·斯图尔特激动人心的发言。

（2）参与型

越来越多的奖励旅游者要求在他们的旅游日程中加入一些参与性的活动，而不再仅仅满足于一个“有特色的 party”。如参加旅游目的地当地的传统节日、民族文化活动和品尝风味餐，安排参与性强和富于竞争性、趣味性的体育、娱乐项目，甚至要求加入一些冒险性活动。参与型奖励旅游使旅游者通过与社会和自然的接触，感受人与社会、人与自然的和谐，有助于唤起他们的责任感。

2005 年 2 月，某大型公司在芬兰为 65 位信息技术专家举办了为期 5 天的奖励旅游，每人花费 2300 英镑（是普通旅游团的 5 倍）。活动不同凡响的原因在于：选择北拉普拉作为目的地；活动由总部位于赫尔辛基、经验丰富的目的地管理公司设计；安排了不同寻常的活动，尤其是乘坐爱斯基摩狗拉雪橇，乘坐雪地车和冰上钓鱼；为参与者设计了几次“意外事件”，其中包括汽车在乡间的伪装故障；与当地的拉普兰人接触。

第二节　奖励旅游产业运营模式

一、奖励旅游利益相关者分析

1. 购买方

奖励旅游的购买方是各类企事业单位，其中以企业为主。在美国，企业奖励旅游最根本的目的是为了激励销售和促进竞争，因此，奖励旅游更多应用于高利润、具有挑战性的行业，尤其是新型的技术含量较高的行业，如保险和汽车制造业一直占据奖励旅游市场的榜首地位。在我国，按照企业所有权的性质不同，奖励旅游的购买方主要分为外企、国企和私企三类，外企和具有外资背景的企业是我国奖励旅游的主要购买者，大约占到整个市场份额的 60%。在国企，因奖励旅游容易与“公费旅游”混为一谈，所以其发展受到先天性制约，奖励旅游的效果与价值没有得到广泛的宣传。而多数民企和事业单位则存在着由于预算不连贯而难以制度化。

2. 中间商

奖励旅游一度只由企业进行策划，但是由于奖励旅游的高端性、主题策划的复杂性等原因，更多的购买者选择了商业外包的形式，奖励旅游中间商应运而生。各国由于奖励旅游发展的情况不同、旅游行业结构的差异等原因，奖励旅游中间商的具体运作方式各有差异。奖励旅游产业发展最为发达的美国，各类专业的奖励旅游机构健全，这些机构不仅包括具有政府职能的奖励旅游局，还包括企业性质的专业机构，被称为“动力所”（Motivation House）。这些机构不仅策划奖励旅游活动，而且还为需要购买奖励旅游的公司组织安排奖励旅游。在国际上，从事奖励旅游业务的机构基本分为三类，即全方位服务奖励公司（full-Service Incentive Company）、完成型奖励旅游公司（fulfillment type of Incentive Company）和奖励旅游部（Incentive travel department）。

（1）全方位服务奖励公司，这类专业公司在奖励旅游活动的各个阶段向客户提供全方位的服务和帮助：从策划到管理这次奖励活动，从开展公司内部的沟通、召开鼓舞士气的销售动员会到销售定额的制定，同时还要组织并指导这次奖励旅行。这类服务相当全面，持续的时间很长，还要访问不同厂商与销售办事处，所以此类公司获得的报酬是按专业服务费加上旅游服务销售的通常佣金来收取的。

（2）完成型奖励旅游公司，这类公司实际上是单纯安排旅游的奖励旅游公司，通常规模较小，多数是全方位服务奖励旅游公司原来的管理人员创办的。其业务专门集中于整个奖励活动的旅游销售上，而不提供奖励活动中需要付费的策划帮助。他们收益来自通常的旅游佣金。

（3）奖励旅游部，是设在一些旅行社里从事奖励旅游的专门业务部门，其中部分奖励旅游部有能力为客户提供奖励旅游策划类的专业性服务。

在我国目前奖励旅游的中间商主要由旅行社、PCO、公关公司等专业机构组成。

3. 供应商

奖励旅游的供应商包括酒店、航空公司、目的地管理公司及其他目的地相关旅游吸引物供给企业。由于奖励旅游的购买者可以选择中间商，亦可以不选择中间商，直接与旅游供应商之间进行交易，因此，奖励旅游的中间商和供应商之间既是合作者又是竞争者。旅游中间商要提高产品的附加值才能更好地吸引奖励旅游购买者。

4. 终端消费者

尽管以企业为主的企事业单位是奖励旅游的购买者，却不是直接的终端消费者。奖励旅游的终端消费者主要由企业的员工、企业的客户、企业的渠道商等相关利益群体构成。奖励旅游终端消费者是奖励旅游行程成功与否的最终评判者。从奖励旅游终端消费者的消费形态来看，绝大部分为团体旅游，极小部分为私人旅游。以德国为例，17%为私人旅游，团体旅游占到83%，团队奖励旅游为接待重点，它也是市场发展的主流。奖励旅游终端消费者的另一个特点是带家属参与，之所以带家属出游，一方面，由于受奖励员工取得成绩与家庭的支持分不开，因此奖励时要对此予以充分重视；另一方面，受奖励员工也愿意与家人一起被作为奖励对象。据美国一项调查显示，受奖励职员大部分为已婚男性，他们在外出旅游时90%以上携带夫人，25%的人携带孩子。

二、奖励旅游的产业运作模式

奖励旅游的产业运作模式如图4-1所示。

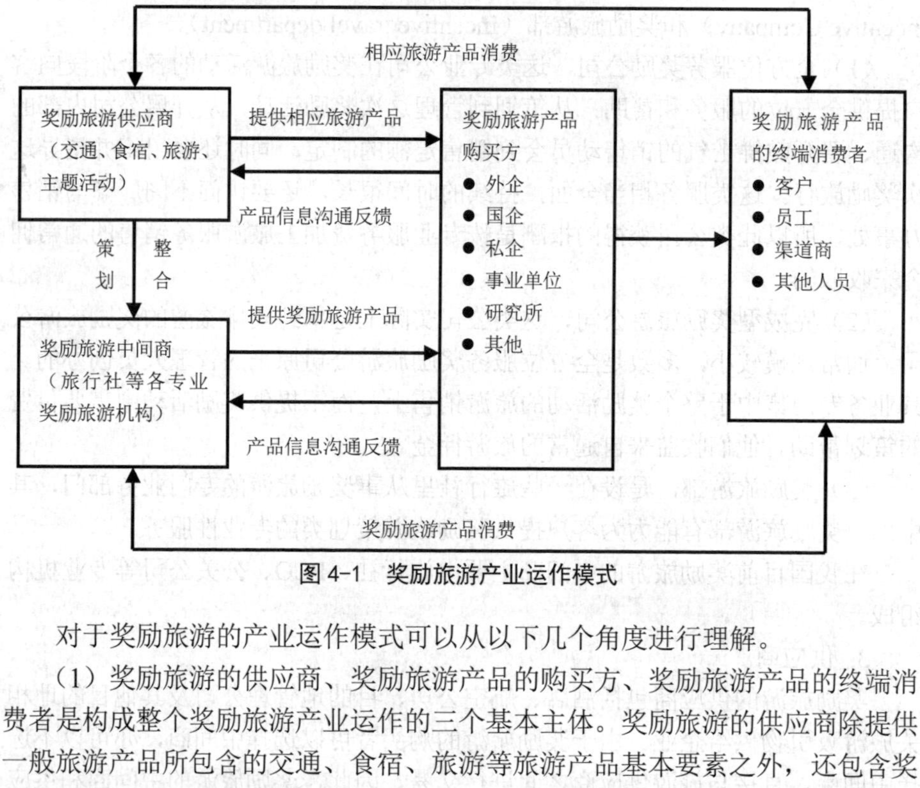

图4-1 奖励旅游产业运作模式

对于奖励旅游的产业运作模式可以从以下几个角度进行理解。

（1）奖励旅游的供应商、奖励旅游产品的购买方、奖励旅游产品的终端消费者是构成整个奖励旅游产业运作的三个基本主体。奖励旅游的供应商除提供一般旅游产品所包含的交通、食宿、旅游等旅游产品基本要素之外，还包含奖励旅游特有的主题活动这一特殊要素。但奖励旅游供应商所提供的产品是单一的，并非整合成形的奖励旅游产品，奖励旅游产品的购买方可以从单个奖励旅游供应商购买相应旅游产品，并根据企业或组织需要进行组合，自行策划组合奖励旅游产品，并提供给终端消费者。

（2）奖励旅游中间商是策划和生产奖励旅游产品的专业机构，是奖励旅游实现产业化的重要载体。由于奖励旅游的高端性、主题活动策划的复杂性等原因，纯粹激励型奖励旅游产品的购买方往往选择直接向奖励旅游中间商进行产品的购买。与旅行社所提供的其他旅游产品不同，奖励旅游产品的购买方更为注重产品的整体策划，而不仅仅是资源的整合。因此对于奖励旅游中间商提出了更高的要求。一般而言，奖励旅游供应商需要针对奖励旅游购买方的需要，进行产品信息的深层次沟通，以提供定制化奖励旅游产品。

（3）奖励旅游的终端消费者与奖励旅游的购买方并不一致。因此，对于奖励旅游的供应商和中间商而言，在产品准备过程中，不仅要注重与奖励旅游购买方进行深入沟通，更要考虑到奖励旅游的终端消费者的消费需求。在奖励旅游产品消费后，需要注意从终端消费者手中及时搜集服务质量的反馈信息，并与奖励旅游的购买方进行积极沟通，以形成良好的客户关系，建立长期的合作。

三、奖励旅游目的地的空间选择模式

企业的奖励旅游目的地是经常变化的。以德国为例，超过 1/3 的企业经常性地改变个人奖励旅游目的地，而对团体奖励旅游而言，则几乎 3/4 的企业要改变目的地，这给奖励旅游目的地选择研究增加了难度，但还是可以从中发现一些规律。相对国内而言，一般国外的奖励旅游较受员工欢迎；而在国外旅游中，本洲内的目的地占了较大份额。据德国奖励旅游市场调查显示，59%的团队奖励旅游目的地在国外，41%在国内；与欧洲外的目的地相比，主要还是在欧洲本土选择目的地，其中法国、西班牙、葡萄牙和奥地利最受欢迎。

奖励旅游目的地空间选择的差异性，是由一些影响因素决定的（参见图 4-2）。由于各国文化传统以及各企业性质的不同，这些影响因素也表现出一定的差别。美国奖励旅游不太关心成本，休闲娱乐设施及地理、气候、交通方面的因素受到格外重视。但对更多的国家而言，费用、交通、时间是决定奖励旅游目的地选择的主导因素，异国情调也发挥相当大的作用。第一个影响因素是费用。具体到某一次奖励旅游，企业的经费预算是定值，一般不会出现大的实质性浮动，这部分旅游费用基本就决定了本次行程所允许的目的地选择范围。第二个影响因素是时间，对时间的限制深刻影响到目的地的空间取向。在德国，一半企业利用周末的 2~3 天旅行，仅有 17%的企业提供 2~6 天的旅行期。在时间安排中，旅行期的长短起决定作用，季节选择作用很小。第三个影响因素是交通，奖励旅游目的地距离的远近与交通的可达性直接影响旅游的时间和便利度，因此亦受到重视。第四个影响因素是异国情调及休闲娱乐的条件。异国情调作用最大化的基础是目的地奖励旅游市场发育和组织的完善程度，因为旅游者宁可在要去的地方安排一项“令人兴奋的特别节目”，也不愿在异国度过枯燥无味的时光。

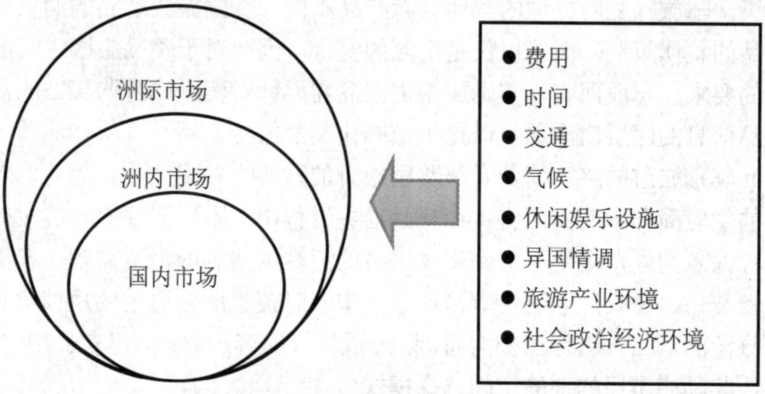

图 4-2 奖励旅游目的地选择的影响因素

例如，邮轮——奖励旅游的重要目的地。

近几年，为了追求奖励旅游体验的“非比寻常”，有越来越多的企业高层作出了邮轮奖励的选择，邮轮旅游在国内奖励游和商务游市场中变成了越来越抢手的香饽饽。以世界第三大邮轮公司——丽星邮轮集团下属的“处女星号”为例，最近几年他们接待了不少大型商务团队，如中国人寿组织的 1000 人左右的团队上船，Novo Nordisk 公司的 500 人团队，还有圣约翰大学校友会、FESCO 和亚德客的商务团，其中，亚德客的 1145 人团创下了登船团队规模之最。

世界各大邮轮公司在作调研时都会发现一个浅显的事实，西方人上船是为了晒晒太阳休闲，而亚洲人多半冲着会议或商务用途去的。因为出行方便、费用相对较低，中国团队邮轮游行程选择较多的还是东南亚和港澳地区。新鲜而特别的体验、一站式的服务、一卡在手的便捷、方便的组织管理和成本控制、便于交流感情的封闭空间，还有 1 名服务人员“伺候”2 个游客的比例，已经让越来越多的中国团队把邮轮作为奖励旅游的得意之选。

第三节 国际奖励旅游产业

一、国际奖励旅游产业的发展历程

19 世纪末 20 世纪初，随着资本主义商品经济的迅速发展，企业之间的竞争日益激烈，为提高企业经营管理水平，越来越多的企业开始探索采用多样化手段提高管理水平，奖励旅游作为一种企业管理工具应运而生。1906 年，全国现金出纳机公司（national cash register company）为鼓励全体员工提高工作效率而举行的一次免费到公司代顿总部的旅游开创了奖励旅游的先河。20世纪二三十年代在美国芝加哥的汽车销售业中，有些公司管理者为了提高销售额而在开展销售竞赛活动时，为销售人员规定了定额指标，只要超额完成销售指标，销售人员就有资格参加免费的旅游活动。后来这种作为促销手段而产生的免费旅游活动逐渐演变成了奖励旅游活动，并首先受到了销售企业的认可，成为销售企业中对员工进行激励的方法。在当时，奖励旅游的最终使用者主要是汽车经销商、电器分销商和保险公司推销员等销售业精英，而这种奖励旅游活动包括全部免费和部分免费两种。

奖励旅游活动诞生以后很快就显示了其旺盛的生命力，发展的过程中虽然受到了二战以及经济衰退的影响，但最终还是普及到了世界各地。20 世纪 20 年代末期，航空交通的发展带动了远程奖励旅游的发展，美国公司开始将奖励旅游目的地瞄准欧洲，并将奖励旅游作为激励员工方式的观念初步输出到了欧洲，英国、德国、意大利和法国成为欧洲接受奖励旅游观念最快的国家。与此同时，人们逐渐认识到奖励旅游不仅仅是有效的促进销售的手段，还有增强士气、鼓舞干劲、提高雇员生产效率和工作效益、争取特殊的经营对象等作用。与传统的现金奖励和物质奖励相比，奖励旅游有自身独特的优势，奖励旅游在企业管理方面的突出作用初步显现，于是许多非销售部门也开始实施奖励旅游计划。

到了 20 世纪 50 年代中期，喷气式飞机的使用使民用航空业迅速发展，越来越多的公司加入了实施奖励旅游的行列，美国的奖励旅游兴盛起来，奖励旅游尤其是远距离的长途奖励旅游增长速度加快，此时欧洲成为了美国奖励旅游最主要的海外目的地。美国出境奖励旅游的大发展在输出奖励旅游观念的同时，也带来了欧洲奖励旅游市场的繁荣，英国、德国、意大利和法国很快就成为了欧洲推行奖励旅游最主要的国家。奖励旅游目的地开始扩散，由欧洲、北美扩散到了澳洲和亚太部分国家和地区，并逐渐和会议展览结合在一起。

最初的奖励旅游是由公司自己策划并实施，奖励旅游的迅速发展促使了专业奖励旅游公司的诞生。一般认为麦当劳是奖励旅游的革新者，作为一家行李箱厂的库房管理员，他注意到一位 NCR 代表前来提取货物，并了解到行李箱被作为对经销商的奖励，他认为如果行李箱可以用作奖励，旅游也可以，由此诞生了专业奖励旅游代理。其后 S&H 旅游奖励、马立兹和一些其他公司也加入了这个行列，并逐步发展成为三类专门从事奖励旅游业务的机构：全方位服务奖励公司、单纯安排旅游的奖励旅游公司或称完成型奖励旅游公司、奖励旅游部。

进入 20 世纪 90 年代初期以来，人们对奖励旅游的认识更加全面。奖励旅游的内涵变得越来越丰富，奖励旅游的方式变得更为多样化，探险奖励旅游、家庭奖励旅游等新方式纷纷出现，奖励旅游作为一种有效的企业管理手段被纳入企业的管理系统，奖励旅游成为企业进行奖励激励的三大方式之一。公司采用的奖励方式如表 4-2 所示。除美国和欧洲外，奖励旅游使用的空间范围进一步扩展，澳大利亚、加拿大以及亚洲部分国家和地区的奖励旅游蓬勃发展，许多国家和地区没有经历奖励旅游的萌芽阶段而直接进入了奖励旅游的发展阶段，并且形成了具有地方特色的奖励旅游理念，甚至发挥了后发制人的威力，很快地就进入了奖励旅游的成熟期。

表 4-2 公司采用的奖励方式

奖励方式	公司（%）
奖金	3
业绩/效益挂钩奖金	26
奖励旅游	26
商品、礼品	15
礼券	11
公司股票	6

资料来源：《奖励旅游使用和影响研究（1996）》，转引自刘士军《西欧奖励旅游市场研究》，《旅游科学》，1997（2）。注：参加调查公司分布在英国、德国、意大利、美国。

二、国际奖励旅游产业的发展现状

奖励旅游在国际上发展已经较为成熟，奖励旅游理念逐渐深入到了企业中，奖励旅游运作机制健全、奖励旅游形式灵活多样。具体而言，国际奖励旅游产业发展呈现出如下特征。

1. 奖励旅游发展趋于人性化

国外奖励旅游的发展充分迎合了个人要求得到承认和尊重的心理需求，更为人性化。这一点可以在“家庭奖励旅游”（奖励员工和配偶一起旅游）得到充分体现。以世界上最大的旅行管理公司——美国运通为例，公司制定了三级奖励方案，不论员工能力大小都能得到相应的奖励，而最佳表现者将得到携带夫人去享受一次费用全包的度假旅游作为最高奖励。

2. 奖励旅游客源市场更倾向于高利润、具有挑战性的行业

据美国相关奖励旅游研究表明，2002 年奖励旅游市场中前十位使用者占奖励旅游市场总数的比例为 70.90%，行业依次为：保险、汽车和卡车、计算机/高科技、医药、金融、传媒、食品、餐具/炊具、保健、办公设备。总体而言，国际奖励旅游客源市场更倾向于高利润、具有挑战性的行业，尤其是新兴的技

术含量较高的行业，而保险和汽车制造业仍高居奖励旅游市场的榜首地位。1996年和2002年美国奖励旅游前十位使用者调查表，分别如表4-3、表4-4所示。

表4-3　1996年美国奖励旅游前十位使用者调查表

行业	1996年（%）
保险	13.30
汽车零配件业	7.00
电子/收音机/电视	7.40
汽车和卡车	5.80
暖气和空调	4.80
农用机械	4.20
办公设备	4.00
家用电器	3.00
建筑	2.90
卫浴用品/化妆品	2.70
前十位占奖励旅游市场的总额	56.00

资料来源：宿容江，《会展管理与服务》（第五版），中国旅游出版社，2002年。

表4-4　2002年美国奖励旅游前十位使用者调查表

行业	2002年（%）
保险	24.10
汽车和卡车	15.60
计算机/高科技	7.00
医药	7.00
金融	4.50
传媒	4.00
食品	4.00
餐具/炊具	2.70
保健	2.70
办公设备	2.40
前十位占奖励旅游市场的总额	70.90

资料来源：引自美国 Cruise Holidays of Federal Way 奖励旅游公司报告。

3. 奖励旅游目的地选择的影响因素众多，目的地选择的倾向明显

国际奖励旅游目的地选择一般倾向于：（1）著名的风景旅游城市、历史文化名城，这些城市环境优美，清洁卫生。（2）地区的中心城市或首都，这些城市的交通、通讯、银行、金融等较发达，覆盖面大，有相当的吸纳和辐射能力。

（3）国际性城市。当地驻有较多国际性的常设机构或国际组织，以此作为接纳国际奖励旅游的媒介。（4）具有较完备的接待能力。在硬件方面要求有高星级酒店和相应的娱乐设施、以及计算机设备、会场等服务设施，在软件方面则对现代化的管理水平与服务质量要求较高。（5）较好的气候环境和社会环境，治安良好，社会文明。（6）新奇性、新颖性的城市或地区。世界知名奖励旅游目的地如表 4-5 所示。

表 4-5 世界知名奖励旅游目的地一览表

前十大奖励旅游目的地国家或地区	阿联酋迪拜、南非、法国、西班牙、美国、中国香港、意大利、新加坡、葡萄牙、土耳其
前十大奖励旅游目的地城市或度假地	开普顿、纽约、哈拉雷、巴塞罗那、柏林、嘎纳、波士顿、香港、巴黎、埃尔加夫
前十大新兴奖励旅游目的地	厄瓜多尔及加拉帕戈斯群岛、秘鲁、智利、加拿大、中国、新西兰、巴西、阿曼、坦桑尼亚、莫桑比克

4. 专业奖励旅游机构健全

在美国和西欧一些发达国家，专业奖励旅游机构健全，已经基本实现了奖励旅游发展的专业化、产业化。在美国，奖励旅游的专业机构不仅包括具有政府职能的奖励旅游局，同时还包括企业性质的专业机构。这些机构被称为“动力所”。这些机构不仅策划奖励旅游活动，而且还为需要购买奖励旅游的公司组织安排奖励旅游。这些从事奖励旅游业务的机构根据业务范围的不同基本分为三类：全方位服务奖励公司、完成型奖励旅游公司和奖励旅游部。

5. 奖励旅游市场推广活动趋向展会化、定期化

国外奖励旅游市场发展越来越成熟，推广活动出现了质的飞跃，展览会成了奖励旅游最主要的信息交流平台之一。著名的励展展览集团（Reed Exhibitions）专门成立了励展旅游展览总公司 RTE（Reed Travel Exhibitions），其中奖励旅游展是其重要业务板块之一。在众多展会中，IMEX 展（Worldwide Exhibition for Incentive Travel, Meetings & Events）、EIBTM（The Global Meetings & Events Exhibition）、IT & ME（Incentive Travel & Meetings Executives Shows）最具有代表性。EIBTM 展是由励展集团公司主办的欧洲地区规模最大、规格最高的商务会议和奖励旅游专业展会之一，每年举办一届。截至 2013 年，该展已经举办了 26 周年。IT & ME 每年在美国芝加哥举行。IMEX 每年在美国和德国分别举行一次。

6. 奖励旅游的发展得到了政府的支持

在国外，一些国家奖励旅游的发展受到了政府政策的支持。如美国允许将销售额的 2%作为奖励旅游经费，这部分费用可以计入公司成本，而且不计入个人收入。这样奖励旅游就成了合法的避税手段而得到了企业的高度重视，无形中推动了奖励旅游的发展。

7. 各国受文化差异和产业发展环境影响，奖励旅游发展呈现出差异性和层次性

各个国家对于奖励旅游的发展理念有较大差异。例如，在美国，奖励旅游购买者一直试图通过奖励旅游建立竞争性的氛围，因此非常强调预先设定目标，强调对奖励旅游参与者的资格进行审核。在欧洲，奖励旅游虽然还保持着对员工业绩进行激励的初衷，但许多公司使用这种激励性的奖励旅游活动是为了建立雇员的团队精神或者是为了对雇员进行培训，希望在旅游的过程中让同事间的感情变得更加融洽。在新加坡奖励旅游主要起到对员工表示感谢、激励员工士气的目的。

由于各个国家和地区奖励旅游理念的差别，因此其奖励旅游的安排也呈现出明显的差异性（参见表 4-6）。举例来说，美国的奖励旅游特别强调“非比寻常”，强调豪华甚至是“奢华的旅游”，旅游目的地通常是文化和历史名城、中心城市。而欧洲的公司并不想将奖励旅游办成奢华的活动，这些公司非常强调旅行中的活动组合，而并不是过多考虑入住酒店的档次（一般是 3~4 星级酒店），目的地通常是和公司有业务联系和有业务兴趣的地区或比较新兴的地区。

表 4-6 欧洲奖励旅游和美国奖励旅游

欧洲市场	美国市场
公司每年组织数次小规模的奖励旅游	公司每年组织一到两次大规模的奖励旅游
较多的工作投入：研讨会、短训班等	最少的工作投入：主要是休闲
较短的投产准备阶段	较长的投产准备阶段
更具冒险性、不太知名的目的地和活动	标准的国际旅行目的地：美国人熟悉的首都
平均 4 晚，可能过周末	平均 7 晚
每位参加者的预算较低：3 星级和 4 星级酒店	预算较高：4 星级和 5 星级酒店
重视活动和地面节目	重视食宿质量
在活动中 DMCs 的作用有限	在活动组织中，DMCs 充分发挥其作用

三、国际奖励旅游产业发展的趋势

1. 奖励旅游产品文化性增强

现代的奖励旅游活动比以往的旅游活动和奖励旅游活动更加注重人文关怀，强调个性彰显，关注人的内心需要和人性的充分满足。奖励旅游作为满足员工高层次精神需求的特殊形式，其文化性、人性化和个性化发展趋势体现得更为明显。有资料显示，20 世纪 90 年代后期以来，奖励旅游在目的地的选择上更多地考虑当地的文化因素；在旅游项目的选择方面更倾向于具有文化品位的活动，能够凸显企业的文化与经营理念，并与户外拓展训练、娱乐、体育等活动相结合。随着企业国际化的发展，来自不同国家、不同民族的参与者具有不同的文化背景，将促使企业在选择奖励旅游项目时体现企业文化、尊重个人文化、增强企业的协调性和凝聚力，使整个奖励旅游活动既能包含奖励旅游目的地的本土文化，又能展现企业文化。

2. 参与性奖励旅游崛起

传统的奖励旅游包括会议、旅游、主题晚宴等，行程上相对平缓。而参与性奖励旅游的行程安排多是一些剧烈性活动，如徒步、登山、划艇、漂流等，并伴有体现企业社会责任感的一些与目的地社区的互动活动，能带给游客一种亢奋和刺激的精神状态。参与性奖励旅游的发展趋势，在欧洲市场上反应特别激烈。在亚洲，奖励旅游业的发展尚处于初级阶段，参与性活动项目与普通项目之间还存在着较大的差距。

3. 会奖结合趋势明显

目前，奖励旅游与会议、培训和企业业务活动相结合的趋势越来越明显。据统计，超过 50%的奖励旅游中包括各种会议，超过 40%的奖励旅游安排有对工厂、业务场所的考察。奖励旅游与会议、展览、大型活动和公司业务等商务活动由过去的泾渭分明转向了现在的相互交融与结合。如今，企业在选择奖励旅游目的地时不仅要考虑有吸引力，还要更多考虑适合举办公司会议、公司考察等因素。企业员工也从原来的单纯以参加奖励旅游活动为荣转为追求参加专业会议或培训带来的成就感和充实感。奖励旅游这一趋势反映了企业越来越重视奖励旅游的商务目的，策划奖励旅游时，只有增添新的元素，才能保持它的吸引力。

4. 奖励旅游产品深度增加

奖励旅游在发展过程中显现出“深度旅游”的趋势，即单一地点移动，减少周转的地点，节约宝贵时间，把时间用在当地旅游活动上而不是长途旅行上。表现在旅游线路上就是“点对点”的旅游，即整个旅游行程只有一个目的地，而不像以往将很多目的地安排在一次旅游活动中。走马观花、蜻蜓点水的旅游正被深度旅游所替代。这样对旅游目的地的风土人情、旅游景观、饮食习惯和历史文化等方面进行深入了解，更能增加奖励旅游的独特魅力。

5. 奖励旅游行业主体与参与主体不断扩大

奖励旅游产生以后很长一段时间内局限于销售行业，之后应用于高利润行业。而随着企业管理理论的发展，奖励旅游逐渐演变成一种有效的管理工具，逐渐被广大的企事业单位接受。奖励旅游的参与主体已经不仅仅局限于企业的业务经营和优秀员工，还包括经销商、客户、特定消费者、政府工作人员、科研人员、学校教师、奖励旅游参与人员的配偶与子女等群体。

第四节 中国奖励旅游产业

中国奖励旅游的发端可追溯到 20 世纪五六十年代，在政府及国有大中型企业兴办的疗养院中所进行的休假疗养活动已基本具备了奖励旅游的局部特征。来休假疗养的人绝大多数来自政府机关和国有大中型企业，费用由政府和企业承担，是单位的一种福利形式。20 世纪 90 年代初，亚洲经济迅速发展，泰国、新加坡及中国香港陆续成为欧美新兴的奖励旅游目的地，同时中国的改革开放吸引了大量外资企业涌入，在这样的区域环境下，欧美盛行的奖励旅游理念也开始在中国传播。奖励旅游在一些外资企业和三资企业中作为一种内在管理手段首先得以推广和应用。1993 年，奖励旅游引起了国家旅游局的重视，成立了国际会议司，专门负责全国会议奖励旅游及展览在国际市场上的宣传推广、联络协调国内有关企业的活动等，对我国奖励旅游的发展起到了积极的促进作用。2010 年，中国权威商务会奖展（CIBTM2010）的会奖业调查报告显示，60% 的受调查企业组织了奖励旅游活动，40%组织了员工培训与激励活动，活动的持续时间也由 2009 年的4.4天增加到5.5天。

一、中国奖励旅游产业的发展成就

我国奖励旅游经过20年的发展，取得的成就主要包括如下方面：

1. 奖励旅游作为一种管理手段在部分企业，主要是外资企业、合资企业以及部分民营企业中得到一定的普及。

2. 奖励旅游的发展受到了国家和地方政府相关部门的重视，政府积极在国际市场上进行我国奖励旅游目的地和奖励旅游产品的宣传和推广，加强与相关国际组织的联络，积极引进国际奖励旅游展览会进入中国，对我国奖励旅游的发展起到了积极的促进作用。

3. 我国成为国际奖励旅游市场发展的新兴目的地，成为全球较受欢迎的奖励旅游目的地之一。

4. 旅行社积极开发奖励旅游产品，纷纷成立专业的会奖旅游部或成立会议奖励旅游分公司，以旅行社为主的专业奖励旅游运作企业为行业发展奠定了组织基础。

5. 上海、北京、广州成为我国奖励旅游发展的主要阵地，专业人才引进力度加大，奖励旅游培训广受欢迎。

二、中国奖励旅游产业的发展特征

1. 对奖励旅游认识相对不足

由于奖励旅游在我国的发展时间相对较短，因此大众及相关消费群体还没有对奖励旅游形成全面的认识。首先，作为奖励旅游的买方，由于对奖励旅游不够了解，奖励旅游购买的目的性不明确，只当奖励旅游为一种福利形式，而忽视了奖励旅游在企业文化和团队建设中的重要作用。其次，买方购买奖励旅游的这种消费习惯并没有成熟。目前的市场需求中以外资或带有外资背景的企业为主。在国企中因极易与“公费旅游”混为一谈，受到先天性制约。最后，奖励旅游的中间商——旅行社认为非个人付款的旅游即为奖励旅游，不关注旅游活动最终的效果是否能体现出非比寻常的旅行体验和激励效果，因此我国形成了不同于国际的奖励旅游表现形式，如旅游消费卡、团队福利性包价旅游、面向经销商的新产品发布会、饮料等消费品中奖客户的旅游等。

2. 奖励旅游以短途、观光为主，消费层次相对较低

我国的奖励旅游对于成本关注较高，因此奖励旅游表现出了以短途、观光为主，规模相对较小，消费层次相对较低等特征。从距离来看，奖励旅游目的地多数都分布在公司所在地区或周边地区，从时间角度讲，奖励旅游一般在 3 天以内。从奖励旅游的内容来看，观光性质的奖励旅游占绝对优势，会议奖励旅游、参与性奖励旅游相对不足。

3. 实施奖励旅游的企业主要是“三资企业”与民营企业，国有企业所占比重不大，且主要集中在 IT、学校与研究所等部门

根据来自旅行社的统计，在我国奖励旅游团队主要来自外资企业，占总数的 60%以上，民营企业和股份制企业大约占到 35%，而国有企业仅仅占到 5%。在奖励旅游客源市场的行业构成方面，以 IT 为代表的高新技术企业，位居奖励旅游十大使用者的首位，学校/科研院所位居第二，其余依次为电信/通讯、房地产/建筑、医疗/医药、家用电器、汽车、街道办事处、金融、食品（参见表 4-7）。

表 4-7　国内奖励旅游前十位使用者

行业	1998~2004 年（%）
计算机/网络设备	36.47
学校/研究所	12.94
电信/通讯	7.06
行业	1998~2004 年（%）
房地产/建筑	7.06
医疗/医药	5.88
家用电器	4.71
汽车	3.53
街道办事处	3.53
金融	2.35
食品	2.35
前十名占奖励旅游市场总数的比例	85.90

资料来源：高静，《国内外奖励旅游发展比较研究》[D]，上海师范大学硕士学位论文，2004 年。

4. 奖励旅游目的地选择要求较低

相对于国外对奖励旅游目的地的高标准要求，我国国内对奖励旅游目的地的要求要低得多。选择的国外奖励旅游目的地，一般是以亚洲邻国为主。国内许多活动都是在星级景区设施的基础上进行的，旅游成本和与公司所在地的距离成为目的地选择的两个重要标准。

5. 奖励旅游地区发展不平衡

奖励旅游对地方经济、基础设施、人文与自然环境、人力资源等都提出了较高的要求，在发展的过程中都呈现出了地区不平衡的状况。这种不平衡主要体现在两个方面，一是奖励旅游客源地分布不平衡，二是奖励旅游目的地分布不平衡。奖励旅游客源地的分布，主要是在经济发达地区，尤其是在外资企业、民营企业密集的长江三角洲地区、珠江三角洲地区和环渤海地区。而奖励旅游的目的地则主要集中在交通便利、娱乐设施、接待硬件设施相对完备的风景名胜区和旅游城市内，大都市、中心城市目前不是国内奖励旅游的主要目的地。

三、中国奖励旅游产业的发展对策

1. 加大政府政策支持的力度

我国奖励旅游市场和奖励旅游业尚处于初级时期，政府应该为奖励旅游创造宽松的外部环境，奖励旅游并不等同于“公费旅游”，政府的支持对于奖励旅游的发展是非常重要的。政府应尽快出台规范和鼓励奖励旅游发展的法律法规，同时实施相应的扶持政策，如简化奖励旅游团的签证手续，成立专门的奖励旅游管理和服务机构等。

2. 加大市场推广，为入境奖励旅游创造条件

对于世界奖励旅游需求而言，中国是一个非常具有吸引力的目的地。对大多数北美和欧洲市场来说，在自然、文化，特别是安全、方便等方面中国是非常独特的，是远程奖励旅游理想的目的地。因此，我国政府应与旅游业界相互配合，进行对外宣传。

3. 巩固现有市场，开拓新市场

目前，我国的奖励旅游市场买家主要是外资企业或具有外资企业背景的企业。而在中国，大多数大型的企业仍然是国有企业，其中不少也是盈利丰厚的骨干企业，有一些企业已经进入了世界超大企业的行列，如石油业、房地产业、金融业、汽车制造业、保险业和信息业等企业。而这些企业是奖励旅游良好的潜在客户，应该向他们进一步宣传奖励旅游这一管理工具，使他们接受奖励旅游的新理念。

4. 提升奖励旅游经营企业的实力，加大人才培养力度

我国开展奖励旅游业务的企业主要是在传统旅行社基础上发展起来的，比较缺乏奖励旅游活动操作和管理的经验，因而在国际竞争时处于劣势地位。奖励旅游需求的多样化和变化性特点，决定了市场创新的必要性。而尽量提高奖励旅游经营企业的专业化素质，通过调整整体业界结构、整合内部资源，培养一批高素质、高技术的奖励旅游专业人才，是提高旅游经营企业实力的有效保证。

5. 设计高水准的奖励旅游产品

奖励旅游产品属于高端旅游市场的重要组成部分，高水准的奖励旅游产品是开发奖励旅游市场的前提。因此策划奖励旅游产品的企业必须充分了解客户企业和参与者的需求，设计出让双方都满意的高档次、高质量的旅游产品。奖励旅游产品的设计应体现创新、以人为本的思想理念，围绕客户的企业文化和企业理念，根据其需求量身定做，同时必须关注和完善奖励旅游服务流程的每一个细节。

案例　法国标致公司经销商奖励旅游

奖励客户：法国标致公司的英国经销商

活动项目：第一季度奖励旅游

参与人数：224 人

委托公司：Adding Value

活动日期：2010 年 8 月 12 日至 22 日

目的地：肯尼亚马赛马拉、桑给巴尔岛

预算：保密

活动时间节点：

2009 年 12 月：法国标致公司指定 Adding Value 公司负责奖励旅游活动。

2010 年 1 月：在公司年度经销商大会上，奖励旅游计划正式启动。

2010 年 2 月：第一次到非洲为活动选址。

2010 年 4 月：第二次到非洲为活动选址，标致公司宣布获得奖励旅游资格的经销商名单。

2010 年 5 月：提醒参与活动人员接种疫苗并提醒其行李重量。

2010 年 6 月：奖励旅游启程。

准备阶段：经过竞标，法国标致公司指定 Adding Value 公司负责其 2010 年销售奖励旅游。Adding Value 公司在前一年的圣诞节前夕获得该业务并立即开始准备。2010 年 1 月 8 日，奖励旅游计划于年度经销商会议上向经销商负责人们宣布。

委托公司给出的奖励旅游目的地包括百慕大群岛、马尔代夫、肯尼亚的马赛马拉及桑给法尔岛。最终印度洋沿海岛屿桑给巴尔岛被选中，与此同时被选中的还有肯尼亚的马赛马拉。Adding Value 项目总监蒂娜说："标致公司希望飞行时间最多不要超过 11 小时，同时需要将奖励旅游的时间安排在夏季，而不是在学校放假期间。"

公司还要求整个奖励旅游计划可以使参与的经销商感到兴奋，并激发其销售热情。这就意味着 Adding Value 公司需要同客户进行独特的沟通，激发他们参与其中的强烈愿望，从而促进其销售。

1 月 8 日年度经销商会议举行后不久，以目的地旅游精彩图片为内容、以剪贴形式呈现的出行日志被包裹在棕榈叶中，配送到经销商的家中。

活动目标：此次奖励旅游是公司从 450 名经销商负责人中，选出那些在 2010 年第一季度保持销售额提升的经销商负责人。在经历了经济不景气和汽车蓄电池问题导致的危机后，法国标致公司希望借助奖励旅游保证经销商的销售热情。蒂娜解释："标致公司希望借助奖励旅游对那些目光敏锐的经销商负责人和他们的妻子产生有效激励。"最初此次活动由 65 名经销商和其他宾客组成，结果共有 112 名经销商获得了此次奖励旅游的资格。

活动挑战：此次活动非常受欢迎，以致团队数量从最初的 65 人发展到 112

人，再加上原本参与活动的宾客和一些合作活动，参加奖励旅游的最终人数为224人。“人数的增加不仅使原本的计划出现问题，在目的地的选择上同样出现问题。”蒂娜解释，“如果我们要去的是迪拜的亚特兰蒂斯酒店，那么这样的人数不成问题，但我们要去的是肯尼亚，人数就会有限制。”

此外，目的地的自然条件意味着一些场所没有完备的硬件设施，这样就难以保证“为客户提供难忘体验”计划的实行。桑给巴尔岛的小型机场“不能为大规模游客的到来做好准备，并且显得有些混乱。”蒂娜说。

而在行程中间，受肯尼亚内罗比爆炸威胁的影响，Adding Value公司还不得不为6月16日在Ole Sereni酒店举办的告别宴会准备一套紧急预案。

解决方案：围绕参加活动人数超过预期的问题，Adding Value公司决定将整个行程分成两组连续进行。当第一组人员完成桑给巴尔的行程飞向肯尼亚后，第二组人员到达桑给巴尔，重复前一组人员在桑给巴尔的体验。

为配合世界杯，一场以足球为主题的欢迎晚宴在肯尼亚内罗比的洲际酒店举行。第一组参加奖励旅游活动的经销商们在酒店一起通过巨大的屏幕观看了英格兰对美国的足球赛，该显示屏也是从英国带来的。第二组人员则在星空下，享受了英格兰对阿尔及利亚的足球赛，该场球赛被放映在一块岩石的表面。

南非的目的地管理公司（DMC）——Green Route被指定为此次活动的地面服务接待商，地方机构Gallery Tours则被指定协助解决桑给巴尔的机场接待工作。“正常情况下，桑给巴尔机场只能最多为10名客人提供VIP接待，但幸亏Gallery Tours设法帮助我们做好了一切准备工作，并陪同客人顺利地通过了机场。”蒂娜说，“他们用新鲜的椰子和冷毛巾欢迎客人，这些看似容易做到的细节都是他们努力工作的结果。”

在整个行程中还包括多个晚宴，在马赛马拉的晚宴中伴有当地马赛风格的舞蹈，晚宴后大家可以围坐在篝火旁边边喝边聊。在桑给巴尔则安排了一场斯瓦希里风格的晚宴和一场海滨盛宴。“这是一支挑剔的团队，但经销商们显然喜欢这样的安排。”蒂娜说。

而在奖励旅游期间，还穿插了一场募捐活动，客户为桑给巴尔的一所学校募捐了钢笔、T恤等物品。

客户结论：标致公司英国经销商活动及奖励旅游负责人路易斯说：“此次活动中，我们遇到了很多困难和挑战，比最初多了两倍的经销商获得参与资格，缺少合适基础设施的桑给巴尔以及对行程提出很多要求、带有很高预期的客户。但不可思议的后勤保障、一丝不苟的准备工作和意外情况的到位处理让我们不得不对Adding Value公司的服务感到惊奇。整个团队展示了他们的能力和热情，并且在复杂的准备工作中真正关注每一个细节。如何在以后的活动中，延续这样的服务已经成为了我们新的挑战。”

活动分析：活动结束后，客人们立即收到一封邮件，邀请这些人完成一项调查。为了促使客人参与调查，标致公司将为每位参与调查者送去一份小纪念品表示感谢。调查问卷的回收率在98%左右。而此次活动也促使公司一个季度的销售成绩增长了约55%。

资料来源：《中国会展》，2011年第6期，第60~61页。

思考题

1. 奖励旅游的属性有哪些？
2. 奖励旅游的类型有哪些？
3. 试从奖励旅游相关利益者的角度分析奖励旅游产业的运作。
4. 一般来说，企业在选择奖励旅游目的地时考虑的因素有哪些？
5. 如何理解奖励旅游的文化差异性？

第五章

节事与节事活动产业

学习目标：

- 了解节事活动的主要类型和特点
- 掌握节事活动的举办规律
- 了解节事活动运作的基本原则
- 掌握节事活动的主要运作模式
- 理解我国城市节庆活动发展的背景、现状与问题

学时安排：4 学时

第一节　节事活动概述

一、节事活动的内涵

1. 节事活动的定义

“节事”一词来自英文 Event，含有“事件、节庆、活动”等多方面含义。国外常把节日（festival）和特殊事件（special event）及盛事（Mega-event）等合在一起作为一个整体，在英文中简称 FSE（Festivals & Special Event），中文译为“节日和特殊事件”，简称“节事”。西方学者根据自己的理解，将文化庆典、文艺娱乐事件、体育赛事、教育科学事件、私人事件、社交事件等归到节事范围内。

节事活动近年来在我国发展迅速，亦引起诸多学者的研究。学者们从各自不同的视角来研究节事活动，对节事活动给出了不尽相同的定义。有些学者沿用国外“节事活动”的称谓，而有些学者使用了“节庆活动”的称谓，但两者之间并没有本质上的差别。

目前国内学者对于节事活动和节庆活动的定义并未形成统一的意见，下面是一些主要的观点。

节庆是指由很多人参加的，在固定时间内举办，主办者通过特定的活动、仪式或典礼吸引参与者，从而达到塑造城市形象、拉动旅游和投资等目标的非日常发生的特殊事例。它通过特定的主题活动将公众聚集起来，分享和庆祝在社会生活中发生的事件。

节事活动是以某一地区的自然、文脉和发展战略为基础，举办的一系列活动或事件，包括节日、庆典、会议、地方特色产品展览会、交易会、博览会，以及各种文化、体育等具有特色的活动。

节庆是基于地方自然、文化、经济等特色举办的周期性或突发性的大型的有组织的活动，主要包括商业类、农业类、文化类、自然景观类、休闲娱乐类等。

节庆通常是指每年定期举办的，有明确的机构和组织，以一个鲜明的主题为依托，包括文化、经贸、游乐等多种活动项目的非日常发生的特殊事件。

节庆是指某地区或城市以其特有的资源，包括历史、文化和艺术、传统竞技、体育、风俗习惯、风情风貌、地理优势、气候优势、遗址、胜地、古迹等为主题，自发而周期性举办的大型庆祝活动。

尽管以上定义各有差异，但从中可以看出，与其他的会展活动相比较，节事活动一般依托于某一特定的地理区位条件和历史文化渊源，节事活动具有经济、政治、文化、娱乐等多种功能，具有综合性，节事活动一般以吸引公众为目标。

2. 节事活动的内涵理解

可从节事活动的目的、内容、形式、功能等方面理解节事活动的内涵，如表 5-1 所示。

表 5-1 节事活动的内涵理解

节事活动	
目的	为了庆祝某一特殊的人物、事件；为了教育人民大众；为了让人们了解某些信息或知识；为了提高举办地的知名度和美誉度，树立举办地的良好形象
内容	以当地地方特色和文化传统为基础，根据顾客的需求设计制作
形式	围绕特定主题的具有大众的参与性、娱乐性、亲和力的一系列活动
功能	同时具备经济价值和文化价值

二、节事活动的类型

1. 广义的节事分类

广义的节事包括非常广泛的内容。盖茨（Getz）把事先经过策划的事件分为：文化庆典（包括节日、狂欢节、宗教事件、大型展演、历史纪念活动）、文化娱乐事件（音乐会、促销、募捐/筹资活动）、体育赛事（职业比赛、业余竞赛）、教育科学事件（研讨班、专题学术会议、学术讨论会、学术大会、教科发布会）、休闲事件（游戏和趣味体育、娱乐事件）、政治/政府事件（就职典礼、授职/授勋仪式、贵宾 VIP 观礼、群众集会）、私人事件（个人庆典——周年纪念、家庭假日、宗教礼拜，社交事件——舞会、节庆、同学/亲友联欢会）。

2. 按规模分类

著名的研究专家罗什（Roche）从研究事件的现代性角度出发，综合事件的规模、目标观众及市场、媒体类型覆盖面等标准，把事件划分为重大事件、特殊事件、标志性事件和社区事件四类（参见表 5-2）。罗什认为，重大事件是指具有喜剧特点、可以反映大众流行诉求和有着国际重大意义的大规模的文化、商业和体育事件。

表 5-2 节事活动的类型

事件类型	实例	目标观众	覆盖媒体
重大事件	世界博览会	全球	全球电视
	奥运会		
	世界杯足球赛		
特殊事件	国际汽车大奖赛	国际/国内	国际/国内电视
	区域性体育赛事		
标志性事件	国家体育赛事	国内	国家电视台
	大城市体育赛事/节日	区域	本地电视台
社区事件	乡镇事件	区域/地方	本地电视/报刊
	地方社区事件	地方	本地报刊

3. 按属性分类

（1）传统节日活动

传统节日活动包括古代传统型节日和近代纪念型节日。古代传统型节日活动是指追溯历史文化、反映和弘扬民族传统文化的节事活动，如端午节、中秋节、元宵节等。近代纪念型节日如国庆节、劳动节、妇女节等。

（2）现代城市节事活动

- 与生产劳动联系的现代城市节事活动：如深圳荔枝节，菲律宾捕鱼节、水牛节，阿尔及利亚番茄节，摩洛哥献羊节，意大利丰迪市黄瓜节等。

● 与生活紧密联系的现代城市节事活动：如潍坊风筝节、上海旅游节、大连服装节、青岛啤酒节、慕尼黑啤酒节等，是对美好生活的自然流露。

（3）其他重大活动

大型会议、大型展览和体育盛事。大型会议与展览已如前面章节所述。世界级的大型体育赛事主要有奥运会、冬奥会、足球世界杯、F1（一级方程式赛车）等，具有区域影响的有欧洲杯、亚运会等。大型体育赛事举办会引发大量的观赛旅游者，并会对举办地的旅游产品、市场结构及旅游目的地形象产生深远的影响。

4. 按影响范围分类

（1）国际性

国际性的节事活动分为全世界性的和区域国际性的。全世界性的节事活动是指节事活动的目标客户范围是全球，此类的节事活动，如世博会、足球世界杯、奥运会。区域国际性的节事活动是指目标客户范围是三个国家以上的区域国际性的节事活动，如亚运会、上海国际电影节等。

（2）全国性

全国性的节事活动，如国庆、春节、青岛啤酒节等。

（3）地区性

地区性的节事活动如茶文化节、火把节、桃花节、泼水节、民俗文化节等，都是当地有广泛影响的节事活动。当今世界各国举办的大型纪念或庆祝活动，都带有浓厚的商业色彩，一般同时举办展览会、交易会、文娱活动，许多国家和地区想通过举办节事活动，推动社会经济的发展。

5. 按组织者分类

（1）政府性

政府出面组织的节事活动。如上海旅游节等。

（2）民间性

民间组织的自发节事活动，如黎族的火把节、傣族的泼水节、法国的狂跳节、巴西的狂欢节等。

（3）企业性

企业组织的商业性节事活动，如 F1、大连服装节等。

6. 按节事活动涉及的内容分类

（1）单一性

单一性的节事活动是指活动内容和形式单一的节事活动。如法国的香槟节、新加坡食品节等。

（2）综合性

综合性节事活动是指活动内容和形式的综合广泛，节事活动现在以综合性居多，如杭州的西湖博览会、上海旅游节、中国开渔节等。

7. 按主题分类

（1）以“商品产品和物产特产”为主题的节事活动

这类节事活动是以城市的工业产品、地方特色商品和著名物产特产为主题，辅以其他相关的参观活动、表演活动等开展的节事活动。商品节事活动除了可以起到商品交流、经贸洽谈等经济功效以外，还可以为举办城市带来很多社会效益。

中国·盱眙国际龙虾节（前7届名为中国龙虾节）是江苏省盱眙县人民政府与强势媒体、省级政府部门、国外地方政府联合举办的特产美食类节庆活动。2001年开始举办，每年一届，迄今已举办了14届。前3届首先由盱眙县人民政府和全国发行量最大的省级晚报《扬子晚报》社联合举办，后江苏省环保厅、江苏省海洋与渔业局、江苏卫视加盟主办，第8届升格为国际化节庆。第8届起中国·盱眙国际龙虾节又有澳大利亚维多利亚州政府、新西兰罗托鲁瓦市政府加盟主办。

中国·盱眙国际龙虾节（中国龙虾节）秉承“办节为媒、推介为主、招商为实、发展为本”的宗旨，以“开放、欢乐、创业、富民”为主题，坚持节庆国际化方向，努力提升地方知名度、美誉度、开放度，打造节庆文化、构建和谐，促进人的素质全面提高；努力打造品牌、增强地方核心竞争力，促进盱眙又好又快发展。

14届盱眙龙虾节共举办了300多项主、子活动。内容涉及政治、经济、文化等领域，包括招商引资、旅游推介、农产品推介、劳务输出、全民创业、民生关爱、文明创建、民俗文化、龙虾产业拓展、品牌打造、国际交流等各个层面。盱眙龙虾节从第2届起进军南京、上海，形成三地联办格局。第3届起在浙江设立节庆分会场，形成四地联办格局。第7届又拓展到北京、深圳，形成六地联办格局。第8届起走向国际，在澳大利亚、新西兰、瑞典设立分会场，形成中国现代节庆唯一的国内“六地联办”、国际“四国联动”的格局。中国·盱眙国际龙虾节以多元化的办节主题，宽地域办节场所，国际化的办节视野开拓了中国地方现代节庆的可持续发展的无限空间。九届中国·盱眙国际龙虾节在办节主体、节庆策划、运作机制、媒体合作等方面都不断实现创新，形成了中国现代节庆独特的“盱眙模式”和“中国·盱眙国际龙虾节现象”。成为全国几十所高校和研究机构研究的中国节庆样本。

（2）以“历史文化特色”为主题的节事活动

文化节事活动就是依托该区域在历史上或现存的典型的、特质性的地域文化类型而开展的节事活动。这类节事活动文化底蕴深厚，对游客有很强的吸引力。它常常与当地特色文化的物质载体相结合，开展丰富多彩的观光、文化活动。

欧洲、亚洲的一些国家具有悠久的历史和深厚的文化积淀，各类文化艺术节日众多，如英国爱丁堡艺术节、法国巴黎秋季艺术节、意大利维罗纳歌剧节等。享有国际盛誉的爱丁堡艺术节已经举办了60年。它是世界大型综合性艺术节之一，旨在促进欧洲国家间的文化交流，现在已经演变成为一个雅俗共赏的艺术盛会，有民办和官办之分。

（3）以“自然景观”为主题的节事活动

自然景观节事活动是以当地地脉和具有突出性地理特征（极端地理风貌、典型地理标志地、地理位置）的自然景观为依托，综合展示地区旅游资源、风土人情、社会风貌等的节事活动。这类节事活动与自然景观的观光旅游活动有相似之处，也有不同之处。自然景观仅仅是这类节事活动的主打产品，而不是全部。因此，在节事活动中，除了突出自然景观的主体地位之外，还有很多其他的相关活动作为陪衬。

（4）以“民俗风情”为主题的节事活动

民俗风情节事活动就是以本民族独特的民俗风情为主题，涉及书法、民歌、风筝、杂技等内容的节事活动。我国是多民族国家，各民族的习俗各不相同，可以作为节事活动的题材非常众多，因此，这类节事活动非常多，如南宁的国家民歌艺术节，傣族的泼水节等。

（5）以“宗教”为主题的节事活动

宗教文化是中国传统文化的重要组成部分，宗教文化内容丰富、风格多样。宗教节事活动是由于宗教对于游客的吸引力而创办的。宗教节事活动吸引的游客大多是宗教信仰者，这类参加者由于信仰关系，对宗教节事的参与热情程度很高，并且重游率很高，只要是跟宗教相关的各种活动他们都会热情参加。

（6）以“运动休闲”为主题的节事活动

这类节事活动是以各种大型的体育赛事、竞技活动为形式，辅以其他相关的参观、表演等而开展的节事活动。如奥运会、亚运会、中国国际摩托旅游节等。

（7）以“娱乐游憩”为主体的节事活动

这类节事活动以现代娱乐文化和休闲游憩活动为形式，辅以其他相关的参观、表演等而展开。如上海环球嘉年华、广东欢乐节等。

（8）综合性的节事活动

综合性节事活动是综合多种不同主题在大城市举办的节事活动。这种节事活动一般持续的时间比较长、内容综合、规模较大、投入较多，相应地，取得的效益也会比较好，如西湖博览会。

三、节事活动的特点

1. 节事活动具有文化性

一般的节事活动安排都要突出展示地方博大精深的文化，都是将当地的文化与旅游促销一体化。以文化特别是民族文化、地域文化、节日文化等为主导的旅游节事活动，具有文化气息、文化色彩和文化氛围。随着旅游业的发展，文化旅游节开始逐步演化为以文化节事活动为载体，以旅游和经贸洽谈为内容的全方位的经济活动。

象山开渔节祭海仪式

祭海仪式源自悠久的民俗传统，千百年来，渔民们在出海前总要去敬拜妈祖，祭奠大海，祈求平安、丰收。如今，祭海典礼已成为中国（象山）开渔节最具特色的文体活动之一。庄严肃穆的祭海仪式正是象山人知恩图报的精神写照，古老的祭海活动被注入了崭新的时代内涵，除祈求平安丰收之外，更增添了保护海洋、人海共荣的宏大主题。

2012 年 9 月 15 日上午，浙江省象山县石浦镇东门的门头山上祭旗猎猎、船鼓震天，第 15 届中国开渔节庄严肃穆的祭海仪式在这里隆重举行。

当天早上天下着大雨，但一点不影响全体祭海人员对祭海仪式的庄重!

仪式最先的时候在震撼人心的音乐衬托下，主祭人踏着红地毯缓缓走上祭台，庄严地面对大海宣读祭文，祭台下，渔民们收起雨伞、摘掉雨帽，闭目敛神，祈求恩波永续、一帆风顺。

随后五名壮汉每人抱着一个大酒坛走向祭台，60 多名渔家汉子双手拖起大海碗，面对着广阔的大海高声传颂，一敬酒出入平安，二敬酒风平浪静，三敬酒鱼虾满仓；

淳朴的渔民们沿袭着古老的祭海习俗，上高香、敬五谷五果与三牲，敬酒喊颂：“一敬酒，感恩海洋；二敬酒，波平浪静；三敬酒，鱼虾满仓。”跳祭舞、舞龙灯鱼灯，用自己的方式感恩大海，祈望平安与丰收。

全体祭海人员向大海行礼三鞠躬，向海神妈祖神像敬献花篮。司仪的引导之下，祭祀渔民高举着巨大的高香，八名船老大抬着一头全猪和一只全羊郑重地放到妈祖神像前面的供桌上，紧接着祭乐响起，32 个舞者向大海献祭舞。这种庄严肃穆的祭海仪式既体现了渔民敬畏自然、感恩海洋的传统思想，也体现了人与自然和谐发展，保护海洋就是保护人类自己的理念，已经有一千多年的历史了，这也是象山渔民知恩图报的精神写照。

青山碧海间，象山渔民以自己的方式庆祝一年一度属于自己的盛会。鱼灯队、龙灯队、马灯队在东门岛门头山上穿梭往来，腾挪跳跃，人灯共舞，四海共欢。惊涛拍岸，浪花翻卷，大海似乎在呼应：善待海洋，就是善待人类自己。

资料来源：《感恩大海神圣而古老祭海典礼》，http://blog.sina.com.cn/s/blog_551c40e101016dy6.html。

2. 节事活动具有地方性

节事活动具有明显的地方气息，随着旅游的发展，有些已成为反映旅游目的地形象的指代物。一些节事活动的举办地，为广大公众所熟悉，如巴西奥吉里奥狂欢节、澳大利亚乡村音乐节、苏格兰爱丁堡艺术节等。这些节事活动以“节事活动品牌代言城市”的形象来定义这些举办地，这些节事活动历史悠久，长久以来满足了游客和地方居民的需要。慕尼黑的啤酒节，最早开始于 1810 年，最初是为了让所有市民庆祝皇族的婚礼，以后逐渐演变成融多种活动为一体的节事活动：赛马、游艺娱乐活动以至现在的企业促销活动。该啤酒节于 9 月份举办，吸引许多游客前往慕尼黑。

民族节日更是有独特的地方性，节事活动的地方色彩更为浓厚。例如，泼水节总是与傣族的形象联系在一起，而那达慕大会总是代表着内蒙古的形象。福建、台湾等地的“妈祖诞辰”，几乎成为当地最隆重的旅游节事活动。

藏族登巴节。每逢农历七月十五日，生活在云南省迪庆藏族自治州香格里拉县尼汝村的藏族同胞都要过当地最具特色、最为盛大的节日之一——登巴节。登巴节又称“登巴日古”、“登巴支安”（“登巴”藏语意为“七月”；“日古”藏语意为转山，有祭拜百兽之王“虎神”之意；“支安”即十五），同属西藏地区“旺果节”习俗一源，有祈求安康幸福、六畜兴旺、来年风调雨顺。

登巴节逐渐演变成为尼汝村藏族同胞集宗教、生产和文娱性的节日。节日期间，不管是在大村里，还是在牧场、在庄房，当夜幕降临，处处都会有藏族传统的锅庄舞会，围着燃烧的篝火尽情地跳着、唱着，浑圆古朴的腔调，女人们优雅的舞步与男人刚健的舞姿，在这通宵的夜，表现得淋漓尽致。尼汝位于香格里拉县东部，距香格里拉县城 126 千米，境内物种赋集，拥有林地 50 余万亩，天然牧草场 14 万亩，森林覆盖率达 80%以上，属于“三江并流”世界自然遗产红山景区的重要组成部分，被游人誉为“秘境之旅线”，也被曾来这里考察的联合国世界遗产专家公认为“世界生态第一村”。这里除了雪山冰川之外，还有险峻的峡谷急流，开阔的高山草甸，明澈清净的高山湖泊，秀美的丹霞峰丛和喀斯特台地以及古稻城冰川活动遗迹，几乎汇聚了“三江并流”区域即北半球各类自然景观。

资料来源: http://www.sina.com.cn，2012 年 1 月 31 日。

3. 节事活动具有短期性

特殊节事活动的一个本质特征就是短期性。每一项节事活动都有季节和时间的限制，都是在某一事先计划好的时段内进行。当然，节事活动的时间不是随意决定的，往往要根据当地的气候、旅游淡旺季、交通情况、接待能力、主题确定、经费落实、策划组织需要的时间等条件，从实际情况出发来确定。如果频繁举办某种节事活动，可能就很难引起和保持第一次举办时的氛围。在短暂的时间内要具有充足的饭店客房等旅游接待设施和便利的交通等基础设施，接纳从四面八方涌来的旅游者，这给举办节事活动的地区和城市带来了机遇，也带来了挑战。

4. 节事活动具有参与性

随着旅游业和休闲业的发展，旅游者和休闲者越来越注重活动的参与性，节事活动就是这样一种参与性很强的旅游和休闲活动。众多节事活动想方设法拉近与参与者的距离。

节事活动的参与者往往对节事活动的举办地怀有较强的好奇心。通常他们希望能够像当地居民一样,希望节事活动能够让他们了解一个地区的生活方式。植根于特殊地区的节事活动能够为来宾提供欣赏当地风景和探究当地习俗的机会。参加者喜欢收集当地物品作为纪念，可以通过获得新知识、新技术来提高自己，同时可以通过服装、美食等方式留下深刻的印象。

5. 节事活动具有多样性

从节事活动的定义可知，节事活动是一个内涵非常广泛的集合概念，任何能够对旅游者产生吸引力的艺术，经过开发都可称为节事活动。此外，节事活动在表现方式上也具有多样性的特点。它可以是展览会及体育赛事，也可以是会议庆典、花车游行及各种形式的文化娱乐活动；它的主题可以是某种果实，也可以是纪念某个名人；可以是某个历史时间，也可以是当代的庆典。活动的内容可以有宴会、喜剧、音乐舞蹈、服装展示、画展、土特产品展销、体育竞技、杂技表演、狂欢游行等各种形式，涉及政治、经济、文化、体育、商业等多方面。

6. 节事活动具有交融性

正是节事活动的多样性，决定了节事活动必然有强烈的交融性，许多大型的节事活动，如奥运会、世博会、服装节等都包含了许多的会议、展示活动、宴会、晚会等。许多的会议、展览中也包含了许多节事活动。节事活动和会展业的其他细分市场都有一个共同的特点，那就是你中有我，我中有你，这些活动互相交融，共添风采，使节事活动更具有吸引力。

四、节事活动的作用

1. 节事活动的举办可以弥补城市会展业“淡季”需求的不足

通过对本地旅游资源、民俗风情等因素的优化融合，举办别出心裁的、丰富多彩的节事活动，一方面可以吸引游客，为游客提供新的旅游选择；另一方面，可以调整旅游资源结构，为城市旅游业的发展提供新的机会，并能较好地解决旅游淡季市场需求不足的问题。如哈尔滨国际冰雪节，既充分利用了当地的旅游资源，又缓解了旅游市场淡旺季的矛盾。

2. 节事活动可以促进城市基础设施的完善，优化城市环境

举办节事活动，可以极大地促进城市的交通、通讯、城建、绿化等基础设施建设的步伐，优化城市环境，尤其是对交通条件的改善具有很大的推动作用。在实际工作中，各城市在举办节事活动之前，都十分重视交通等城市基础设施的完善工作。如作为历年冰雪节的一项重要内容，哈尔滨灯饰绿化工程，使松花江南岸沿江一带环境得到了极大的改善，形成了两岸霓虹遥相辉映的壮观美景。

3. 节事活动促进了城市相关产业的发展

任何城市节事活动都有一定的主题，配合这一主题的生产厂家或者整个产业都可以在节事活动中获得经济收益。

4. 节事活动对主办城市具有很强的形象塑造作用，并提升城市的知名度

盖茨认为，节事活动在地方品牌化过程中具有以下四个方面的作用：

- 节事活动作为促进旅游业和地方发展的动力，强化旅游和地方意识。
- 节事活动作为旅游形象和地方形象的塑造者，提升城市和地方声誉。
- 节事活动作为旅游吸引物，构成旅游产品体系的组成部分。
- 节事活动作为提升旅游吸引物和旅游目的地地位的催化剂，拉动地方基础设施建设。

城市形象是一个综合的形象塑造系统，需要花费大量精力和进行长时间的宣传，才能塑造成功。而城市节事活动的开展，往往能够对城市主题形象起到很重要的宣传功效。参加者可以通过节事活动的各项内容，全面了解城市的自然景观、历史背景、人文景观、建设成就等内容，从而对城市形象形成感性认识。

另外，节事活动本身就是目的地形象的塑造者，举办节事活动就是目的地形象的塑造过程。成功的节事活动能够成为城市形象的代名词。如一提到风筝节，就会想到山东潍坊；一提到啤酒节，就会想到青岛。这些成功案例表明，节事活动与举办城市之间已经形成了很强的对应效应，能够迅速提升城市的知名度。

5. 城市节事活动能够极大地弘扬传统文化，推进精神文明建设

城市节事活动对于弘扬中华传统文化，彰显传统文化的丰富内涵和个性，对于进一步加强国内外文化交流与合作，促进文化的传承、发展和经济社会的全面进步，都具有积极而深远的影响。

山东曲阜利用几千年的文化积淀，创办了国际孔子文化节，将当地沉睡了几千年的历史遗迹活生生地再现出来，使传统文化焕发了活力。

南宁国际民歌节不仅把潜藏在民间的艺术活动借助现代传媒展现在游客面前，而且从民歌的优美旋律中，使人们感受到团结、祥和、繁荣、发展的时代脉搏和健康向上的美好气息。同时，通过充分挖掘民歌文化中的审美精神，从中提炼出有益于现代社会和现代人的文化理想和生活理念，营造现代生活的艺术氛围，进而推动城市精神文明建设。

6. 节事活动具有很强的后续效应

节事活动给城市带来的效应，不仅仅局限于当时。对于主办城市的人们来说，通过节事活动掌握了大量的信息，挖掘了大量的商机，可以说是参加了一次免费的交流会；对于主办城市来说，通过举办节事活动，改善了当地的基础设施，优化了社会环境，创造了良好的投资环境，给参加节事活动的人们留下好印象，创造了一批潜在的投资者。

这些效果不一定在当时看出来，也许会经历很长时间才能显现。因此举办节事活动创造的效应具有持续性、后续性。

青岛啤酒节。据统计，青岛啤酒节期间，青岛市共接待海内外游客330万人次，消费啤酒1007吨。其中，8月21日入城游客多达36万人，消费啤酒93吨，创啤酒节单日入城人数和单日啤酒消费量历届之最。节日直接拉动了旅游、餐饮、住宿、购物、交通等相关行业发展，全市范围内的星级酒店、商务酒店、青年旅馆都出现一床难求的局面，客房入住率一度达到100%。

啤酒节无疑为诸多商家搭建了一个展示自己的大平台，越来越多的商家借助青岛啤酒节带动自身品牌的发展，各类车展房展的展览会搬进啤酒城，借此进行宣传和推广。多家银行争先与啤酒节合作，推出了各种啤酒节套餐服务。譬如刷某银行的银行卡就可免啤酒城门票等商业活动。因啤酒节的拉动旅游热也随之到来，游客的购买能力持续走高，岛城零售市场呈现异常活跃态势，利群、百盛、崂百、佳世客、家乐福、北方国贸、利客来等十大零售企业集团商品零售额大幅增长。受啤酒节及旅游进一步升温效应的积极影响，全市各大宾馆饭店顾客盈门，餐饮业呈现较快增长，各家旅行社更是忙得火热。据有关部门统计，青岛当月市场销售持续活跃，共实现零售额32.06亿元，同比增长20.5%。而更加可喜的是，自第十四届以来，每届啤酒节对青岛经济贡献都在

20 亿元以上，超过 2 个“黄金周”之和。

啤酒节的国际化使它成为青岛对外开放的窗口，也是这座城市的名片。参加啤酒节的众多海外客商、旅游者及新闻媒体由啤酒节了解了青岛、宣传了青岛。近几年一批国际知名大公司陆续落户青岛，尤其是青岛崂山区高科园的飞速发展，不能不说有啤酒节的一份功劳。青岛啤酒节源于青岛，同时它的壮大与发展也给青岛带来了无限的商机和知名度，这无疑是最好的经济反哺。

资料来源：《中华工商时报》，2010 年 09 月 09 日。

五、节事活动的绩效规律

1. 影响范围规律

任何节事活动对举办地都有一定的影响力，但影响范围由节事活动的性质、规模、知名度等多种因素共同决定，其营销影响范围受举办历史长短和举办地与受众在地理上距离远近因素的影响较大。其影响规律如下：

节事活动的地域影响符合距离递减规律，即随着距举办地距离的增加，其影响力逐渐变小；节事活动的档次、规模对其影响力有决定性作用，国际性节事活动影响力明显大于地区性节事活动的影响力；综合性节事活动的影响力呈面状延展，专项节事活动的影响力呈点状分散。

2. 时间效果规律

这里的时间是指节事活动的举办年度。一般而言，节事活动举办的历史越长，其知名度越大。1991 年举办首届中国青岛国际啤酒节时，仅有 30 多万名游客参加饮酒和各种娱乐活动，随着每年一次的节事活动，知名度和影响力越来越大，到 2002 年的第 12 届青岛国际啤酒节，参加者已突破 200 万人。但节事活动的影响效果不是随节事活动举办历史的延长而均匀增加的，而是符合指数函数规律的，即前几届效果增长速度较快，后来呈缓慢增长趋势。

3. 内容吸引力规律

节事活动项目及内容的妥善安排是获得持久注意力的保证和源泉。节事活动项目如果总是年复一年的陈俗老套，就会渐渐失去光泽和魅力，逐渐走向枯萎和灭亡。一般来说，一项活动的吸引效应随时间是递减的，根据调查，同一项目在第二次上演时比第一次上演的吸引效应递减 20%，第三次上演时又比第二次上演的吸引效应递减 20%，依次类推，到第五次上演时已没有多大意义了，这就是吸引力的边际效用递减规律。一般情况下，同一项目上演三次后就必须有所突破和创新。节事活动在围绕活动主题的前提下，各种活动项目应该稳中有变，既要有保持其特色的传统项目，还要有紧跟时代潮流，追随人们意识观念转变轨迹的焦点项目。

4. 经济效益规律

节事活动的经济效益不能一概而论，资金投入与产出的比较，随节事活动的生命周期不同而不同。处于成长期的节事活动，可能需要的投入更多一些，尤其是新创办的节事活动，从无到有往往要经历经济投入大于经济产出的阶段；成熟期的节事活动是经济效益较为可观的阶段，这个阶段的市场基础已经奠定，经济产出远远大于经济投入，并且往往会持续一段时间；随着衰退期的到来，经济产出与经济投入的差额越来越小，又会出现产出不及投入的局面。

第二节 节事活动运作模式

一、节事活动运作的原则

1. 大众化原则

广泛的民众性是节事活动赖以成功的魅力所在。节事活动的魅力不在于安排多少项活动，而在于有多少大众亲临现场感受其间的人文气氛，节事活动要的就是成千上万人扶老携幼、结伴前往的这种普天同庆、万民同乐的节日气氛。大众性是节庆营销的前提，为此，应该努力改变目前我国许多节事活动带有较强的“官方色彩”，改变现场观众作为一种“与君同乐”的陪衬状态。

2. 确定性和规范性原则

节事活动虽然是一种动态的吸引物，但又必须在动态中寻求某种确定性和规范性，这是招徕四方游客的先决条件，也是著名节事活动获得巨大效益的成功秘诀。

如西班牙斗牛节共有 156 项活动，在长达 4 个世纪的历程中，每年 7 月 8 日至 7 月 14 日，这些活动分布在潘普罗那市固定的时间和空间，从早 8 时至深夜 24 时，以时分的精确性年复一年，百年不变。市政府为此印制大量的日程表和节目单，将节事的活动安排见诸于各类媒体，公布于众，所谓“有组织的无政府状态”。这种严谨周密的管理和确定性是塑造节事活动主题的关键，也是节事活动产品化的基本条件。

3. 市场化原则

节事活动进入市场化运作必须遵循市场规律，注入“成本与利润”、“投入与产出”的理念。众所周知，源源不断的资金来源是节事活动历年不衰的阳光和土壤，也是节事营销得以传承的基础，但资金来源不能依赖政府财政投入，应建立“投资——回报”机制，同时，逐步提高知名度和影响力，吸引大企业、大财团以及媒体的参与，形成“以节事养节事”的良性循环发展模式。

4. 产业化原则

要围绕节事活动，从项目策划、集资、广告、会务、展览、场地布置、彩车制作、观礼台搭建，到纪念品制作，都以招标投标、合同契约的有序竞争方式进行，并逐步形成新兴的"节事经济"和"节事产业"，节事产业化更能促进营销的深入和发展。

二、节事活动运作的流程

1. 准确的主题选择

评价节事目的地的资源特色、产品与服务质量，分析目标市场的构成及兴趣，比较周边地区及类似目的地举办的节事活动，寻找具有"唯一性"和"特殊性"、可以张扬个性、体现特色的节事主题；紧扣目的地形象定位，选择和加工主题，确定主题内涵，务求卓尔不群。这要求旅游节事活动组织者具有敏锐的市场感觉以捕捉潜在的市场机会，并运用娴熟的商业运作经验，组织专业人员对主题进行提炼、包装和设计。

2. 明确的节事活动定位

结合资源特色评估、市场分析和竞争环境评价，确定节事活动的名称、宗旨、指导思想、目的、任务、类型、组织原则、组织者、规模、地点、时间、过程、目标市场、活动内容、工作人员、经费、影响、预计效果等。

3. 组织准备工作

取得有关部门的同意和支持（如公安、交通、消防、市政、城管等）；成立组织准备工作筹备小组，明确组织者（包括主办单位、承办单位、协办单位等）的组织结构设立和内部责任分工；寻求可能的赞助者；制定旅游节事日程（包括主题活动日程、内容和配套活动的日程、内容）；制定绩效评估体系，确定节事活动具体目标和经济指标；预计接待人数、收入来源和收入预测等；确定节事活动总体口号、标识、吉祥物；设计和开发宣传品、纪念品和配套商品；制定节事活动管理的有关条例（包括游客管理、安全管理、环境管理、市场秩序规范、交通管理条例等）；制定突发事件应急方案等。

4. 实施行动计划

包括财务计划、消防及安全计划、员工培训计划、接待计划、环境整治及场地布置计划、交通管制计划、宣传促销计划、开幕式和新闻发布会计划、各主题和配套活动的日程安排等。为了有效地实施各项计划，必须制定详细的行动方案。此方案必须明确行动计划和战略实施的关键性决策和任务，并将执行这些决策与任务的责任落实到个人或小组。

5. 开展节事活动期间的现场管理与控制

节事活动举办期间会出现很多意外情况，举办方必须不断作出调控，并对计划进行必要的修正，确保目标的实现和节事活动的顺利开展。同时，要不断积累经验，为以后的计划提供重要的参考材料。

6. 组织评估与论证

搜集所有信息反馈和节事报道；审核经费开支；追踪、评估与赞助商的合作；分析旅游节事活动举办的经济和社会影响；总结策划及实施各环节的得失；对成功举办的节事活动进行品牌注册，开展品牌经营和管理。

三、节事活动运作的模式

1. 政府包办的模式

政府包办模式曾是一些城市特别是一些小城镇在举办节事活动中，采用较多的运作模式。这种模式的特点是：政府在节事活动的举办过程中身兼数职，扮演着策划、导演、演员等众多角色。节事活动的主要内容由政府决定，活动场地、时间由政府选择，参加单位由政府行政指派。这种运作模式给政府带来很大的财政负担，而节事活动给城市、给社会、给当地民众带来的经济效益、社会效益等却大打折扣。

2. 各部委、局及协会主办或与政府、地区联合主办的模式

这种模式是目前许多专题城市节事活动采用较多的模式，它具有政府包办模式的一些特点，但也在不断地加入市场化运作的一些成分。

例如中国国际高新技术成果交易会（深圳），由对外贸易经济合作部、科学技术部、信息产业部、国家发展计划委员会、中国科学院和深圳市人民政府共同举办。它坚持“政府推动与商业运作相结合，成果交易与风险投资相结合、技术产权交易与资本市场相结合、成果交易与产品展示相结合、落幕的交易会与不落幕的交易会相结合”等原则，面向国内外科研院所、企业、高等院校、投资和中介机构，提供交易服务。

桐庐、富春江山水节，提出了“区域联动、行业联合、企业联手、产品联体”合力办节的模式，成功的商业化运作模式，突出的群众参与性，全民办节、全方位联动的方式，使山水节成为提升当地旅游业的重要部分。

3. 市场化运作模式

城市节事活动首先是一种经济活动，举办的重要目的之一就是要获得良好的经济效益和市场效果，因此不论是节事活动举办的需求还是供给，都应当遵循一定的市场规律，把节事活动纳入市场经济的轨道，进行市场化运作。可以说，市场化运作模式是节事活动走向市场化的最终极模式。市场化运作模式，一是可以节约成本，在节事活动举办过程中，时间地点选择、广告宣传方式等方面完全按照市场的需求来做，可以大大地节约成本，避免因行政力量介入造成的不必要的浪费；二是可以做到收益最大化，这里的收益包括参加企事业单位的收益，包括政府的形象收益，也包括给当地带来的其他社会效益。

目前中国城市节事活动运作模式正在走向市场化，市场规律在节事活动举办中正在发挥着越来越强的作用。如南宁国际民歌艺术节从2002年起，实行政府办节、公司经济、社会参与的运行机制，并逐步实现了全部按商业运作，财政不再拨款。

4. 政府引导、社会参与、市场运作的模式

政府引导、社会参与、市场运作是一种比较适用于中国国情的城市节事活动运作模式，这种模式显现出来的优越性、带来的效益，正在越来越多地被各方面所认同。这种运作模式的特点是以下几方面。

政府仍旧是重要的主办单位，政府引导作用主要体现在确定节事活动的主题及名称，并以政府名义进行召集和对外的宣传。

社会参与就是充分调动社会各方面的力量来办好节事活动。社会力量主要体现在：节事活动主题选择时的献计献策，节事环境氛围的营造，各项活动的积极参与等方面。

市场运作则是城市节事活动的举办过程，交给市场来运作。比如节事活动的冠名权、赞助商、广告宣传等方面，都可以采用市场竞争的方式，激励更多的企事业单位参加。这样做一方面可以为企事业扩大知名度，另一方面还可以节省大量开支。

例如，青岛国际啤酒节、哈尔滨冰雪节、中国潍坊风筝节、广州国际美食节、南宁国际民歌节等几个国内著名的大型城市节事活动，就是按照“政府引导、企业参加、市场运作”的模式来运作的。

实践证明，由于我国还处在社会主义初级阶段，尤其是目前城市节事活动还带有一定的公益性质，完全走市场化运作的模式还行不通。城市节事活动采取“政府引导、社会参与、市场运作”模式，是比较适合我国大多数城市实际情况的。为此，政府在节事活动的举办中，必须把好关，同时还要为节事活动的举办提供种种优惠政策。

第三节　国际节事活动产业

与国内节、会、展、演、赛相互融和、彼此不分的情形不同，在国外节事活动实践中，节庆和展会类特殊事件之间有着相对清晰的分界。节庆的本意是有主题的公众庆典，这个词语有着丰富的传统和内涵。真正的节日是为公众产生的，是为社会群体中有价值的事情所举行的庆祝活动，目的在于培养社会成员的归属感和成就感。在西方社会，很多节庆仍然是立足社区的民间自发活动。

此外，一些经过策划的特殊事件，如城市标志性事件，在产生之初就具有强烈的地区营销导向。展会类活动则起源于 1851 年在英国召开的第一届世界博览会。目前，展会类活动主要集中在德国、法国、意大利、英国等欧洲国家。

随着节事活动的商业价值日益被发掘出来，国外节事的商业运作也受到广泛的重视。在国外已经逐渐形成了一个新兴的、迅速发展的大型活动产业（Event Industry）。各类节事相关的协会提供大型活动的策划、营销、组织管理的培训课程，提供节事影响力的评估报告以及高级管理人才资格认证。围绕节事管理的职业群体正在形成。

一、国际节事活动的类型

在世界范围内，目前具有国际影响力的节事活动繁多，基本上可以分为以下几个类型：

1. 狂欢类节日。国际范围内以娱乐狂欢为主要内容的节日众多，有一些节日已经享有国际声誉，如巴西狂欢节、威尼斯狂欢节、西班牙奔牛节、法国尼斯狂欢节，等等。这些活动彰显着强烈的地域风情，已经成为当地重要的旅游吸引物，以西班牙“西红柿节”为例，每年“参战”和“观战”的人数达 4 万之多。一年一度的慕尼黑啤酒节，被称为最大的民间狂欢节，每年都有超过 600 万的游客参与庆祝。在举办的两周内，大量的慕尼黑农产品被就地消耗，平均每年超过 500 万升的啤酒被喝掉。同时该节还拉动了当地的就业，近几年，平均每年吸纳 10000 多人为啤酒节工作。慕尼黑啤酒节食物消耗数据如表 5-3 所示。

表 5-3　慕尼黑啤酒节食物消耗数据

啤酒	610 万杯啤酒+200 万杯无酒精啤酒
红酒	33358 升
汽酒	24952 瓶（2004）
咖啡、茶	338661 杯（2004）
水、柠檬水	514880 瓶（2004）
烤鸡	459279 只
猪肉香肠	219443 对
鱼	47700 公斤
猪指节	560089 只
牛	95 头

2. 大型体育赛事。世界级的大型体育赛事主要有奥运会、冬奥会、足球世界杯、F1（一级方程式赛车）等，具有区域影响的有欧洲杯、亚运会等。大型

体育赛事举办会引发大量的旅游者，更有甚者，会对举办地的旅游产品、市场结构乃至旅游目的地形象产生深远的影响。例如，韩国借助1988年汉城奥运会获得了良好的国际声誉。2000年悉尼借助奥运会有力地推动了澳大利亚旅游业的发展，成为奥运旅游战略的典范。围绕2006年足球世界杯，德国也推出了一系列的文化活动（参见表5-4）。但是，借助大型体育赛事开展节事旅游存在一定的不确定性，高价格、球赛票、赛季以及参赛队的表现都会影响到观展旅游者的决策。此外，在比赛期间，通常对一般休闲客源有一定量的"挤出"，如2002韩日世界杯比赛期间，赴韩国际游客不升反降，这一点值得举办地特别注意。

表5-4　2006年国际足联世界杯活动与数据一览表

参赛球队数	32个
比赛场数	64场
体育馆数	12个
观看人数	3359439人
每场比赛平均观看人数	52491人
累计全球观众	263亿
参加球迷狂欢人数	2100万
新增岗位数	超过50000
与赛事相关的消费金额	60亿欧元
对德国经济的拉动效益（2007~2008）	15亿欧元
税收增长值（2007~2008）	6000万欧元

3. 文化艺术节。欧洲、亚洲的一些国家具有悠久的历史和深厚的文化积淀，各类文化艺术节日众多。如英国爱丁堡艺术节、法国巴黎秋季艺术节、法国阿维尼翁艺术节（Festival d'Avignon）、意大利罗维纳歌剧节、奥地利萨尔斯堡音乐节、德国的拜罗伊特艺术节、马来西亚国际伊斯兰文化节、瑞典斯德哥尔摩水节、美国"孟菲斯五月"国际节、法国嘎纳电影节等。享有国际声誉的爱丁堡艺术节（Edinburgh Arts Festival）已经举办了60多年。它是世界大型综合性艺术节之一，旨在促进欧洲国家间的文化交流，现在已经演变成一个雅俗共赏的艺术盛会，有民办和官办之分。2006年爱丁堡国际艺术节开幕式吸引了十几万观众，来自世界各地两万多名表演者参与了1600多场演出；2005年的萨尔斯堡音乐节期间吸引了近60万游客，旅游效应巨大。

4. 休闲运动类节事。随着大众健身和极限运动的兴起，一些休闲运动类节事也备受青睐。如以热气球节为例，著名的有韩国大田国际热气球节、俄罗斯热气球节、英国布里斯托（Bristol）热气球节、美国雷德岩热气球节、美国休斯敦热气球节、斯里兰卡热气球节、法国蒂昂维勒市国际热气球节等。此外，还有各类登高节、赛马节等。

5. 宗教庆典和地方性节庆。随着西方文化的传播，圣诞节几乎成为最被广泛接受的宗教性节日，并且引发了庞大的休闲和旅游消费。一些宗教庆典如伊斯兰教的古尔邦节、印度的昆梅拉节、泰国万佛节等也会在一定的区域和宗教信徒中产生巨大的宗教旅游效应。此外，在多民族聚集的地区和国家，民族文化各具特色，地方性节事活动也异彩纷呈。节事活动成为地方文化最佳的表现形式，成为少数民族最宝贵的一笔文化遗产。

二、国际节事活动的区域分布

在世界范围内，具有国际影响力的节事活动主要分布在以下一些地区：

1. 欧洲

英国节事发展历史悠久，文化艺术类节事是英国节事的主要构成部分。到1981年，英国就拥有了200多个艺术类节事活动，1989年的英国官方年鉴提到了400多个艺术类节事。截至2005年，全年有650个专业艺术节在英国举行。其中爱丁堡国际艺术节是世界上最为盛大的艺术节。此外，英国还举办各种体育赛事如温布尔登的网球“四大满贯”锦标赛、谢菲尔德的世界职业台球锦标赛等。德国是世界著名的展会强国。2006年世界杯足球赛是德国的一大盛事。德国政府启动了一系列以世界杯为主题的音乐节、演出等艺术和文化项目，把体育和休闲、旅游结合了起来。2005年，芬兰推出80个国际艺术节，其中包括西贝柳斯音乐节和拉赫提管风琴艺术节，两者均以宏大的规模和高超的演出质量闻名于世。此外，在充满田园风光的东部湖区举办萨翁林纳歌剧节，芬兰西部的波里市科克迈基河河岸举办波里爵士音乐节，芬兰南部举办纳坦利音乐节，等等。

2. 美洲

在1984年美国举办洛山矶奥运会之前，美国只有一些零星的节事活动。此次奥运会首开了大型节事商业化运作的先河，对以后美国乃至全球的节事活动运作影响深远。美国很多节事活动和城市营销、旅游发展等总体规划密切相关。例如，1987年在美国旅游协会（TIA）推出的“发现美国：国内旅游营销计划”中就包括了一些知名的节事活动。又如1989年举办了“我爱纽约盛夏节”。此外，在纽约“城市文化公园制度”的要求下，节事活动被作为这一计划的组成部分，以这些遗址公园作为节事举办场地，旨在“让人们的生活重返社区”。目前，美国最著名的节事活动有传统和体育运动相结合的“玫瑰碗游行”、商业运作最成功的“肯塔基州赛马节（KDF）”，以及大众参与广泛的“纽约梅西感恩节”等。

3. 澳洲

澳大利亚现存的一些节事多产生于20世纪四五十年代。1954年伊丽莎白二世到访活动、1956年墨尔本举办奥运会、1960年举办阿德莱德艺术节。进入20世纪70年代，澳大利亚出现“社区艺术运动”，出现了多文化的节日，如第一届Tamworth乡村音乐会、悉尼歌剧院开幕式等。从1984年美国洛山矶奥运会开创重大节事商业化运作的模式以后，对澳洲节事发展也产生了深远影响。进入20世纪80年代，澳大利亚节事尝试市场化运作并更注重经济效益。到1988年，澳大利亚节事活动得到公共部门的支持，在此之前的大多数体育和文化节事活动均是由志愿者组织和管理的。1982年，澳大利亚布里斯班承办了英联邦运动会、阿德莱德举办了世界一级方程式汽车大奖赛、珀斯举办了美洲杯对抗赛等。在1986年到1996年的十年间，澳大利亚各州围绕节事活动举办权展开了激烈的争夺，作为这种争夺的结果，各州纷纷建立了自己的大型赛事的专门机构，如1985年，西澳大利亚州成立了（西澳大利亚）节事公司（Eventscorp），1988年昆士兰政府成立了昆士兰节事公司，1991年维多利亚州成立了墨尔本大节事公司，1993年，新南威尔士州成立了新南威尔士特殊活动有限公司，1995年，南澳大利亚成立了澳大利亚大节事公司。这些公司负责把国际、国内的大型节事吸引到本地区来办，进行节事的招标，也参与节事活动的组织和管理。2000年悉尼奥运会的举办，带动了澳大利亚节事活动的兴盛。

4. 亚洲

韩国实施文化、体育、旅游协同发展战略，韩国文化、体育、观光均归属于韩国文化观光部统一管理，在体制上保障了文化、体育、旅游节事协同发展。2002年韩国和日本联合举办了“世界杯足球赛”，带动了节事活动的开发和举办。目前韩国节事繁多，根据韩国官方网站收录主要节事活动近200项。主要可分为庆典、祭礼、传统节日和现代大型活动等类型，如水原排骨节、全州拌饭节等推介韩国饮食特色的，又如时装节、摇滚舞节、演唱会、艺术节、电影节、跆拳道节等彰显现代流行文化的，还有端午节等弘扬传统文化的。其中，釜山国际艺术节、釜山国际电影节、光州泡菜节等享有很高的国际声誉。日本的节事活动大致可以分为两类，一是侧重传统文化、艺术、宗教的节日（Festivals），二是现代交流、体育、产业的特殊事件（Special Events），如体育比赛、工业博览会等。根据日本《Event 白皮书2000》的统计，1998年日本节庆和会议的直接收入为428亿美元，占GDP的1%。2002年，日本举办节事活动达18440次之多，多由社区、村落举办。新加坡是亚洲的会展中心，也是世界著名的旅游目的地。近年来新加坡非常注重旅游目的地的品牌塑造和推广，竭力塑造丰富、多元、精彩的目的地形象，主要的现代节事活动有新加坡时装节、新加坡美食节、新加坡电影节等。

三、国际节事活动的发展趋势

1. 国际节事活动日益受重视

就全球范围而言，各国对节事活动和节庆旅游的重视程度在迅速提高。许多瑞士大旅游批发商认为，传统的团体多地观光游览在瑞士已经失宠，越来越多被散客旅游、家庭小团体和专项旅游所取代。目前的消费倾向正在明显地向专项旅游发展。一些重大的专项节事活动产品，如音乐、文化等活动，受到大小旅游批发商们的普遍重视。

2. 国际节事活动将更具综合性、更为多样化

发展节事活动很重要的一点就是挖掘当地的民族文化，因为体验异国他乡的民俗风情是促使旅游者出游的主要动机。民俗风情作为一个民族或一个地区的生活方式，在节日喜庆中能充分体现原汁原味的真实情感和人情味，从而使旅游者得到直接和充分的体验。在节事活动中把服饰表演、饮食品尝、游艺竞技、民间工艺等活动有机地结合起来，一方面可以丰富节事活动的内容；另一方面可以促进当地旅游资源的综合开发，既激活某些公共设施、商店、市场等静态吸引物，又吸引投资、经济开发等基础设施改造，做到充分利用现有一切资源，取得最大经济效益、社会效益和环境效益。

3. 国际节事活动将更为品牌化和专业化

节事活动品牌在会展业和旅游业中扮演了十分重要的角色，它本身就是一种会展和旅游吸引物，能提高会展和旅游目的地的知名度、丰富会展和旅游产品、延长旅游季节、扩大客源地理分布。如今，节事活动的主办者越来越重视节事活动品牌的塑造和经营。

美国的玫瑰花节、意大利的狂欢节的品牌都对本国会展业和旅游业的发展起着不可替代的作用。随着节事活动的发展，专业化管理将日益显示其重要性，节事活动的专职管理部门已成为旅游业和会展业发展最快的一个机构。他们在客源地设立办事处进行全年的运营，为当地提供了很多新的就业机会。节事活动管理不仅已经形成了一个专业领域，而且其专业化程度亦日益增强。

4. 国际节事活动宣传力度将更为加强

节事活动的国际竞争加剧，将引起各国宣传促销力度的不断加强。世界著名的西班牙奔牛节在举办之前，政府会印制大量的日程表和节目单，便于国内和国际游客挑选自己喜爱的活动项目。日本交通公社等大型旅行会社提前 5 年将国内的节庆计划公布于众。做超前的宣传促销是著名节事活动获得成功的基

础。从节事活动宣传的发展趋势来看，更多的国家将会像一些发达国家一样采取全方位出击的策略，花大力气建立覆盖面比较广的驻外旅游机构，为宣传提供组织保证，如美国有遍及 80 多个国家和地区的 180 多个驻外旅游机构，德国有 39 家驻外旅游机构。许多国家除了印制精美的各类宣传品外，还派促销团到各客源国进行宣传。

第四节　中国节事活动产业

节事活动作为一种重要的城市经济社会和文化活动形式，在我国城市的发展中正扮演着越来越重要的角色。节事活动的快速发展，已逐步演化为节庆经济，演化为促进国家、城市经济发展的节事活动产业，成为国家、地区招商引资，提升区域综合竞争力的重要手段和途径之一，在我国城市经济社会发展中扮演着越来越重要的角色。这些节事活动，既张扬了城市的个性，繁荣了城市经济、文化生活，也发挥着“依节造势、因节发展、以节兴市”的作用。但也应看到，目前我国城市节事活动尚处于不成熟阶段，需要进一步引导、规范和管理。

一、我国城市节事活动市场的沿革

城市节事活动的历史源远流长，差不多都伴随着城市的产生而产生。城市节事活动的产生、形成和发展，与各地的自然环境、人文环境、经济环境和发展需求有着密切的关系。

社会经济的发展对传统的节事活动产生了巨大的影响，如今我国“节庆经济”风起云涌，除春节、中秋节等中国传统节庆以外，近年来，圣诞节、情人节、愚人节、感恩节等众多舶来的“洋节”也在我国各城市大行其道。

我国城市节事活动的繁荣与我国旅游业的迅猛发展是密不可分的。节事旅游是近几年迅速兴起的一种旅游形式，与传统的旅游相比，节事旅游的资源依赖性较小，更注重体验性和参与性，不再像传统旅游那样把旅客排斥在旅游吸引物之外，且牵动效应比较显著，对举办地政治经济社会具有广泛而深远的影响，因此代表了现代旅游的一个发展方向。与此对应，为了拉动地方经济，激活城市旅游业，一些传统的节庆在形式、内容甚至举办日期上都进行了改动和调整，使之更符合游客的口味，同时在原有传统项目的基础上还增加了商品展示和其他经贸活动，这些节庆已不再只属于民俗范畴。

另外，许多城市政府为了促进经贸发展，推介旅游资源，以本地的历史文化为渊源，新创办了一些节事活动，包括文艺演出、体育竞技、商贸洽谈、经济文化论坛等多种活动，各类名目繁多的“品牌节日”纷纷走上前台，成为当前我国节事活动市场的主力。

二、我国城市节事活动市场发展的动因

目前我国大到各地区、各城市，小至各乡、各镇都纷纷举办各种形式的节事活动，全国一年的节事活动真是数不胜数，让人眼花缭乱。节事活动既可以作为一项休闲旅游活动发挥直接的经济作用，同时又能够为举办城市带来巨大的经济联动效益和社会效益。

1. 经济作用的吸引

节事活动最显而易见的魅力就在于其巨大的经济作用，这也是吸引各地大力发展节事活动的最主要原因。时下的节事活动往往规模大、时间长、内容丰富，包括演出、展览、研讨、观光旅游、经贸洽谈等内容，所谓“文化搭台，经贸唱戏”。经济作用不仅仅体现为节事活动本身的收益，还表现为对相关产业的发展。举办期间大量人力、财力和物力的耗用，当地公众消费的增大，海内外游客的进入，企业营销结果的进步，这都不是节庆本身的收入，但却确确实实为当地的经济发展注入了活力。澳大利亚凭借举办“美洲杯”帆船赛这个特殊的节事活动一跃成为世界上最著名的旅游地之一，其南部城市墨尔本每年举办 20 多个节事活动，使这个传统的工业城市始终保持着强大的生机和活力；德国慕尼黑啤酒节，在近几年每年都能吸引 600 万~700 万人参加各种节事活动，给慕尼黑市带来巨大的间接和诱导收入，慕尼黑因啤酒节而成为欧洲的一颗“明星”，获得了与巴黎、柏林相比肩的声誉；美国的玫瑰节，每年节事活动向 60 多个国家和地区转播，全球有收视观众 4.5 亿，可以为其带来 1.5 亿美元的经济效益；格莱美音乐节也是如此，全球 175 个国家、约 200 个城市电视转播，20 亿观众收看，仅电视转播收入就达 32 亿美元。现代城市节庆可谓一个蕴含商机的“聚宝盆”，能显著地促进举办城市的经济发展，成为城市经济增长的重要载体。

2. 社会效益的诱导

节事活动的社会效益体现在增加居民就业、展示政府形象、提高区域名声、促进设施完善、提升精神生活、弘扬民族文化、加强对外交流等诸多方面。现代城市节庆是树立和展示城市良好形象的重要契机，从政府到市民、从机关到社团，无不努力改善自身形象、提高自身素质，努力将一个文明、开放、欣欣向荣的现代化城市形象展示在世界面前。有了这股动力，在发展节事活动的同时，当地居民的自身素质和当地基础设施的建设都会相应有所提高。软环境和硬环境的双重进步，也会使区域的名声得以传播，知名度将随之扩大。更多外地和外国游客的到来，一方面，不可避免地使当地的文化对外传播变成现实；

另一方面，游客的主动参与带来的国外的文化，也在节事活动举办地形成多种文化的结合和交流，从而促进中外文化的交流。因此，节事活动的社会效益也是诱导各地进入这个市场的原因之一。

社会制度不同、节事活动焦点不同和节事活动定位不同，节事文化所带来的影响也不尽相同，但节事往往与一个国家、一个城市的品牌紧密相连，给举办城市带来巨大的经济效益和社会效益，成为经济与社会发展的催化剂和助推器。在我国，节事活动还是一个新事物，但它的产生与发展不仅较为成功地拉动了一批城市的经济发展，而且活跃了城市的文化，为大众的休闲娱乐提供了平台，通过特色活动达到了塑造、维持和改变城市形象的目的，其积极作用不言而喻。上海旅游节、大连服装艺术节、潍坊国际风筝节、南宁国际民歌节、中国海南岛欢乐节、中国吴桥国际杂技艺术节等节事活动都是十分鲜明的例子。正因为如此，全国许多城市都在积极地开办或发展自己的节庆事业，希望从中获得经济收益和社会发展的双丰收。

三、我国城市节事活动市场发展态势

目前我国城市节事活动的基本态势主要表现为以下一些特点。

1. 举办城市规模不一、数量众多、态度积极

从城市规模上看，大到北京、上海这样的直辖市，小到县级市乃至建制镇，几乎都有各自的节事活动；举办节庆的城市（镇）数量和每一城市举办的节庆数量都还处于陆续增加的趋势之中。

2. 节事活动类型尽管多样，但选题重复，文化深度欠缺

我国历史文化悠久、民俗风情浓厚、自然资源多样，这些都为我国节庆市场的发展奠定了坚实的基础。

节事活动类型尽管多样，但主要是以资源导向型节庆居多，以物产餐饮型、历史文化型、民俗风情型和自然景观型的节庆所占比例较大，依次是：23%、22%、17%和12%，四者合计占我国节事活动市场的74%。

除了节事活动类型上存在明显的不平衡，还可发现虽然我国节事活动数量多，呈遍地开花的趋势，但由于在节事活动品牌意识上的缺乏或偏差，国内许多节事活动不同程度地存在着片面追求“轰动效应”的倾向，在诸如主题选择、操作方式、活动内容、管理模式等方面存在相互模仿、重复办节的现象。比如以旅游为主题的旅游节事活动，几乎各个省市都在举办当地的旅游节事活动，且多数旅游节事活动虽然都宣称以“旅游搭台、经贸唱戏”，但在追求经济效益的同时往往忽略了旅游资源与文化内涵的深度挖掘，大多为明星模特表演、电视旅游大使选秀、民众巡演等一些活动。

3. 节事活动运作政府干预较多，主办方力不从心，但已出现多样化的运作

模式

随着我国节事活动市场的发展，许多节事活动的策划和安排都是职能部门或者政府部门负责的弊端正逐步显现出来。大型节事活动的投入是相当巨大的，单一依靠政府投资，可能在活动开始阶段资金问题勉强能解决，但是随着活动的进一步深入，政府投资肯定不能满足实际需要。这种方式不仅给政府带来了相当大的资金周转问题，而且在政府职能部门人力资源的问题上也出现弊端。另外，政府主导的节事活动，不能很好地满足市场化的发展要求，企业的被动参与，造成节庆产品质量不高，专业性不足，参与性差，商业意味浓，绩效不够理想。

但随着我国市场经济的发展和政府职能的转换，城市节事活动已出现运作模式多样化、市场化的走势，市场规律也正在发挥着越来越强的作用。如广西南宁市政府从1999年开始举办南宁国际民歌艺术节，当年的广告集资与票证收入仅为500万元。政府从2002年起，实行政府办节、公司经营、社会参与的市场化运作机制。当年筹资总收入达2757万元，实际支出2694万元，实现收支平衡略有节余，取得了较好的经济和社会效益。两三年后民歌艺术节将全部实行市场化运作，从而率先成为我国完全市场化运作的节事活动。

4. 缺乏个性特色，公众参与度不高

虽然中国节事活动数量、类型多，但由于在节事活动理念上的缺乏或偏差，国内许多节事活动不同程度地存在着片面追求“轰动效应”的倾向，在诸如主题选择、活动内容等方面雷同现象严重，城市节庆缺乏特色，因而使得人们对时下的一些节事活动失去了兴趣。此外还有些节庆缺乏与传统文化和生活方式的连接，知名度不高，种种原因导致节庆参与者人数偏低。由于参与人数未达到理想的门槛人口，导致节庆效益不够显著。

通过对相关资料的收集整理可以发现，我国多数城市节庆参与人数一般不超过30万人次，其中5万人以内的占样本总数的35.5%；5万～10万人的占16.1%；10万～30万人的占25.8%。三者合计占总样本的77.4%。而100万人以上的仅占6.5%。对于一个13亿人的人口大国，这样的节庆参与人数远未达到理想水平。

5. 举办历史不长，呈现“节庆短路”

与西方一些具有长期举办历史的节事活动相比，我国多数城市节事活动举办届数不多，有些甚至昙花一现，只办几届便销声匿迹，从举办到停办只有几年的时间，能持续举办并发展成为国际节事活动的则更是凤毛麟角。通过对收集资料进行分析，目前我国多数城市的节事活动历史不超过4年（假设每年一届）。从节事活动届数的分布上看，节史在1～4年（届）的城市占总样本数的

60%以上，其中仅办一届的占 15.88%，二届的占 17.65%，三届和四届的分别为 13.53%和 14.12%。我国很多节事活动很快就完成了成长—发展—衰落这一过程，陷入一种“节庆短路”的怪圈。与此相比，国际上一些经典节事活动往往具有更长的历史和更丰富的内容，如西班牙斗牛节举办期已长达 4 个世纪，节间活动达到 156 项。

这也与我国城市节庆缺乏创新有关，因而真正具有一定国际化水平的品牌节事活动更不多见。值得欣慰的是，近年来我国一批大规模、高品位（档次）的节事活动正在逐步形成，如中国青岛国际啤酒节、大连国际服装节、中国哈尔滨国际冰雪节等已发展成为具有一定持久性和国际知名度的节事活动。

6. 我国城市节事活动市场呈现出季节性

我国城市节事活动在一年内的安排主要集中于 4、5 月份（春季），所占比例为 12.06%、8.61%，以及 9、0 月份（秋季），所占比例为 21.99%、18.44%，而秋季节庆多于春季，两季共计占了 60.1%。

我国节事活动的举办具有明显季节性的原因，一是我国城市节事活动的举办往往是依托于当地最具比较优势的自然资源和物产，节事活动内容受季节性影响较大。此外，春秋二季气候适宜，而秋季比春季更宜人，也是旅游者出游的最佳时间，以致许多节事活动都在春秋二季举办；二是受季节性影响较小的博览会展型、娱乐游憩型、休闲运动型等节事活动的所占比例较小。

此外我国多数节事活动的节期介于 2~10 天之间，所占比率为 60.74%，而综合性的节事活动，往往节期较长，一般为 60 天以上，所占比率为 2.5%，说明目前我国许多节事活动的影响力和范围都是很有限的，节事活动往往成了当地人自娱自乐的活动。

四、我国城市节事活动的地域分布特征

城市节事活动的产生、形成和发展，与各地的自然资源、历史文化、经济水平、旅游环境和市场发展需求有着密切的关系。城市的综合实力状况直接影响着节事活动的规模、节期和水平。我国社会经济的发展和旅游业的发展在地域上存在着较大的差异。东部地区无论是社会经济和旅游业的发展从总体水平上都远远超过了西部地区，这就导致了我国城市节事活动在空间分布上表现出东部多、西部少的不均衡格局。

此外，随着我国经济的快速发展，我国与世界各地的文化、经济、科技等方面交流越来越频繁，我国在弘扬民族传统文化的同时，也汲取了世界各国人民的文化精髓，而这些都为我国节庆的发展与繁荣提供了新的契机，我国五大节庆经济带也初现雏形。

1. 环渤海地区节事活动经济带

北京、天津等城市不仅社会经济高度发展，而且具有悠久的历史文化和发达的旅游业，该地区绝大多数城市都非常重视节事活动，甚至有的城市一年中举办的各种节事活动多达几十个。目前我国举办届数较长、知名度较高、影响力较大的节事活动主要分布在这些地区，如中国青岛国际啤酒节、北京国际文化旅游节等。

2. 长三角节事活动经济带

该地区正在形成以沿江、沿海为两翼的发展格局。南京、合肥、苏州、南通、宁波、温州、义乌、杭州等城市均以上海为龙头，各自发展区域特色节事活动。如杭州集会议、旅游、休闲三位一体的节庆定位，西湖博览会就是标志性的节事活动；宁波、温州、义乌则依托当地产业的优势举办各类节事活动，如宁波服装产业快速发展，举办了全国著名的宁波国际服装节等。各城市间的节事活动冲突虽不是太大，但长三角节庆城市之间“整合”和“联动”尚需时间。

3. 珠三角节事活动经济带

以广州为中心，南接深圳、香港，东接东莞、顺德、珠海、中山等城市，这一节庆经济带将紧密结合当地的产业、经济、文化等多方面的优势，把节庆打造成当地特色经济的名片。

4. 东北节事活动经济带

以当地独特的自然和人文资源禀赋为依托，利用好国家老工业基地的有利条件，综合展示城市旅游资源、风土人情、社会风貌、经济改革等的节事活动。如中国哈尔滨国际冰雪节、长春国际电影节、中国黑龙江国际滑雪节、中国吉林雾凇冰雪节等重大节事活动。

5. 中西部节事活动经济带

随着西部大开发的深入，将有新的突破。尤其是重庆市、四川的成都、云南的昆明、广西的桂林，近年来经济文化和旅游业的迅猛发展，为城市节事活动的开展创造了良好条件，许多节事活动已在国内产生了较大影响，如南宁国际民歌艺术节、中国昆明国际旅游节、桂林山水旅游节等。

案例　南宁国际民歌艺术节

中国自古就是以歌见长的国度，从诗经中的“歌三百”、汉乐府到唐诗宋词元曲，从封建贵族的上层歌舞到普通百姓的劳动号子，歌之历史源远流长。中华民族56个民族在上下五千年发展的漫漫历史长河，更是形成具有各自民族鲜明特色的民歌传统。而壮族民歌更是在中国民歌群葩中占据重要一席。

南宁国际民歌艺术节正是和中国民歌文化传统一脉相承，其前身是创办于1993年的广西国际民歌节，1999年正式改为现名。该艺术节由文化部社会文化图书馆司、国家民委文化宣传司和南宁市人民政府联合主办，是一个融文化、旅游、经贸为一体的综合性大型节庆活动。该艺术节一年举办一次，举办地点定于广西壮族自治区省会南宁市。

南宁国际民歌艺术节以打造新民歌、弘扬民族文化、扩大中外文化交流为宗旨。自举办以来，秉承办节宗旨，吸引了大批观众，扩大了民歌的影响，为中外民歌的创作、发展展示建立了一个越来越绚丽的舞台。

南宁国际民歌艺术节以其浓郁的民族性、强劲的现代性、广泛的国际性和高雅的艺术性赢得世界越来越多的关注，影响力日益扩大。2005年度，被全球节庆协会授予"IFEA全球行业奖"综合类铜奖，并入选"中国最具国际影响力十大节庆活动"，成为我国首次入围全球大奖的节庆活动。2007年度获得"中国节庆产业十大魅力节庆奖"和"中国节庆产业十大文化艺术类节庆奖"两项大奖，2012年，在中国品牌节庆综合类评选中再获殊荣，荣膺"2012中国节庆榜·最受大众关注民族（民俗）文化节庆"奖项。南宁国际民歌艺术节已成为中国三大国际性音乐节之一，正以一种蓬勃向上的姿态走向开放的世界大舞台。

一、南宁国际民歌艺术节的文化内涵

1. 南宁国际民歌艺术节的民族文化性

民歌，又叫民间歌曲，是一种古老的文化形式，植根于民间，植根于普通百姓的日常生活，有着深厚而丰富的时代内涵。一般认为，民歌具有自发性、民间性、口传口授性的特点，是一种纯民间的艺术形式，产生于人民群众的劳动、斗争、生活、娱乐之中，真实反映人民群众的思想感情。民歌多为集体创作，其口头即兴创作方式有很大的灵活性，众多歌手的创造，体现为民歌中集体智慧的融合。这些特征使民歌旋律呈现一种大众化色彩，并具有鲜明的民族性，是民歌最重要的特征。

中华民族的56个民族拥有古老的历史、悠久的文化和灿烂的文明，神州大地的肥沃土壤孕育了优秀民歌，古朴、悠扬、明快、美妙、悦耳，令人感动和神往。与其他艺术一样，各民族的民歌艺术同样博大精深，有着独特的魅力。壮乡广西素有"歌海"之称，壮族是一个爱唱歌的民族。在壮乡流传着一个美丽的传说：壮族的歌祖是一棵会唱歌的大树，它唱了9999年，树上的每一片叶子都是一首歌，落在河里，水就会唱歌；飘在风中，风也会歌唱，理所当然，吹山风喝河水长大的壮族人也个个善歌。其实，在壮乡，除了壮族善歌，在这里生活的众多民族，如汉、瑶、苗、侗、仫佬、毛南、回、京、彝、水、仡佬等也都是能歌善唱的民族。壮族的“歌圩”、苗族的“赶坡”、瑶族的“盘王节”、侗族的“会期”、仫佬族的“走坡”、京族的“唱哈”等都是他们传统的会歌节日，节日里他们以歌代言，以歌会友，展示出独特的民族风情和生活情趣。壮乡民歌唱法多种多样，曲调生动流畅。壮乡人具有高超的编歌唱歌本领，“歌王”、“歌匠”、“歌手”到处都有，壮族“歌仙”刘三姐更是蜚声海内外。每逢农历的三月三和九月九，壮乡各族人民都举行盛大的传统歌会，乡乡镇镇，村村寨寨，男女老少都穿上节日的盛装，或在圩场，或在青山，或围火塘，亮开金嗓，你唱我和，以歌传情，整个壮乡大地，歌声飞扬，此起彼伏，热闹非凡。

1993 年，为弘扬民歌文化传统，使广西民歌能够发扬光大，广西省开始举办“广西国际民歌艺术节”。而国际民歌艺术节之所以能够在短短几年的时间内，逐步走红，体现出强大的生命力，其根源就在于民歌之于广西，之于南宁，具有大众性、民族性、地方特色性。

如今，南宁国际民歌节已经举办十多届，每一届都在不断地进行改进和创新，但是，传承和发扬民歌文化，却始终是整个国际民歌节的灵魂。

许多优秀的民族传统文化借南宁民歌节的举办得到发扬光大。1999 年的南宁民歌节成功推出了侗族大歌，让世人耳目一新。2000 年，南宁民歌节所推出的黑衣壮山歌又一次触动了全世界的民歌爱好者的心扉。2000 年南宁民歌节开幕仪式上，来自靖西的少数民族“黑衣壮”，以那坡县壮族民歌的八种调子，(“伦”、“春牛调”、“虽敏”、“呢的呀”等曲调)，在没有伴奏的情况下，唱出《美丽那坡靓丽黑衣》、《捶布歌》，跳起了《黑枪舞》、《献红舞》。《丰收 8 字舞》、《祝寿舞》等极具民族特点的舞蹈，让世界各国的观众感受到了中华民族文化的独特之处，给观众的心灵带来了极大的震撼。不少已经濒临失传的民歌、民俗、民族器乐、民族服饰被摆上这个歌节的舞台，展现在世界各国观众的面前。南宁民歌艺术节已经成为一个中国少数民族展示本民族传统文化的重要舞台。

民歌艺术节也极大的推动了广西音乐的创作，2002 年，南宁国际民歌艺术节就有近十首广西原创作品齐齐亮相这台晚会，一曲《大地飞歌》更是唱彻了神州大地。南宁国际民歌艺术节的举办，更是引来了全国一线词曲作家对于广西民歌的关注和挖掘，一大批优秀的民歌作品如雨后春笋般在这片土地上涌现出来。

当然，我们讲南宁国际民歌艺术节具有民族性，主要原因是民歌艺术节上的民歌更多的是对传统民歌一些元素的继承、吸收和借鉴。而更为重要的是这些民歌取之于民间的社会生活，获得深厚的民族文化支撑。南宁国际民歌节上演唱的民歌多属个人创作类型民歌，如其主题曲《大地飞歌》，以及《走进西藏》等。特别是民歌最主要的文化基因并没有发生较大变动，如各民族民歌特有的旋律得到鲜明体现，观众在欣赏中很容易区分开来；民歌本身的民族性特色在服装、伴舞等方面也得到了很好的表达。南宁国际民歌艺术节晚会，无论是内容还是表现形式都坚持了广西民族文化特色的原则。舞台舞美设计上充分体现了八桂民族的文化特色，历届民歌艺术节以“铜鼓”、“凤凰”、“绣球”等代表广西特色的事物为背景装饰，突现出了显著的民族特色。2007 年，开幕式晚会舞台在继承使用“广西元素”中，开拓和引进“风生水起北部湾”为主题。舞台上 12 组大型浪花造型的立体舞美结构，最高的浪花达 25 米，使整个舞台气势磅礴、大气恢弘，既体现出海上日升的磅礴之势，又展现出广西北部湾经济圈日益崛起的辉煌未来。让观众在欣赏海上风生水起、波涛澎湃之景色的同时，又感受到广西走向大海，搏击风浪的自信。

2. 南宁国际民歌艺术节的时代性与创新性

进入 21 世纪以后，人类社会进入文化全球化和信息化时代，传统形式的民歌已不能完全适应现代社会发展的要求。随科学技术的高度发达，各种文艺形式如电影、广播、电视等“走进寻常百姓家”，使人们的娱乐形式大大增加，而演唱民歌也随之大量减少，人们的欣赏习惯发生了较大的变化。在这种背景下，民歌也面临着改革与发展的要求。这种变化与发展的一种重要标志是民歌外延有所扩大，出现了所谓的“新民歌”的形式，即按传统民歌旋律填上新词的民歌。

传承民歌，创新民歌，推举民歌，是南宁国际民歌艺术节的目的之一。为了能够与时代接轨，更好地发扬民歌文化，提高国际民歌艺术节的民众接受度，从 1999 年首届民歌节起，主创人员就致力于民歌的创新，他们大胆出击，在一些耳熟能详的传统民歌中，糅入电声、交响乐、摇滚、爵士乐、重金属等现代音乐元素，把传统音乐和最新的音乐趋势结合起来，用现代的艺术手法解读古老的民歌艺术，加上动感十足的舞蹈和闪烁变幻的灯光，借助当红偶像明星的演绎，使人有耳目一新的感觉。最具代表性的是 2000 年民歌节上，轮回和黑豹两支摇滚乐队将广西民歌《赶圩归来啊哩哩》改编成摇滚版，融入了现代气息的传统民歌顿时变得充满青春气息和时代节拍。艺术节的序曲《山歌迎客》将观众耳能熟详的歌曲《山歌好比春江水》、《只有山歌敬亲人》、《藤缠树》、《永远在一起》、《船歌》、《红水河》、《编花篮》、《赶牲灵》、《五哥放羊》等进行重新编排，经典民歌让人耳目一新，而新的曲风又为民歌的流传开拓了更广阔的空间，更多的年轻人开始加入哼唱新民歌的队伍。民歌新唱获得了很大的成功，成了民歌艺术节的金字招牌。

自首届民歌艺术节上宋祖英运用民族唱法唱响《大地飞歌》之后，每年的民歌艺术节上，《大地飞歌》的唱法都有新的艺术表现。从 2000 年周华健用通俗唱法演唱《大地飞歌》，2001年《大地飞歌》披上了摇滚的外衣，2002年赵薇、陆毅的《大地飞歌》追求青春的韵味， 2006 年是阿宝、阿幼朵、郝歌的原生态版，历届民歌艺术节正是这样不断挖掘音乐资源，使民歌焕发出新的活力。

创新是艺术发展的动力。与时俱进、贴近实际、贴近群众、贴近生活是民歌艺术最有生命力的品格，只要更多的人对民歌艺术感兴趣，只要得到群众的喜爱就是好的。尽管国内乐坛对民歌新唱持有争议，但不可否认的一点是，民歌新唱唤起了更多人对传统民歌的关注，这对民歌的传承大有裨益。正如著名作曲家徐沛东说："民歌的出路在于创新，传统民歌不能吃老本，民歌要走向现代，必须既有扎根于现代生活的执著，又有海纳百川的胸怀。很多地方都想搞民歌新唱都没有成功，没想到在广西南宁却形成了气候，并让更多的年轻人对民歌这种古老的艺术形式产生了兴趣！南宁国际民歌艺术节对民歌的创新、发展、流传有着不可磨灭的功劳！"

除了注重对传统民歌的创新之外，艺术节也注意与人民现实生活联系在一起，推出一些当今创作的新民歌，如开幕式上的《广西好》、《梦壮乡》等就是专门为民歌节而创作的。当然，经过一段时间广泛流传之后，有些新民歌形式会被逐渐地固定下来，并经广泛流传，从而成为新的"传统民歌"。如开幕式的主题歌《大地飞歌》，现在已经广泛流传，颇有些传统民歌的风味。

3. 南宁国际民歌艺术节的大众性

壮族民众对于传统民歌的喜爱，为南宁国际民歌艺术节的大众性奠定了基础。而在南宁国际民歌艺术节的举办过程中，如何保持当地民众的参与性也成为节庆组织者尤其需要注意的问题。

2003年组织者推出的"八桂狂欢游"使数以万计的市民驻足观看，许多人索性加入巡游演出的队伍，处处洋溢着一派激情狂欢的节日气氛。艺术节推出的"民歌擂台"这一项目，不收门票，不设围栏，类似于壮族的歌圩，当地的民众可以自由参加，当场献艺，激起了当地民众参与的热情。外国艺术团体来南宁后，也是与当地的艺术团体进行积极合作，与南宁的大学生们共同表演联欢舞蹈……

艺术节只有办成"老百姓自己的节日"，贴近实际，贴近生活，贴近群众，才能保持其旺盛的生命力和永恒的艺术魅力。

二、南宁国际民歌艺术节的国际化

南宁是一个热爱音乐的地方，无国界的音乐成为南宁与不同国家和民族之间相互了解的纽带，让不同文化背景的人们为了音乐和友谊走到了一起，南宁国际民歌艺术节成为一个国际性的大舞台。每年的金秋，五洲四海的宾朋都会乘着歌声的翅膀款款而来，与中国南方美丽的城市——绿城南宁相约一年一度的世界民歌盛会，汇聚一起同台献艺、倾心交流，民族的、现代的、世界的文化之流在这里汇集、交融，共同演绎出一首“盛世欢歌”。南宁国际民歌艺术节以其浓郁的民族性、强烈的现代感、开放的国际性获得了中国乃至全世界的认同。

为突现民歌节的国际性，南宁国际民歌艺术节专门为来自世界各地的歌手尽情展现各国特色的歌舞提供一个舞台。开幕式晚会、中外歌唱家演唱会、中华民歌大赛、山歌擂台赛、“东南亚风情夜”等活动不仅汇聚了我国56个民族的民间歌手，也将世界各地的艺术团体吸引过来。在“大地飞歌2007”舞台上，《重归苏联托》、意大利船歌《桑塔露琪亚》、越南的经典民歌《难忘的黑马》、吉亚卡摩·普契尼的《今夜无人入睡》、俄罗斯的《莫斯科郊外的晚上》等经典民歌，让人感受到世界各地民歌的迷人魅力。在绿城歌台上，欧洲、美洲、非洲、东南亚等20多个国家的艺术家与南宁的艺术团体共同为南宁市民表演，其中意大利那不勒斯曼陀铃乐团、奥地利幺踏拍鞋舞队、德国景泰蓝乐队为观众表演欧洲优美、幽默的音乐节目和民族特色舞蹈；美国裂谷蓝草乡村音乐组合再现美国乡村音乐的魅力；南非彩虹乐队的表演融合了传统的舞蹈及浓郁的非洲风情，久负盛名；来自亚洲的艺术团演绎浓郁的东南亚风情，泰国、柬埔寨、老挝艺术团表演神秘、高贵、经典的古典歌舞，印度、菲律宾、新加坡艺术家表演独具风情的民族歌舞；而南宁市的友好城市泰国孔敬市、印尼怡宝市、韩国果川市都派出艺术团前来参加民歌艺术节，营造了浓郁欢快的节日气氛。目前，南宁国际民歌艺术节作为国内唯一的国际性民歌节，已成为中国三大国际性音乐节之一。

2006年与中央电视台携手，“大地飞歌”作为中国艺术文化的使者，赴欧洲奥地利萨尔茨堡、德国汉堡演出，并大获成功。南宁国际民歌艺术节不仅将世界各地的民间艺术带到了南宁，也将广西民歌艺术传遍了世界。民歌是一座桥梁，它架起了南宁与全国、南宁与世界的金桥，南宁国际民歌艺术节国际化运作和推广的方式值得国内节庆活动借鉴。

三、南宁国际民歌艺术节的现代市场化运作模式

南宁国际民歌艺术节是政府牵头组织起来的活动，在成立之初，同全国其他许多节庆活动一样，采取了财政买单的方式办节。但是几年下来，财政办节的弊端逐渐显现。因此，南宁市政府主动确立了市场化发展的道路，并最终办成了企业运作为主体，充满活力的节庆活动。

南宁市政府筹办民歌节的基本运作模式是，市政府成立的组委会负责整个民歌艺术节的领导工作，组委会下设的办公室负责具体的操作工作。而为了达

到盈利的目的，在举办民歌节的过程中，引入市场机制，将民歌艺术节“分类打包”成许多商业项目，从而吸引各企业的商业赞助及广告，这成为民歌艺术节的主要财政来源。

2006年，南宁市政府为了进一步转变政府职能，不再直接参与节庆活动的运作，而是成立了一家自负盈亏的公司——南宁大地飞歌文化传播有限公司，由这家公司具体负责整个民歌节的经营性项目。公司采用现代化市场运作方式，聘请国内一流文化经纪人，将民歌艺术节打造出更多的经营性子项目，同时不断完善，增加对赞助商的回报项目。通过专业化和市场化的运作方式，如今的南宁国际民歌艺术节不仅能够实现盈利，并且在节庆内容上，也更具有创新性和国际性、民族性和观赏性。“政府办节、公司经营、社会参与”的运作模式成为南宁国际民歌艺术节成功运营的又一大法宝。

对于一个地方政府主办的新兴节庆活动而言，如何能够尽快在国内节庆活动中树立一定的知名度，成为南宁国际民歌艺术节市场推广过程中尤其需要解决的问题。对此，主办者采取了与全国性重大文化活动合办的市场推广策略。第2届南宁国际民歌艺术节同时举办了第9届金鸡百花电影节开幕式，借助于金鸡百花电影节在国内的影响力，在全国迅速建立起民歌节的知名度。在此基础之上，第3届南宁国际民歌艺术节又与第7届中国戏剧节同期举行，显示了南宁举办大型文化活动的实力和魅力。2004年，中国—东盟博览会落户广西南宁。为了达到共赢的目的，扩大南宁经济、文化的影响力，每年的南宁国际民歌艺术节改到11月份与中国—东盟博览会同期举行，至此，南宁市实现了经贸活动与文化交流活动的完美结合，而南宁国际民歌艺术节也成为国内节庆活动“文化搭台，经济唱戏”的一个良好的范例。

南宁是一座历史悠久、风光旖旎、充满歌声和诗情画意的南国名城。广西南宁的主体民族是壮族，壮族的传统文化形象是民歌，南宁市政府抓住地方民族文化特色的核心，策划了南宁国际民歌艺术节，这成为民歌节成功的关键因素。越是民族的越是世界的，传承和发扬广西民歌的办节理念，使南宁国际民歌艺术节飞向世界有了丰满的羽翼。而现代化的市场运作和营销推广方式更为南宁国际民歌艺术节的持续发展提供了一定的制度保障。如今，南宁国际民歌艺术节即将跨过十个年头，我们期待艺术节能够有更为精彩的表现。

思考题

1. 简要说明节事活动的分类方式。

2. 简要陈述国际节事活动的发展趋势。
3. 我国的节事活动在地域分布上有什么特点？
4. 简要总结节事活动运作的模式。
5. 请简要说明节事活动的操作流程。

第六章

会展场馆与城市会展产业

学习目标：

- 了解城市会展场馆的基础知识
- 掌握城市会展业发展的四种模式
- 掌握城市会展业发展的条件
- 了解我国会展城市的空间发展格局

学时安排：4学时

引　言

会展业是现代市场经济发展的产物，会展业的发展与现代城市的发展具有天然的、内在的密切联系。只要人们一提起“会展”，就自然会联想到国内外一些知名的城市。会展业不仅依托现代城市来发展，并且，成为了现代城市发展的重要推动力之一。

会展场馆作为一个城市会展业的发展载体，也是整个会展产业链中非常重要的一环，对于城市会展业的发展具有重要意义。近些年，我国各地对会展业的追捧热情却与日俱增，许多城市兴起了“会展热”，争相提出“以展促贸、以展引资、以展会友、以展兴市、以展扬名”的会展发展战略，各地掀起了会展场馆比干建设的热潮。但这种发展状况，既令人兴奋，也让人担忧，因为并不是所有的城市都可以成功地举办某个会展，都可以把会展经济作为支柱产业来发展，会展业的发展需要同时具备许多重要的条件，缺乏必然的可复制性。

第一节 城市会展场馆

会展场馆是指举办各类会展活动的场所，是城市专用于集中举办各种类型的商品展示、行业活动、会议交流、信息发布、经济贸易等活动的专门场所。会展场馆作为会展产业发展的载体，是会展行业、会展产业和会展经济赖以生存的根本，被誉为会展经济发展的火车头。城市会展业的发展壮大，归根结底都必须依赖于会展场馆这一平台的支撑。

一般来说，一个会展场馆是由一个建筑物或者由多个建筑物组成的提供会议或展览方面专业服务的综合性接待设施。随着社会的进步和发展，现代会展场馆的设施和功能日趋完善和多元。现代会展场馆除具备核心的展览服务和会议服务区域外，还包含停车场、餐厅、休息场所以及通信、娱乐、新闻、商务、住宿、其他临时办公场所、购物中心等综合性服务设施。

一、城市会展场馆的类型

1. 按照会展场馆的主要用途划分

按照会展场馆的主要用途进行划分，城市会展场馆主要可以分为三大类：

第一类是公益展示类会展场馆，主要包括城市的博物馆、美术馆、纪念馆、陈列馆、城市规划展示馆等；

第二类是商业类会展场馆，主要包括城市以商业展览和会议为主要用途的展览馆、会展中心、会议中心等；

第三类是体育文化活动类会展场馆，主要包括城市的体育场、体育馆、文化广场、文化馆、剧院、剧场等。

而本章所主要讲述的场馆是第二类商业类会展场馆。

2. 按照会展场馆的规模大小分类

如表 6-1 所示，会展场馆根据建筑面积的大小通常可以分为：小型会展场馆、中型会展场馆、大型会展场馆和特大型会展场馆。

表 6-1 会展场馆的规模

名称	建筑面积（万平方米）	占地规模典型案例
小型会展场馆	<5	温州国际会展中心
中型会展场馆	5~10	天津滨海国际会展中心
大型会展场馆	10~20	南宁国际会展中心
特大型会展场馆	>20	广州国际会展中心

3. 按照会场场馆的功能划分

现代会展场馆根据功能可以划分为三种类型：展览场馆、会议场馆和综合性会展场馆。

展览场馆是以举办展览活动为主要功能的永久性建筑物，通常具备大面积的多个展厅。会议场馆是以举办会议为主要功能的永久性建筑物，通常包括多个不同规模的会议室以及宴会厅、报告厅，并具备会议附带展览所需要的展览区域。

展览场馆和会议场馆的功能较为单一，以提供单一类型的展览服务和会议服务为主。但由于现代会展活动日益多元化、交融化的发展趋势，越来越多的会展场馆具备了多元化服务功能，以满足行业需求。

综合性会展场馆又分为会展建筑综合体和会展城。会展建筑综合体是当今较为流行的一种会展场馆类型，包含了展览、会议、办公、餐饮、游憩等多功能。而会展城是指超大规模的会展中心，若德国汉诺威会展中心。目前会展综合体是较为流行的会展场馆建筑发展模式。

二、城市展览场馆的功能布局与配置

会展场馆是专业功能性建筑，因此，为更好地实现其展览、展示和交流功能，必须具备相应的功能布局与配置。

城市展览场馆为更好地实现其展览、展示功能，一般而言，会选择单层单体式建筑风格，例如，德国汉诺威展览中心、上海新国际博览中心。

在内部功能设置上，根据我国《展览场馆运营服务规范》，需要具备以下的设施功能。

1. 展厅场地

● 装修设计应符合我国国家相应标准规定。

● 标识应规范、准确、齐全、醒目，符合国家相应标准规定。

● 设计布局应便于展品布置，宜采用无柱大空间。

● 具有一定层高，以满足较高设备的安装。

● 地面设计规格通常基于一层 5t/平方米，其他 0.5t/平方米~1.5t/平方米的负载量。

● 应设置吊点以满足悬挂结构或物件的需要。

2. 会议室

● 具有与经营规模、接待能力相适应的规格不等的大、中、小型会议室或演讲厅。

● 根据会议需求，可提供服务物品。可提供的服务用品包括但不限于：投影仪、幕布、写字板、音响设备、鲜花绿植、杯具。

3. 贵宾室

- 可根据主（承）办单位的需要提供贵宾室。
- 贵宾室宜设置单独门厅，并有独立的卫生间和服务间。

4. 出入口

- 具备展品进出和工作人员、参展人员出入的通道，应做到人流、物流分开、工作人员和参展人员分开。
- 应设置紧急出口或安全出口，出口标志必须清楚醒目，应符合国标相关规定。

5. 通道

- 宽度应考虑人流、物流、防火和安全等因素，一般主通道宽度不应小于 4.5 米，其他通道不应小于 3 米。
- 应保证畅通，不允许展品、废弃物等堆放在通道上。
- 应设置紧急通道和消防通道，并保证畅通。
- 应设置残障人士专用通道。

6. 卸货区

- 宜设在室内，或有顶棚的室外。
- 区域要足够大，以利于多辆货车同时卸货、装货，能满足 5 吨以下（含 5 吨）的火车掉头。
- 配备便于布展、撤展和货物运输的运输、装卸设备和设施。
- 货门要足够宽，能满足大型展览展示物品或货车进入展厅。

7. 停车场

- 布局合理、规模适当、设施完善，分设机动车进出口与人员通道。
- 应有规范、显著的交通指示标志，如机场进出标志、限速标志、限高标志、方向标志等。
- 应配备安全防范设备，如监控系统、防爆设备、防火设备等。

8. 商务中心

- 应配备网络、传真、打字、复印、装订、国际和国内长途直拨电话等设备。
- 应具有旅游、票务、商务咨询、零售区等服务项目。
- 保证至少有一台电脑安装英文操作系统。
- 宜配备十人以下（含十人）小型会议室。

9. 广播设施

- 应配备在展会期间播放背景音乐、展会通知及紧急事件通知的广播音响设施。

- 广播系统要有足够的声压级，声音清晰，声场均匀。
- 广播系统要有优先控制功能。紧急事件发生，消防和保卫室优先控制广播系统，强制进行应急广播。

10. 信息标志

- 应具备功能明确的指示系统，如指路标、导视牌、展示牌、展馆分布图、楼层分布图、展位分布图，并为举办单位预留展会指示系统空间。
- 标志应规范、准确、醒目。

11. 其他设备设施

- 配备数量适宜的办公室、洽谈室、展览服务中心、休息室等。
- 应配备供主（承）办单位、主场布展工程商、货运服务商、海关、商检、动植检疫、卫生检查、知识产权、公关等部门使用的临时办公场所。
- 宜配备供主（承）办单位或参展商使用的专门库房，以用于存放先行抵达的展品、资料等物资或存放车站后等待物流公司来收取的展品，也可用于存放展会期间展品的包装箱。
- 宜配备参展商用于宣传展品及企业形象的广告牌、灯箱、彩旗、充气拱门以及气球、汽艇等设施。

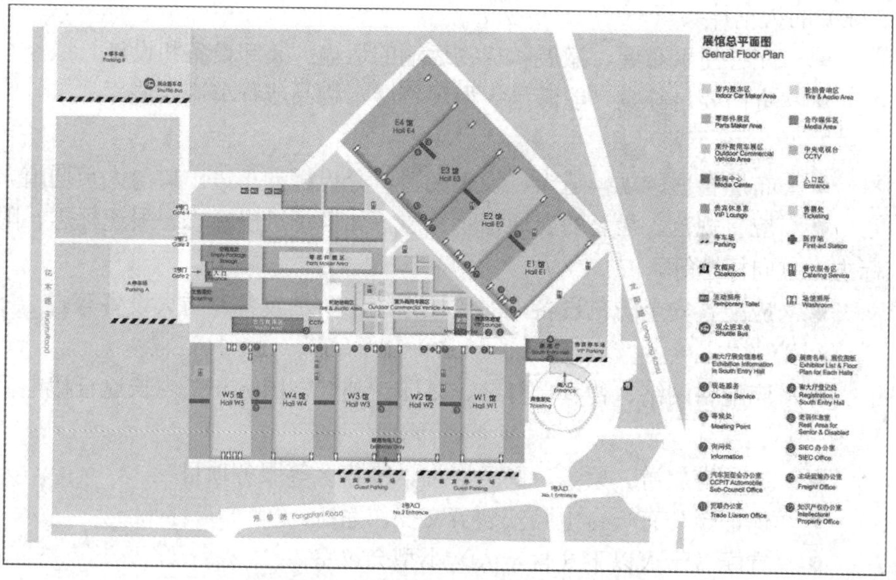

图 6-1 上海新国际展览中心展馆总平面图

三、城市会议场馆的功能布局与配置

与展览场馆相比，会议场馆更为重视提供各类规格不等的会议场地，以满足不同会议参会者的会议需求。

在内部功能设置上，根据我国《会议场馆运营服务规范》，需要具备以下的设施功能。

1. 会议场地

- 应具备与经营规模相适应的规格不等的各类会议场地，如报告厅、多功能厅、大宴会厅、中小型会议室、贵宾室等，且各类会议场地的数量、类型、功能结构合理。
- 灯具配置合理，实行分区光控，且满足可调控性要求，灯具色温应满足摄像摄影要求。
- 应具备足够的插座、网络接口、视频接口等基本设施。
- 可根据会议主（承）办单位需求提供服务物品，服务物品包括但不限于：投影仪、幕布、写字板、音响设备、鲜花绿植、杯具。
- 具有独立的温控系统。

2. 大宴会厅

- 应具备与经营规模、接待能力相适应的大宴会厅。
- 应设置序厅、衣帽间、贵宾室、音像控制室、公共化妆间、厨房或备餐间、单独的出入口。
- 宜设置隔断墙，可根据主（承）办单位的需求将宴会厅分割成至少两个独立区域。
- 宜设置大尺寸货门，且有货梯直达。

3. 中小型会议室

- 数量相当，各不同规模的会议室数量保持适当比例。
- 相邻会议室中间应设置隔音设施，避免相互干扰。
- 宜安装固定的投影屏幕和投影仪。
- 宜配备展架、挂镜线、挂钩等。

4. 贵宾室

- 可根据主（承）办单位的需要提供贵宾室。
- 宜设置单独门厅和通道，并有独立的卫生间和服务间。

5. 展览场地

- 应具有与经营规模、接待能力相适应的展览场地。
- 室内展览场地应具备一定层高，地面能够承受较高的负载。
- 展览场地内部应布局合理，标示应规范、准确、齐全、醒目。

● 能提供举办展览的相关服务，相关服务包括但不限于：展场布置、设备设施租赁。

6. 商务中心

● 应配备网络、传真、打字、复印、装订、国际和国内长途直拨电话等设备。

● 保证至少有一台电脑安装英文操作系统。

● 宜配备十人以下（含十人）小型会议室。

● 应具有旅游、票务、商务咨询、零售区等服务项目。

7. 出入口

● 分别设置货物进出、工作人员和参会人员出入的通道。

● 设置紧急出口或安全出口，出口标志必须清楚醒目，应符合相关国家标准规定。

8. 通道

● 通道宽度应考虑人流、物流、防火和安全需要等因素。

● 宜设置服务通道和客人通道。

● 应设置紧急通道和消防通道。

● 所有通道应保证畅通，不允许货物、废弃物等堆放在通道上。

● 应设置残障人士专用通道。

9. 停车场

● 布局合理、规模适当、设施完善，分设机动车进出口与人员通道。

● 应有规范、显著的交通标志，如车厂进出标志、限速标志、限高标志、方向标志等。

● 在停车场内应配备必要的安全防范设备，如监控系统、防爆设备、防火设备等。

10. 电梯

● 在人流密集区安装足够的自动手扶电梯，根据现场流量情况确定电梯运送方式。

● 合理配置电梯和楼梯组合。

● 应设置货物运输电梯，所有货物必须通过货物电梯运输，禁止用自动扶梯和客梯运送货物、设备或家具等。

● 宜设置食品专用电梯。

11. 信息标志

● 应具备功能明确的指示系统，如指路标、导视牌、会议室分布图、楼层分布图、展位分布图，并为主（承）办单位预留展会指示系统空间。

- 标志应规范、准确、醒目。

12. 其他设备设施

- 根据主承办单位的要求，配备会议室音频系统，如大屏幕投影系统、同声传译系统、电子表决系统，并预留电话会议和视频会议接口。
- 音响设备应实现无线麦克不受外部干扰，有线麦克防杂音，音响布置科学，声音均匀。
- 配备满足多种需要的专业灯光系统，可按需要配备灯架。
- 配备广告牌、灯箱、彩旗、充气拱门以及气球、汽艇等宣传设施。

第二节　会展产业与城市发展的互动关系

会展产业从发展之初，就和城市紧密地结合在一起。城市作为人口与经济的聚集中心，也是会展产业的发源地与集中地。自1851年首届世界博览会开幕之日起，现代会展业就开始向城市展现自己独特的魅力，它深刻地影响着一座城市乃至一个国家的面貌。经济全球化使中国经济与世界经济日益融合，如何利用会展产业加快城市的现代化发展，突出城市在经济社会发展中的地位和作用已成为当今我国城市普遍关注的、具有实际意义的理论和实践问题。

一、会展产业与城市发展之间的关系

1. 会展产业与城市发展是一种相辅相成的关系

从世界上看，著名的“会展之都”如德国法兰克福、美国纽约、法国巴黎、英国伦敦、新加坡、中国香港等无一不是政治、经济、金融或贸易的中心城市。此外，也有相当数量的城市是因为发展了会展产业才使得城市化进程不断提高，乃至成为著名的城市。如德国的汉诺威，意大利的米兰，我国海南的博鳌等。

2. 会展产业与城市发展是一种动态发展的关系

只有当城市发展到一定程度，会展的产生才具备前提条件，而会展业的产生和壮大将促使城市在原有基础上获得进一步的提升。展览业具有较强的经济辐射效应，可带动交通、旅游、酒店、餐饮等服务行业的快速发展，是促进地区经济和对外贸易增长的有效手段。

3. 会展产业与城市发展是一种积聚效应的关系

会展或者大型活动的举办对东道主城市来说就像是城市的外交活动，对城市的形象塑造产生积极影响，有助于形成其作为潜在旅游目的地的良好形象。尽管活动在一个相对短的时间内举办，但是由于全球媒体的关注，这种宣传效应和产生的吸引力巨大。会展在短时间内将人流、物流、资金流、信息流聚集

到举办地，成为当地、全国乃至世界关注的亮点。这种积聚性将推动举办地旅游业的快速发展，对展会举办地的知名度和美誉度会有一个大的提升，尤其发展成为名优品牌的展会，其辐射带动作用更是强大。当优秀的旅游资源和知名的会展品牌相结合，将会产生共振效应，使旅游与会展的潜力得以完全释放。如海南的博鳌，虽为名不见经传的小镇，但因“博鳌亚洲论坛”的举办而举世皆知，成为对外宣传的金字招牌。正是这一招牌，使当地的旅游业在短期内获得了快速发展，慕名参观游览的客人也络绎不绝。

4. 会展产业与城市发展是一种良性互动的关系

会展业的发展要求有相应水准的基础设施、服务设施、专业人才等城市资源与之配套。这就促使政府加快城市基础设施建设，改善城市环境，培养和引进人才，使得该城市成为人流、物流、资金流、信息流的聚集地，良好的积聚优势反过来进一步促使会展业快速发展。

总体而言，会展产业与城市发展是一种相辅相成的关系。从客观意义上来看，会展是典型的都市型产业，需要各方面因素的支持，如交通、餐饮、宾馆、旅游、人流、环境、信息、广告、服务等基础性条件，而这些因素的完善和提高又反过来推动会展业的发展。以上因素是一个城市发展的必然效应，因此，会展业与城市发展是互相促进的。会展业需要城市提供产业和服务的支撑，同时城市又从会展业的发展当中收到极大的实惠。因此，城市与会展从来就是、也必将继续保持着这种高度互动的关系。没有城市，会展业无以立足；没有会展，现代城市将大为失色。会展经济与城市发展要相互协调、共同促进、相映成辉。城市的发展水平是会展经济的基础，会展经济是城市发展腾飞的坚强翅膀。

二、会展产业对城市发展的意义

1. 城市的面包

会展业发达的欧洲流行着这样一句话：会展是城市的面包。据国际权威机构测算，会展业利润率大约为20%~25%，属高利润行业。目前，全世界每年大型会展总数超过15万个，其中国际会议约7万多个，国际展览超过8万个。2009年全球会展业直接经济效益达3800多亿美元。美国是世界上举办会展最多的国家，会展产业每年直接收入是800亿~1000亿美元。预计5至15年内，我国会展业年均增长率将保持在15%至20%左右；预计到2020年，将超过1000亿元。

2. 城市的窗口

会展不仅能满足参展者的需求，也能让本地企业和居民近距离了解最新的技术和产品。许多划时代的发明创造和新产品，如电话机、蒸汽火车、电视机等都是在展览会上首先进行展示和推广的。即使是在信息技术迅速发展的今天，会议和展览的便捷性、集中性、直观性和快速性，在新技术推广方面仍起着不可替代的作用。

3. 城市的引擎

会展活动不仅可以为会展组织者、会展场馆经营者和会展服务者带来经济收益，而且可以为会展所在城市带来大量会展参与者和国际观光客，为当地旅游、交通、运输、餐饮、住宿、翻译、广告、装潢等相关服务行业带来巨大收益。据测算，国际上展览业的产业带动系数大约为 1∶5~10，即展览场馆的收入如果是 1，相关的社会收入为 5~10。

4. 城市的名片

城市通过举办各具特色的展会，不仅实现了经济价值，而且通过这一平台，向参与展会人员充分展示了城市风貌和特色，推动了城市文化传播和城市魅力彰显，铸就了城市的品格和特性，成为一张鲜明的城市名片。一年一度的达沃斯经济论坛使只有 1 万多人口的瑞士小镇达沃斯闻名遐迩；也由于博鳌论坛，使中国海南一个小渔村因此成为世界的焦点。

三、城市会展业发展的基础与条件

会展业的发展必须依托城市的现实基础，特别是城市的产业基础、地理位置、服务基础，只有在充分考虑自身条件的前提下，才能够在城市经济发展过程中恰当、适时地促进会展业的发展。实际上，会展业与其他产业一样，有自身的产业运行规律和条件限制，对举办地有着一些硬性要求。也就是说，一个城市能否发展成为会展中心，需要具备一定的必要条件。

1. 区位与自然生态条件

（1）优越的地理位置

会展是商品、资金、技术等物流和信息流的交换和集聚，涉及参展商品、客商及观众的运送和传输，因此会展举办城市的地理位置和交通状况至关重要。区位条件是影响会展活动的重要因素之一，它一般被称为会展的“硬件”。在已有的会展城市中，绝大多数城市或抵触港口，或濒临江海，或为交通枢纽，地理位置优越，在所在国家或地区处于中心地位，我国的主要会展城市除北京、上海、香港、广州、大连等地理位置优越外，逐渐崛起的东北和中西部会展经济带的中心城市也以各自的省会城市为主，都在本地区处于中心地位，并发挥着枢纽作用。

（2）优美的生态环境

会展的生存发展与所在城市的自然生态条件是密不可分的。绿树成荫，干净整洁，空气清新的城市环境，会让人心情舒畅，提高会展活动的舒适度，增强会展城市的吸引力。一般会展城市都拥有良好的自然环境和文化环境，或风景秀丽、气候宜人，或文化底蕴丰厚、人文气息浓郁，具有较强的可观赏性。这些所谓的会展城市在成为会展中心的同时，也是著名的旅游城市，像北京、上海和香港三地都具有会展中心和旅游城市的双重功能，这三座城市在旅游资源、气候环境等方面堪称我国的城市代表，本身具有较大的吸引力，加上其他硬件设施以及人才优势等要素，使其很容易培育品牌会展，进而成为会展中心。对一些原来默默无闻的城市来讲，如果希望通过会展发展地方经济，独特的旅游资源环境是其成功的必要条件，例如，海南的博鳌，正是因其独特的自然景观和旖旎的风光，而成为亚洲经济论坛——博鳌论坛的举办地，跻身著名会展中心之列。因此，城市的生态环境条件是决定其能否发展会展业的重要条件，空气污染严重、废水横流、绿地面积稀少的城市，即使拥有较好的会展资源，也会因此而缩短生命周期，阻碍会展业的持续发展。

2. 产业与市场条件

（1）明显的产业优势

产业发展水平是会展经济发展的基础，也是构成会展城市的基本要素之一。所谓产业优势是指展览题材所涉及的产业在当地相对全国来说拥有优势。显然，产业优势有利于招展，因为招展的对象是当地有优势的产业，一个城市所在的地区，产业基础越雄厚，产业优势越明显，品牌效应就愈大，展会就愈容易吸引参展企业和客户，从而赢得声誉、扩大影响。会展企业在进行展会项目的立项策划时，应尽可能地收集相关产业的有关信息，为展会制定切实可行的战略奠定坚实的基础。例如，东莞作为珠三角地区著名的电子、服装和鞋业制造业基地，具有良好的产业发展基础，举办相关产品展会具有较大影响，并很快发展成为国际展会的举办地。

（2）便利的市场条件

销售、消费市场也是影响会展企业战略选择的重要因素。理由是：会展企业要想生存和发展，展会要想一届一届地成功举办下去，离不开大量参展商的参展。参展商能来参加一个会展活动，是因为专业观众代表了这个生产商的商品的目标市场。所以，如果展览所在地就是企业销售的目标市场或主要目标市场，那么这个城市与其他城市相比具有市场优势。和产业优势相比，市场优势对会展企业的战略选择影响更大。因为某一产业市场规模的大小，对在该产业内举办的展览会的规模会产生直接的影响。如果市场规模小，举办该产业题材的展会就会失去市场基础，展会就很难举办成功。因此，发展展览业需要有便利的市场条件。

（3）较高的城市开放度

较高的城市开放度就可以减少政策对行业发展的束缚，实现市场资源的优化配置，促进行业内资本市场的形成。因为竞争会带来压力，也会带来动力。开发会带来交流和技术引进，开放和竞争会使资源得到有效的配置。一方面，市场的开放有利于扩大展览需求。城市市场开放程度直接决定着产业的市场竞争态势，而市场竞争程度是决定展览需求大小的重要因素。市场垄断性较强的产业，不管这种垄断性是来自产业本身还是来自政府的政策，产业内企业通过参加展览会这种方式来营销自己产品的积极性就较小，在该产业内举办展览会的难度就较大；市场竞争较自由的产业，产业内企业通过参加展览会这种方式来营销自己产品的积极性往往较大，在产业内举办展览会就较易成功。另一方面，市场的开放有利于展览企业“引进来”与“走出去”，从而促进展览业的发展。只有提高国内展览市场的竞争程度，引导展览企业优胜劣汰，同时吸引外资，学习国外先进的管理理念，促使我国各城市展览企业尽快缩小与国外先进展览公司的差距，促进中国展览业整体发展。此外，我国展览企业“走出去”，也有利于展览业进一步扩大对国际市场的占有率。

3. 政治制度条件

（1）稳定的政治环境

良好的政治环境是会展业发展的最基本的条件。会展业的发展必须以良好的政治环境来保障。一个城市，只有保持政局的稳定和对社会治安的有效控制，才能吸引很多会展活动在该国举办。一个政局不稳、动荡不堪的城市无法为会展活动的正常进行提供安全保障，会展活动自然很难开展。并且，一些会展活动的举办又是政治关系协调的产物，例如，一些国家之间为了双边政治关系的改善而举办一系列会展活动，如博览会、展览会等。因此，国家、城市之间的政治关系是会展活动举办的重要制约和影响因素。比如，日内瓦以“和平之城”的形象为世人熟知，由此使日内瓦成为世界的会展中心。在日内瓦，国际组织和各种代表机构有 200 多个。

（2）开明型的行政体制

城市会展发展水平的高低依赖于政府能力的高低，这里说的政府能力，是指一个国家和城市的立法、司法以及行政部门为实现自己的职能，推动和促进会展发展而进行的各种行政活动所需要的行政本领。会展的发展要求政府不能完全依靠市场机制来调节经济活动，而是必须承担起合理配置市场资源的重任，维护会展市场的繁荣与健康。第一，指定会展业发展的“游戏规则”，维护市场秩序，即以法律、法规的方式给所有经济活动的主题确立行业规则。这种“游戏规则”必须容忍和许可各种会展活动的存在，能发挥城市的区位优势，并对会展活动提供必要的帮助和鼓励。会展活动对经济发展贡献大，具有产业化色彩的城市和地区，对大型会展活动都能采取积极鼓励措施。第二，积极利用财政、税收和金融手段对会展产业实施有效的调控。为了推动会展业的发展，政府必须利用财政、税收和金融手段，使城市财政、税收和金融制度更好地适应城市会展产业发展的要求，通过对这种制度的调整，使社会资源朝着竞争性强、成长性好及社会经济效益较高的企业流动。如果经济制度效率低下或不以效率提高作为制度安排追求的目标，则必将造成稀缺资源的浪费，从而不利于会展产业的形成和发展。

4. 科技文化条件

（1）突出的科技条件

科学技术是自然科学以及与其相关的生产技术、生产管理所构成的科学技术体系，是构成生产力实体的因素，它制约着劳动者、劳动对象和劳动工具三因素。科学技术存在于知识形态，只有与劳动者、劳动工具和劳动对象融合到一起，才能取得实物形态。在知识经济时代，科学技术发挥着越来越重要的作用。一些与科技交流有关的会展活动，都必须有充足的科技条件作保障。否则，会展就是无源之水，缺乏交易和展示对象。没有一定的科学技术水平，不可能举办一些技术性、专业性强的会展活动。例如，库班园艺博览会，就必须有园艺方面的管理技术和研究能力。因此，会展旅游受科技发展水平的影响。

（2）优越的社会文化环境

会展是在一定的社会文化环境下进行的，文化环境无时无刻不在起着重要作用，影响着会展主体、会展行为和决策。会展与社会文化环境相互依存、相互影响，会展受文化的制约，同时又对当地文化产生一定的影响。第一，会展活动受制于一个城市或地区的物质文化。在物质文化发达的城市，会展效率明显大于物质文化不发达城市。第二，会展活动受制于一个国家或城市的制度文化。国家或城市的会展体制是支配会展经济行为模式和经济利益关系的一系列行为规范与习惯。会展活动受制度文化的影响是显而易见的。它明确界定会展活动中各个经济主体的权利、责任和义务，抑制会展主体的机会主义倾向，从而降低交易成本，提高会展效益。会展人的一切会展活动和会展行为必须按照会展体制规定的规则进行，那种不按牌理出牌的会展活动，迟早会失败。第三，会展活动受制于一个城市的精神文化。会展城市所举办的精神文化主要是指勇于创新、追求成功、宽容失败、开放包容、崇尚竞争的创新文化。第四，会展活动受制于会展人的文化背景。会展人所受教育、他的文化程度，对传统文化中精华和糟粕的认知与态度都会影响到会展公司的文化，从而对会展决策和会展行为产生直接影响。第五，会展活动受制于城市市民的文化背景。在会展过程中，来自世界各地的参展商和专业观众不可避免地接触到许多城市居民，他们的生活方式、语言、服饰、活动行为等都自然地成为参展商和专业观众眼中目的地的一部分。友好的市民，文明的举止，清洁的环境，安全轻松的氛围等都是好的社会环境，都会提高参展商与专业观众的满意度。反之，则会破坏举办城市形象，影响会展规模的扩大。

5. 完备的城市设施条件

会展产业表现出极大的基础设施依赖性，一个城市发展会展业，完善的设施条件是其发展的必要条件。这些设施条件主要包括城市基础设施、城市公共服务设施、会展场馆设施等。一个城市如果没有较为完善的设施条件，就根本不可能举办大型会展活动。因此，当一个地区、城市要发展会展业，必须要加快铁路网、水网、电网、信息网等基础设施建设，完善交通设施和交通管理，建设机场、铁路、港口和公路，发展快速交通、智能交通、大型停车场。优化交通组织和换乘系统，形成各种交通方式，进出便捷、人流、物流快速集聚和疏散的现代交通格局。一个城市要发展会展业必须积极发展电讯邮政、银行、税务、海关、商检、保险、运输、贸易咨询、金融保险、商贸贸易、中介咨询、文化娱乐、房地产等城市公共服务设施，支持会展商务活动的顺利开展。会展场馆设施是发展会展业的物质依托，一个城市要发展会展业必须建设设施先进、功能完善的会展场馆，并且要加大展馆周边配套建设力度，配套建设星级酒店、商务楼宇、商业网点等项目，形成集展览、会议、商务、食宿、购物等功能于一体的多功能复合型的会展商务集聚区。

对一些先天条件相对不足的普通城市来说，如果希望通过发展会展业提升城市地位，绝不是一件容易的事情。相反，如果拥有完善的场馆、酒店、交通等硬件设施和优质的"软环境"，即使不是产业基地，不是销售、消费市场，会展企业也可能生存、发展，一个城市也可能发展成为会展中心城市。美国的拉斯维加斯是美国西部沙漠中的一座小城市，原先既无产业也无市场，完全依赖于赌博娱乐生存。因为建设了大规模的、设备先进的会展场馆，同时凭借发达的铁路、公路和空中交通运输网，以及许多豪华却便宜的巨型酒店等发展会展业的软硬件条件，很快成为美国最大的会展中心城市。

6. 强大的会展企业

会展产业的发展离不开强大的会展企业的支撑。会展企业的强大必须具有下一些条件，具体包括：

一流的会展人才。会展业在某种程度上是中介产业，从会展的筹备到开展到结束，专业会展组织者始终起着统筹的作用，控制着会展活动的方方面面，可以说专业会展组织者是会展活动展开的灵魂人物，没有高素质的专业会展组织者队伍，就没有成功的会展业。

先进的管理技术与理念。会展业不同于一般的产业，它有很高的技术含量。

尤其是在信息化时代，实现会展管理的现代化、会展设备的智能化、会展活动组织的网格化已经成了必然的发展趋势。同时会展网络营销、网上虚拟展馆、网上在线展览会都对会展技术的发展提出了现实的要求。

会展营销与推广能力。销售手段的多元化与创新要求会展企业积极有序地组织会展活动，与国际上专业的会议或展览协会保持密切的联系，成为这些协会的成员，从而取得承办其所辖的会展的资格。因此，需要会展企业具有较强的营销与推广能力。

第三节 城市会展业发展的模式

一、产业推动型

产业推动型会展发展的模式是指依托于城市的特色或支柱产业，发挥城市的产业集聚优势或市场集聚优势发展会展经济。会展尤其是商业展览会，是连接产业与市场的媒介，产业和市场是会展业发展的两大支点。有产业才能形成会展集聚展示的需要，有市场才能形成大规模的需求。要想把会展业做大做强，必须先把相关产业或市场做大做强，否则，不论会展活动如何市场化运作，要想盈利都会十分困难。产业推动型会展城市通常是地区性的会展中心，传统意义上的产业、市场与贸易形成了有机结合和良性互动，经济联系也较为广泛。这种类型的会展城市在我国的沿海地区较多，特别是在“珠三角”和“长三角”，如我国的温州、义乌、东莞、中山等。这些城市依托当地的优势产业，来举办各种类型的专业会展。比如，青岛市会展业的发展正是依托当地的产业优势。青岛拥有我国最大的家电制造业基地，涌现出了海尔、海信、澳柯玛等一批知名企业，而且作为海滨城市，青岛的海洋科技非常发达，水产品加工工业在全国乃至亚洲地区都占有重要地位。青岛啤酒历史悠久，享誉世界，被誉为青岛的一张名片。坚持“政府主导，企业参与，市场运作”的方式，青岛已成功举办了航博会、青博会、青岛电子家电博览会、APEC、ACD、韩国周、海洋节、啤酒节等十多个重大节庆、会展和外事活动。义乌作为中国知名的小商品生产中心，发挥全国小商品市场中心的优势，从1995年开始发展会展业，多年来，依托大市场，从展贸型市场培育了更高一级业态——国际性大展会，大力发展由此派生的众多专业性展会，成功建立了市场、产业与展会之间的良性互动关系，走出了一条“以贸兴展、以展促贸”的独特路子。义乌全市现有包括义乌众城展览在内的展览公司50多家，有15家国家级行业协会以及国内外知名展览机构在义乌办展，展会综合服务水平不断提高，广告、设计、搭建等专业化分工协作体系初步形成，培育和发展了文博会、旅游商品博览会、义博会、森博会四大国家级展会。据统计，2012 年义乌共举办各类会展活动 158 个，其中展览 68 个，会议、论坛等活动 90 个。商业性展览 32 个；展览面积 62.2 万平方米；参展企业 12460 家；展位数 30222 个；观众数 114.5 万人次；成交额 347.13 亿元。1 万平方米以上的展览项目 15 个。

通过依托城市的优势产业来驱动城市会展业的发展，可以形成城市自己独特的会展品牌，建立区域性的会展中心，实现传统意义上市场、产业与贸易的有机结合和互动。如顺德家用电器、家具等支柱产业和特色产业相关的各类专业展会的举办，为顺德产业的发展增添了新“马力”，成为地方经济发展的“助推器”。一方面提高了“顺德制造”在国内、国际的知名度，吸引了各地客商纷纷聚集，承接了国内外大资本的产业转移；另一方面则形成了以支柱和特色产业为主，带动服务交通、旅游、餐饮、房地产等其他相关产业发展的局面，同样产业发展又带动了当地会展业的发展，随着产业的发展，会展经济发展成熟，会展业的总体规模不断扩大，实力不断增长，品牌效应更加明显，从而形成会展与产业发展的良性互动。

二、人文、旅游环境驱动型

就国际上的一些会展城市来看，会展中心城市在长期发展中有两种现象：一种是像纽约、巴黎这样会展城市，它们有强大的经济实力和高度现代化的城市设施。另一种是有人文、生态、旅游资源优势的城市。如瑞士达沃斯等，这种类型城市会展业的发展主要依靠其城市独特的人文环境、高品位的旅游资源；并有大型节庆吸引。

从旅游与会展的关系来看，二者紧密联系、相互渗透，它们能够而且必须实现有效对接。服务对象的异地流动性（包括异地消费）是其互动的基础。会展为旅游带来数量可观的客源，并创造更多的市场机会。旅游为会展提供配套服务，并增强会议或展览会的吸引力。通过依托城市的人文、旅游环境来驱动城市会展业的发展，形成自己独特的优势，完善会展业发展的相关配套，遵循会展市场的多要素、多种产业融合的特点，按照跨区域、多向扩展的运作规律和方式，开展多层次、多种类的会展活动来不断创造商机，吸引投资，进而拉动其他产业发展，形成一个以人文、旅游资源为主题的会展活动的核心经济群体。这类城市会展业的发展，一方面要以旅游业为突破口，实施会展和旅游的互动，会展业和旅游业是一对互动性比较强的产业，会展业发展必然促进旅游业发展，在旅游形式和内涵上加以扩展；而旅游业的发展，延伸了会展业的产业链条，促使会展产业的客户服务一体化、一站式，更有竞争力和亲和力。另一方面强调从会议做起，通过举办大型的国际性会议或节事活动，提升城市知名度，并整合城市的强势经济、产业适当地举办相应规模的经贸展。这样更多地在把握国际、国内会展城市发展趋势基础上，坚持与本地区经济发展战略目标和形象定位相结合，坚持与本地优势资源培育相结合的发展思路。

许多城市会展经济的发展模式属于这种类型。如杭州作为全国著名的风景旅游城市、历史文化名城，风景秀丽文化沉淀深厚，杭州市是全国较早的对外开放城市，对外开放程度较高，利用其得天独厚的旅游资源和良好的经济环境，大力实施“旅游西进”战略，观光旅游由此迅速发展，会展商务业、休闲度假业及相关产业也明显提升，基本形成观光、会展、休闲“三位一体”发展的产业格局。在杭州，以西湖博览会为龙头的商务会展业初具规模，基本形成了以政府为主导，以企业为主体的市场化运作机制。2012 年，以《杭州市“十二五”会展业发展规划》中提出的“打造最具魅力的国际会议目的地”为目标，杭州成功举办第十四届西湖国际博览会，以“品质西博，幸福杭州”为主题，坚持“品质至上，内容为王，服务发展，注重实效”的原则，共举办 130 个会议、展览、活动项目，实现贸易成交额 221.34 亿元，协议引进外资 10.55 亿美元，协议引进内资 202.04 亿元。2012 年，杭州共举办展览 193 个，其中国际展览数量 35 个，展览总面积达到 201.8 万平方米；单个展览平均展览面积约 10456 平方米。市会展协会所属会议场馆共承接各类会议 9260 个，其中国际会议 535 个。据中国会议酒店联盟统计，杭州市会议产业已在全国大中城市中位列第三。

除杭州外，大连也是人文、旅游驱动型会展经济模式。大连市具有较好的城市禀赋，是我国第一批优秀旅游城市，是我国历史上唯一获得联合国环境规划署环境保护“全球 500 佳”称号的城市，在国际和国内有着良好的城市形象和日益提高的知名度；是中国北方最具开放色彩、最具活力的城市之一，在城市竞争力、发展环境、城市建设和城市美化、城市“真实发展能力”等方面，均在全国各大城市名列前茅，大连口岸城市的功能不断强化，城市经济实力不断增强，提升了对周边国家和地区的影响力和对广阔腹地的辐射力；而大连也具有较为完备的基础设施和比较发达的第三产业，海、陆、空运输便捷，宾馆接待能力强。

大连会展业发展的定位是：大连会展业以创建区域性国际会展名城为目标，充分发挥口岸优势、区位优势、产业优势和开放优势，以国际化、专业化为发展方向，坚持走自我壮大与国际合作相结合的路子，通过政府引导、行业规范、政策扶持、外引内联、国际合作，争取用 5 年到 10 年左右的时间，使大连成为具有先进、完善的会展设施和较高管理及服务水平，以大中型国际专业展会为支撑骨干，频繁举办各种大型商品展示、经贸洽谈和信息、技术交流活动和国际会议，在国内外有较高知名度和影响力的重要会展城市，以展扬名，以展会商，以展聚财，以展兴市。

三、产业和市场优势双驱动型

这种类型会展城市的主要特征是城市经济基础好，市场需求和供给完善；产业基础和市场化程度都相对发达、开放程度高；会展业的发展主要依靠其齐备的产业门类、发育充分的市场和城市较强的经济实力。此外，这些城市信息和技术交流畅通，基础设施完善，会展服务较好。这种产业和市场优势双驱动型的会展城市也主要集中在“珠三角”和“长三角”以及一些北方的经济发达地区。产业优势是指当地相于对全国来说会展题材所涉及的产业拥有优势。市场优势是指商业会展活动作为企业促销的形式或手段之一，会展所在地就是企业销售的目标市场或主要目标市场。显然，产业优势有利于招展（组织参展商）。而市场优势有利于招商（组织买家）。

广州是国内重要的大会展中心城市之一，会展的数量，展场使用面积，名展大展的规模和影响，都在全国名列前茅。广州是广东的省会，华南地区的中心城市，它的会展业基础不仅基于本身，而且基于整个华南大市场，广州会展业的繁荣和华南地区尤其是广东的经济息息相关，所以广州会展业如此繁荣自然有其原因。一个会展的成功可能取决于组织者的主观努力或偶然因素，但整个地区会展业能够繁荣则必有其深刻的客观因素。广州会展业发展的动力模式主要归结于它的产业和市场的双重优势。

从产业优势看，广东是经济强省，外贸出口总额、工业总产值和社会消费品零售总额 3 项指标占全国比重高。广州会展业的基础建立在珠三角强大的经济发展之上。优势的产业造就了优势的会展：广东电子及信息制造业产值连续 9 年居全国第一位，于是广州有了华南地区最大的计算机、网络及通信设备展；广东化妆品产量和销量均占全国 1/3，所以广州有全国最大的美容美发化妆品展；广东家具业产值占全国 1/3，出口占 2/3，遥遥领先于各地，因此广州的家具展是全国最大的。和产业优势比，市场优势对会展业的促进作用更大。对广州来说，消费（此处所指的消费乃广义的消费，不仅包括生活资料的消费，而且还包括生产资料的消费）和投资、出口一样是推动广州乃至广东地区经济持续增长的重要原因之一。广州及周边地区经济总量大，既是国内甚至国际的轻加工业制造基地，又是国内对外贸易的窗口，生产资料市场和消费品市场巨大。如有“中国第一展”之称的广交会，历经五十多年的发展，成为全国展出规模最大，到会客商最多，国际化程度最高的展会。这意味着广州乃至整个广东省有一个巨大的消费市场，来自全国乃至世界各地的参展厂商，容易在这里找到他们的买家或者说专业观众，而这不是基于产业优势而是基于市场优势。市场优势和产业优势有一定的关联性，两者常常相互依存、相辅相成，共同驱动广州会展业的迅速发展。因为广州乃至广东省的工业结构以轻工业为主，而轻工业的增长主要是由消费拉动的。巨大的消费需求刺激了轻工业的增长，而轻工业的发达又为消费创造了很好的条件。会展也具有这种相互作用。

通过依托城市的产业和市场双重优势来推动城市会展业的发展，而这种类型的城市最适宜举办大型经贸类的会展项目，实现城市经济与会展业的有机结合和互动，并向区域的中心会展城市过渡。但同时这种类型的会展城市在未来的发展中还应“依托产业、服务产业、发展市场”，积极整合现有会展市场资源，发挥一些已有展会的示范、辐射、带动作用，努力打造品牌展会，积极培育和引进在当地具有优势的展会项目，特别是国际性的品牌专业展，来不断增强其对周边地区的辐射和影响力，使之成为专业特色明显的具有较强竞争力的展会，以不断发展和繁荣本地的会展市场。同时加强市场指导，规范市场运作，营造良好的会展业环境。逐步实现现行由政府或部门为主组织承办会展活动向市场化运作转变，通过行业协会，制定和建立行业规则及各项规章制度来实现对会展市场的协调和监管：培育市场主体，培养会展人才，形成行业自律机制，提高行业整体素质，充分体现市场化管理的特点。在展会项目的具体操作和经营上，充分发挥企业的市场主体作用，政府支持，企业承办，自负盈亏，自我发展。以市场化的机制、专业化的队伍、国际化的标准来运作会展项目，从多个层面上增强城市会展业发展的动力。

四、城市综合实力驱动型

会展业的发展与城市产业结构、经济实力、市场条件、开放和市场化程度、基础设施建设和服务贸易发达程度等综合因素密切相关。一般来说，综合实力驱动型的会展城市必须具备以下几个基本条件：一是综合经济发达、经济辐射能力强；二是区域条件优越，交通十分便捷；三是科技、文化都比较发达，在全国或国际上有较高知名度；四是对外开放度高；五是有发达的会展硬件设施和相关的会展服务业。它们具备了前面三类会展城市的所有动力要素，以人流、信息流、资金流、技术和文化等为载体，通过以大流通为特征的城市综合实力正是驱动其会展业发展的关键因素。

目前，我国香港、北京、上海的会展业就呈现出这种特征。香港位于亚洲的战略位置，国际化程度高，东西方文化在此交汇融合，又是国际上具有影响力的商业和金融中心，有明确的贸易法规、国际的经销网络及简单的税制，也是东西方的交通及通讯枢纽，并且具有先进完备的基础信息设施和高效率营运，因此，香港是亚太地区重要的会展中心之一，并被誉为国际会展之都。北京是我国综合实力最强的城市之一，是我国的政治、文化和国际交流中心，北京发展会展业，具有明显的优势。第一，经济综合实力强。第二，会展需求强劲，服务贸易占全国的 15%，是重要的市场中心。第三，组织资源充分。北京中央国家机关、大型国有企业总部、跨国公司在华总部云集，权威机构集中，聚集了大量国家级科学技术研究机构、组织，以及一批产业领域的前沿研究者，具备了发展会展业的组织基础。第四，北京拥有大量的全国性机构和重要的行业协会。第五，北京的会展设施齐全，设施条件较好。北京是中国会展城市发展较早，品牌展览会最多、最有影响的城市之一，如北京科博会、机械展、服装展等，我国得到 UFI 认证的国内展览会多数都在北京。据中国会展经济研究院陈泽炎副会长发布的《2012 年中国展览数据统计报告》显示，2012 年北京市共举办各类展览会 422 场。与二线城市相比较，北京、上海等城市综合实力驱动型会展城市的会展业更加突出国际化，会展业发展走向深入，其中北京在其出台的相关政策中明确提出，要着力打造国际高端会展中心集聚之都。 上海是中国大陆经济、金融、贸易和航运中心。由于区位优势得天独厚，基础设施完善，服务业发展迅速，上海成为我国会展业发展领头羊。进入 21 世纪，上海会展业蓬勃发展。众多国际知名企业在上海安营扎寨。APEC 会议、工博会、国际商会年会、财富 500 强论坛，一个个高层次的国际会议和展会先后在上海举行，为上海赢得了国际会议中心的声誉。现在，每年上海举办的国际性展会数量已经接近德国，上海正在成为中国展览业最为繁荣的城市之一。

第四节　世界知名国际会展城市

会展城市根据依托优势会展资源的不同，可以分成综合型会展城市、展览型会展城市和会议型会展城市三类。

一、综合型会展城市

这类城市综合实力强，城市政治、经济、文化、社会、旅游等方面的综合优势给会展业的发展以强大的综合实力支撑。如表 6-2 所示，世界会展名城一般都在国际或一定的区域范围内在政治、经济、文化等方面一般都拥有核心或中心的地位。例如，法国的巴黎作为法兰西共和国首都，素有“世界花都”之城，其不仅是法国的政治中心、经济中心和金融中心，其文化影响力影响整个欧洲并遍及世界。巴黎同时还是世界第一旅游目的地城市。以这些综合实力为基础，巴黎的会展业全面发展。巴黎有国际会议之都之称，其每年举办的国际会议占全球会议市场的比重超过 2%。2010 年，巴黎举办了 959 场国际会议。巴黎的展览业也相当发达，巴黎市内有 10 个会展场馆，共同整合成“巴黎展览馆集团”。每年，巴黎举办的展览会超过400余个。法兰克福是欧洲的金融中心，此地的展会传统已逾750年。自1948年法兰克福一直是全球展会界业绩最佳的城市之一。展会重点除消费性商品外，也跨足服务业。法兰克福的国际汽车展（IAA）亦甚受瞩目。展会公司名为Messe Frankfurt GmbH。从世界各地到德国的游客，十有八九都从法兰克福机场入境。它是欧洲重要的国际金融中心，是德国商业和制造业的中心。法兰克福还是国际展览中心和国际会议中心，每年至少有5万个会议在这里召开。它也是世界图书业的中心，世界最大规模的书展在此举行。

表6-2 世界会展名城政治经济文化地位一览表

城市	政治	经济	文化
纽约	联合国总部	国际金融中心	国际文化和艺术中心
巴黎	法国首都	法国和欧洲金融中心	欧洲文艺复兴的摇篮
伦敦	英国首都	国际金融中心	国际文化和艺术中心
东京	日本首都	国际金融中心	亚洲文化交流中心
慕尼黑	巴伐利亚州首府	德国经济中心城市	德国传统文化中心
法兰克福	德国西部大城市	德国及欧洲金融中心	欧陆文化中心
柏林	德国首都	德国经济中心城市	欧洲文化中心
米兰	伦巴第大区首府	意大利“经济首都”	欧洲文艺复兴的摇篮
维也纳	奥地利首都	欧洲公司总部集聚地	欧洲历史名城，音乐之都
哥本哈根	丹麦首都	丹麦经济中心	北欧文化中心
日内瓦	国际组织集聚地	国际化程度最高之城	欧洲文化艺术之城
布鲁塞尔	比利时首都	欧洲金融中心	中古世纪文化中心
迪拜	阿联酋首都	世界转口贸易中心	国际文化和艺术中心
新加坡	城市国家	国际金融中心	东西方文化交融处
首尔	韩国首都	韩国经济中心	韩国文化艺术中心
香港	中国特别行政区	国际金融中心	东西方文化的交汇处

二、展览型会展城市

有些城市尽管综合实力不是很强，但是在展览业方面成就比较突出。评价一个城市展览业的实力有三个维度。第一个维度是举办的展览会的总体数量，可以以展览会的数量和展览会的总面积为评价标准。第二个维度是这个城市会展场馆的总展览面积。因为会展场馆是展览会举办所赖以生存的物质载体。第三个维度是城市展览组展商的综合实力。国内学者依这三个维度为基础对国内外的会展城市进行了综合实力的比较。如表 6-3 所示，会展城市根据综合实力的差别，可以分成国际会展一线城市、国际会展二线城市和国际会展三线城市。其中，国际会展一线城市的综合实力好。国际会展二线城市又可以分成三类：会展业发展基础相当好且市场运行质量相当高的城市、会展业基础设施相当好且运营能力相当强的城市、会展市场运营质量相当高且运营能力相当强的城市。国际会展三线城市是指在以上三个维度中其中一项发展比较好的城市。

在业界被誉为“世界展览之都”的汉诺威市，是展览型会展城市的典范。汉诺威市是德国下萨克森州首府，北德重要的经济文化中心。它濒临中德运河，位于北德平原和中德山地的相交处，又处于巴黎到莫斯科、北欧到意大利的十字路口，是个水陆交通枢纽。二战之后，汉诺威在经历了二战的盟军轰炸之后已是满目疮痍，超过 85%城区几乎全部被夷为废墟，整个城市经济处于崩溃的边缘。这点也让当时占领汉诺威的英国军政府头疼不已，最终他们选择了举办一次工业展览来振兴当地经济。而这一展览的地点———联合轻合金工厂原址，便是现今的汉诺威博览中心。这一次展览对于汉诺威来说是发展的天赐良机，其首要效应体现在对于城建的拉动效应。因为要办工业展，汉诺威对战后废墟的清理速度远远高于德国其他城市，而相关的城市规划也从一开始就打上了为展会服务的烙印。

此外，由于工业展览会而催生的出口贸易重塑了汉诺威的经济自主。据资料显示，在 1947 年的第一届工业博览会 21 天展期中，观众即超过了 73 万人次，1300 名展商总共签订的订单及商业合约多达 1934 份，合计金额 3160 万美元。

汉诺威会展业的蓬勃发展也离不开汉诺威展览公司多年的成功经营。从 1947 年举办第一届工业博览会至今，汉诺威展览公司已发展成为世界第一大展览公司。目前它负责协调和筹备在汉诺威举办的所有展会，每年平均承办的国际展会二十多个，几乎月月都有一到两个大展览。在 20 世纪 80 年代，从工业博览会起，汉诺威展览公司就一直在进行展会细分工作。将各领域的展会拆分，这样不但目标性更强，也更利于行业内交流。例如，著名的信息通讯及办公室自动化博览会（CeBIT 大展）即是 1986 年从工业展中剥离出而单独举办。目前已经是全球电子信息领域第一大展。而汉诺威乃至德国的信息产业也随之蓬勃发展至今，成为全球瞩目的力量。2000 年，汉诺威举办了世博会。

表 6-3 国际会展城市综合实力一览表（以展览为评价标准）

会展城市级别	特征	城市名称
国际会展一线城市	综合实力好	法兰克福、汉诺威、巴黎、杜塞尔多夫、科隆、米兰、慕尼黑、巴塞罗那、柏林、博洛尼亚、巴塞尔、纽伦堡
国际会展二线城市	会展业发展基础相当好且市场运行质量相当高的城市	广州、莫斯科、拉斯维加斯、芝加哥、上海、北京、维罗纳、深圳、里米尼、莱比锡、埃森
	会展业基础设施相当好且运营能力相当强的城市	伦敦、里昂、伯明翰、马德里、乌德勒支、斯图加特
	会展市场运营质量相当高且运营能力相当强的城市	香港
国际会展三线城市	会展业基础设施相当好的城市	瓦伦西亚、奥兰多、曼谷、亚特兰大、巴里、布尔诺、休斯顿、罗马、布鲁塞尔、波兹南、南京、毕尔巴鄂、沈阳、日内瓦、新奥尔良、帕尔玛、新加坡
	会展市场运行质量较高的城市	范堡罗
	会展运营能力较强的城市	东京、纽约、阿姆斯特丹

资料来源：根据《世界会展城市实力报告》整理而成。

说明：本实力报告以各个城市的展馆展能、商展规模、组展商实力三个评价指标为标准，综合评价得出结果。本评价指标着重考察的是城市展览产业的综合实力。

三、会议型会展城市

会议型会展城市是指会展资源主要依托当地会议而发展兴起的会展城市。世界知名的会议型会展城市如瑞士的达沃斯和我国的博鳌。会议型会展城市与其他类型的会展城市相比较，多是自然资源较为丰富并具有特色，具有强烈旅游吸引力的国家和地区。达沃斯位于瑞士东南部格劳宾登州（Canton Graub ü nden ）格里松斯（Grisons ）地区，靠近奥地利边境，是阿尔卑斯山系最高的小镇，海拔 1529 米。达沃斯坐拥在高山积雪、茂盛山林和山谷湖水间，自然环境优美。最早达沃斯是靠空气出名的。19 世纪时，肺结核还是不治之症，到此寻求政治庇护的德国医生亚力山大（Alexander Spengler），发现达沃斯因为海拔高，四面环山，空气干爽清新，对保健有极大的帮助，也是各种肺病患者最佳的疗养地。达沃斯因而也被称为健康度假村。当时城里的医院鳞次栉比，今天当地的很多酒店就是由医院改建而成的。但达沃斯在医学界的地位不减当年，每年仍有不少国际医学大会在这儿举行。1877 年，欧洲最大的天然冰场建成，世界级的选手都在这里训练。此外达沃斯还有一座冰雪体育馆。每年这里的国际赛事不断。1900 年以后，客户们更为注重休闲和体育运动。达沃斯也因此建设了许多相关设施：世界第一条雪橇道、第一条滑雪索道、第一个高尔夫球场，等等。在这几十年里，达沃斯不时地根据需要改变着自己的面貌，并一直是阿尔卑斯地区旅游的先驱。冬天旅游旺季的发展也完善了夏季旅游，达沃斯很快成为一个全年旅游胜地。1969 年，达沃斯会议中心建筑部分建成这也是达沃斯迈向新领域的一个开端。从那以后的 40 年中，达沃斯不仅承办了许多会议，更使一些世界知名会议在这里安家。其中最著名的是世界经济论坛（WEF）冬季年会，自 1970 年以来都在达沃斯举办。近几年，随着我国国际地位的上升，世界经济论坛夏季在我国举办。我国海南省的博鳌原来也只是一个小渔村，后来因为举办博鳌亚洲论坛，而发展成为国内外比较知名的会议城市之一。

第五节　中国会展城市发展

一、中国会展城市发展的格局

改革开放以来，中国会展业以各大城市为依托快速发展，初步形成了珠三角会展城市群、长三角会展城市群、京津唐会展城市群、东北会展城市群和中西部会展城市群等五大会展城市群。五大会展城市群各具特色，梯次发展，基本上反映了中国会展业发展的整体格局。

1. 以广州为中心的珠江三角洲会展城市群

珠江三角洲会展城市群以广州为中心，以深圳、珠海、东莞、顺德、厦门、南宁等珠江沿岸城市为辐射圈，珠江三角洲地区依托毗邻港澳的区位优势，是中国改革开放的先行地区，政策开放，经济发达，也是新中国会展业发展最早的地区。会展经济最活跃的地区，会展设施齐全，会展品牌影响大。珠江三角洲会展城市群中，有总投资 50 亿元人民币，建筑面积 395000 平方米，亚洲最大的中国进出口商品交易会琶洲展馆，有建筑面积 280000 平方米的深圳会议中心；有占地 33 万平方米的东莞现代国际展览中心，有建筑面积 155500 平方米的南宁国际会展中心；有建筑面积 230000 平方米的厦门国际会展中心。创办于 1957 年的中国进出口商品交易会（广交会）素有“中国第一大展”之称，规模大、层次高、国际化程度高、参展效果好，在国内外享有盛誉。创办于 1996 年的珠海中国国际航空航天博览会已成为具有重大国际影响的品牌展会。此外，顺德国际家电博览会、虎门国际服装交易会、深圳中国国际新技术成果交易会、南宁的中国东盟国际博览会、厦门对台出口商品交易会等众多品牌展会，在国内外都有很大影响力。广州已连续三年荣膺“中国最具活力会展城市”称号，是中国最具影响力的三大会展城市群之一。

2. 以上海为中心的长江三角洲会展城市群

长江三角洲是中国经济最发达的地区，以占全国 1%的土地，6%的人口创造了占全国 20%的国内生产总值，雄厚的经济基础，完善的社会公共服务体系，推动长三角会展业快速发展。一个以上海为中心，包括杭州、南京、宁波、苏州等众多城市的会展城市群迅速崛起。无论是上海、杭州、南京等大城市，还是台州、金华、无锡、徐州等中等城市都建设起设计合理、气势恢宏，具有国际水平的大型会展场馆。长三角地区会展场馆数占全国总数的 24.1%，长三角地区举办的会展数占全国的 30.3%。长三角会展城市群已成为中国发展最快、潜力最大、国际著名会展公司进入最多的地区。特别是 2010 年上海世博会的成功举办所形成的长三角“会展世博园”，更是推动长三角会展城市群由“国家级”向“世界级”发展。

3. 以北京为中心的京津唐会展城市群

京津唐会展城市群，以北京为中心，以天津、唐山、石家庄等城市为重点，交通发达，科技力量雄厚，拥有各类科研机构近千家，高等院校上百所，科技人员 150 余万人。首都国际机场是全国最大的客运航空港，北京火车站是全国最大的火车站之一。特别是北京作为中国首都、全国政治经济和国际交流中心，在国内外有巨大影响，发展会展业具有得天独厚的优势。京津唐会展城市群中的北京、天津、河北三地共有各类场馆 23 个，建设面积超过 100000 平方米的展馆 4 个。它们是中国国际科技会展中心，建设面积 120000 平方米，北京国际会议中心，建设面积 270000 平方米，国家体育馆，建设面积 258000 平方米；如中国国际展览中心新馆，建设面积 200000 平方米。北京的品牌展会众多，如中国国际服装服饰博览会、北京国际工程机械展览与技术交流会、北京国际印刷技术展览会、中国国际石油石化技术装备展览会、中国国际纺织机械展览会等都是获得国际展览联盟（UFI）认证的品牌展会。UFI 认证是国际通行的高质量展会的标志。北京会展业发展早、规模大、专业化程度高、辐射带动作用大，尤其是国际会议数量和规模都名列全国之首。在国际大会与会议协会（ICCA）2010 年公布的国际会议目的地城市最新排名中，北京是中国唯一进入前 10 名的城市。北京对京津石唐等会展城市产生很大的溢出效应，在北京的带动与辐射作用，天津、石家庄、唐山、廊坊等其他城市的会展业快速发展，京津唐会展城市群与长三角会展城市群、珠三角会展城市群一起构成了我国最重要的三个会展业城市群。

4. 以大连为龙头的东北会展城市群

东北会展城市群涉及东北三省，主要会展城市有大连、长春、沈阳、哈尔滨等，大连会展业起步早，1992 年大连市已将会展业列为重点扶持产业之一，并于当年建成现代化的大连星海会展中心，以成功举办中国（大连）国际服装纺织品博览会等国家级专业展会为代表，大连会展业逐渐进入成熟期，并以此奠定大连作为东北会展城市群的龙头地位。

长春依托自己的优势产业，努力打造中国长春国际汽车博览会等专业品牌展会；沈阳作为东北重要的工业基地，努力打造中国（沈阳）国际制造业装备博览会等专业品牌展会；哈尔滨依托边境优势，大力发展边境贸易会。虽然东北会展城市群已有若干自己的品牌展会，具有一定数量的会展场馆，基础设施比较完善，但无论是展会的数量，还是会展场馆的规模，或是作为会展城市的影响力，与北京、上海、广州这些国内一流会展城市相比，仍然有不小的差距。

5. 以成都为中心的中西部会展城市群

中西部会展城市群以成都为中心，以重庆、郑州、昆明、武汉等城市为重点。随着中西部地区经济的迅速发展，近年来，中西部会展城市群发展很快，已建成建筑面积 21000 平方米的成都国际会展中心，建筑面积 166800 平方米的郑州国际会展中心等一批大型会展场馆；形成了成都中国西部国际博览会、中国重庆高新技术交易会、郑州全国商品交易会暨消费品博览会、中国昆明进出口商品交易会等自己的品牌展会。

但是从总体来看，中西部会展城市群的会展业大都仍处于创建阶段。随着中西部大开发的进一步推进，中央提出的中西部崛起计划的逐渐实施，中西部会展城市群将突破发展制约，实现新的崛起。

二、中国知名会展城市介绍

1. 上海——国际大都市型

上海是中国大陆经济、金融、贸易和航运中心。由于区位优势得天独厚，基础设施完善，服务业发展迅速，上海成为我国会展业发展领头羊。进入 21 世纪，上海会展业蓬勃发展。众多国际知名企业在上海安营扎寨。APEC 会议、工博会、国际商会年会、财富 500 强论坛，一个个高层次的国际会议和展会先后在上海举行，为上海赢得了国际会议中心的声誉。现在，每年上海举办的国际性展会数量已经接近德国，上海正在成为中国展览业最为繁荣的城市之一。

2. 深圳——技术高地型

深圳会展业有着辉煌历史。早在1988年，深圳就举办全国首届荔枝节。此后10年间，深圳会展业迎来了第一个黄金期。期间深圳平均5天举办一场展览会，汇聚着全国人流、物流和信息流，带动整个深圳社会经济的发展。1999年"高交会展览中心"正式开业，同年10月第一届"高交会"取得完满成功。目前，除高交会、文博会等综合性展览外，深圳各行业协会等展览主办机构开始崭露头角，举办的展览会涵盖了钟表、珠宝、服装、家具、电子等数十个领域。

3. 广州——开放窗口型

广州市是我国会展业起步较早的城市。从1957年开始，"中国出口商品交易会"（广交会）就在广州举办。广交会是广州的一张名片，依托广交会的影响力，广州会展业得到蓬勃发展。近年来，广州会展的数量、展馆使用面积、名展大展的规模和影响都位居全国前列。截至2008年底，全市展馆面积约78万平方米，专业展览场馆面积按单一城市计算已居世界前列。

4. 成都——区域枢纽型

成都处于中国西部中心位置，进入成都，就意味着进入了一个拥有3亿多人口的西部市场。成都1987年承办第一届全国糖酒商品交易会。2003年，成都提出要建设辐射全国、面向世界的"会展之都"，会展业进入加速发展期。西部国际博览会、全国体育用品博览会、全国电子产品展销会等一系列国家级展会相继在蓉举行。2008年，成都被中国贸促会列为中国五大会展中心城市之一。

案例　广州会展业的发展条件分析

1. 拥有会展业发展所需的市场基础

首先，广州商贸业基础牢固。从历史轨迹来考察，广州历史上多次一口通商，以千里商都闻名中外。1850年左右，广州靠商贸业在世界城市经济十强中名列第四。而商贸业与会展业有紧密联系。所以说，从"金山珠海，天子南库"的十三行到"中国第一展"广交会，从"海上丝绸之路"到国家中心城市，其发展始终与会展紧密相连。

其次，广州经济基础雄厚。广州产业体系完整、行业门类齐全，第三产业尤其突出，在国内排第二位，占GDP比重超过60%。连续二十多年都是国家第三大经济城市。社会消费品销售总额也稳居全国第三位，2010年全市实现社会消费品零售总额突破4000亿元，并荣登福布斯"2010中国大陆最佳商业城市榜"榜首。经济繁荣推动了会展业的发展。

最后，广州展览业领先全国。拥有"中国第一展"（中国进出口商品交易会）；

拥有中国国际中小企业博览会、广州博览会，以及汽车、照明、塑料橡胶、设计、机械装备、美容美发化妆品、家具、建筑装饰、酒店用品、鞋类皮革等享誉国内外的品牌综合展和覆盖29个门类品牌的专业商贸展。

目前广州正在全力打造国际商贸中心城市，强化商务会展业等现代服务业主导功能，这将为会展业发展打下更扎实的市场基础。

2. 拥有会展业发展所需的政策环境

2008年12月，广州市政府常务会议确定市经贸委为全市会展业主管部门，调整成立了由市经贸委等24个部门组成的广州市会展业管理领导小组，强化了推动全市会展业新一轮科学发展的组织保障。

会展业管理领导小组先后召开多次工作会议和全体会议，从健全机构、理顺体制、出台政策等几个方面作了系统性部署。2009年8月出台《广州市展会知识产权保护办法》，为维护广州市会展企业权益、保障会展知识产权、规范会展市场秩序作出了具体规定。2009年12月经广州市政府常务会议讨论并原则通过《广州展会管理条例》，该条例主要涉及规范对象、政府角色定位、对展会的监督管理措施、对展会市场主体的规范、关于重复办展及保护品牌展会等方面的内容。2010年1月出台《关于加快会展业发展的若干意见》（穗府办【2010】5号），从产业集聚、培育品牌、交流合作、产业链条、支撑体系、扶持服务等6大方面提出22条发展措施。

这三份重要文件和国家发展和改革委员会颁发的《珠江三角洲地区改革发展规划纲要（2008~2020）》（2008年12月）、广东省经济贸易委员会出台的《广东省会展业发展工作意见》（2008年2月）、中共广州市委和广州市人民政府作出的《关于加快现代服务业发展的决定》（穗字【2008】12号）、广州市税务局《关于广州市会展业营业税征收管理的通知》（穗地税发【2008】64号）、《广州市海珠区扶持会展业发展的若干意见》（海府【2009】11 号）、《广州市会展业统计报表制度》（2009年统计年报和2010年定期报表）、《关于加快发展现代商贸流通业推进国际商贸中心城市建设的意见》（穗府【2010】37 号）、《广州市现代服务业发展“十一五”规划》、《中共广州市委、市政府关于推动广州科学发展，建设全省“首善之区”的决定》、《关于加快现代服务业发展的决定》、《广州市会展业发展专项资金管理试行办法》等重要文件一起，从产业基础、经营规范、资金扶持等方面，构建了广州市会展业发展的良好政策环境。

3. 拥有会展业发展所需的硬件条件

广州位于最具活力的泛珠三角的腹地，毗邻港澳，是我国南方地区人流、物流、资金流的最大集散地和经济中心，有中国“南大门”之称。

广州拥有高标准的“海陆空信”立体运输系统（最大的国际贸易中枢港广

州港、国内三大枢纽机场之一白云国际机场、亚洲规模最大的铁路客运站场广州新客站、国际信息通信交换枢纽地位），适宜海内外机构和个人来穗参展。市内交通方面，亚运会开幕前，新开6条地铁，使全市地铁总长达到236公里，成为继上海、北京后国内第三座地铁里程突破200公里的城市。广州拥有超70万平方米的会展场馆和亚洲最大的现代化展览中心（中国进出口商品交易会展馆）、拥有琶洲国际商务会展核心功能区、流花会展区、白云新城会议功能区三大主要会展功能集聚区。

广州拥有涉外宾馆和酒店200多家，有与大型会展活动相匹配的接待能力。2009年住宿业接待过夜游客2879.41万人次，增长7.5%。其中，国内旅游者2470.96万人次，增长8.0%；海外旅游者408.45万人次，增长4.7%。主要宾馆开房率为58.9%。

广州拥有良好的市容市貌。借助亚运会契机，广州城市环境面貌“十年大变”完美收官。“天更蓝、水更清、路更畅、房更美、城更靓”，城市形象显著提升，向世人展示了千年羊城、南国明珠的无穷魅力。

广州的营商环境成熟度在全国位于前列。福布斯2009年发布的中国大陆最佳商业城市排行榜，广州排在第二位，仅次于上海。

4. 拥有会展业发展所需的依托条件

区域和城市依托。在新一轮加快经济发展方式转变过程中，广州优化细化区域功能，及时对区域产业进行调整，中心城区大力发展现代服务业和总部经济。新城区根据各自基础和条件，建立了一批商贸产业园区，相应发展各自的商贸优势产业。

制造业和城市群依托。珠三角发达的制造业，为广州会展业提供了重要依托。广东省委、省政府积极推进广佛同城化、建设广佛肇、深莞惠、珠中江经济圈，为广州利用珠三角城市分工，充分发挥比较优势，走高端发展的路子，大力发展会展业提供了良好契机。

5. 正在集聚会展业发展所需的人力资源

广州作为中国第一展的目的地，在广交会100多届的辉煌进程中，自身积累和沉淀了一批会展人才，通过现场实践，耳濡目染，影响和启蒙了一批喜欢会展的工作人员和大学生。紧邻世界著名的会展城市香港，CEPA签署之后，也先得香港会展人才的积极影响。加上广东商学院等二十多所院校会展专业或方向的开办，已培养或在继续培养一批批中高层的专业人才。

广州市经济贸易委员会将提供会展人才服务，加大在会展专业人才培训和引进、与国内外会展行业和组织机构合作、会展高端人才落户等方面的工作力度。

另外，2010年广州首次入选中国（大陆）最具幸福感城市，并着手大力创建国际商贸中心和文化中心。为此，广州加快了吸引一流人才、构筑人才高地的步伐。目前，正在实施的“万名留学人才引进工程”、“创新创业领军人才百人计划”，就包含吸引和集聚一批会展策划、会展设计、会展中介等高端会展业人才和创新团队，以及会展业领军人才。

后亚运时期，广州已进入城市环境和市民归属感、认同感、荣誉感的“大提升”的阶段，对人才的吸引力也大大增强。所以，尽快形成最适宜会展业发展的广州市“高端会展业人才集聚地”和广州市“国际会展业人才交流港”的目标可望实现。

思考题

1. 根据我国《展览场馆运营服务规范》，展览场馆内一般需要具备哪些功能设施？
2. 根据我国《会议场馆运营服务规范》，会议场馆内一般需要具备哪些功能设施？
3. 请简要描述会展与城市发展之间的关系。
4. 城市会展业发展的基础和条件有哪些？
5. 请简要分析一下城市会展业发展的四种模式。
6. 评价一个城市展览业发展的标准有哪些。
7. 简要阐述一下我国城市会展业发展的格局。

第七章

会展产业宏观管理

学习目标：

- 掌握会展产业运营的行为主体
- 掌握会展产业运营的主要模式
- 熟悉国际知名的会展行业组织

学时安排：4 学时

引　言

产业宏观管理是会展业持续健康发展的保证。作为综合性的现代服务业，会展业的宏观管理涉及哪些部门？这些部门在会展业中的职能定位以及具体作用是什么？不同国家会展业宏观管理模式有什么差异？这些都是本章要讨论的问题。

第一节　会展产业运行的主体

一、各级政府

政府参与会展产业宏观管理的过程可以划分为三个阶段：一是启动阶段，各国政府为启动会展业的发展几乎渗透到会展业发展的各个阶段；二是发展阶段，随着会展业的发展，其他利益主体也开始渗透到会展产业领域，政府通过制定法律措施、规范市场秩序推动会展业发展；三是成熟阶段，会展业成为国民经济的重要组成部分，政府在会展业发展中扮演协调者的角色，主要进行调控和协调工作，提高旅游业的综合效益。不同的国家，由于其会展业发展所处的阶段不同，政府在会展产业发展中的地位和作用不同。

中国是会展业大国，政府主导型会展业的发展是中国会展业能够迅速发展的重要原因。我国国内尚没有统一的会展管理部门。我国不同门类的展览会归属不同部门管理。国务院办公厅、商务部、国家经贸委、国家贸促会等部门是涉及会展管理的政府相关管理部门。地方政府为了加强地方会展业的管理，建立了不同的会展业行业管理部门，如青岛市建立了重大节庆活动协调办公室，为正处级全额拨款事业单位，隶属市政府办公厅。威海市成立会展办公室，代表市政府执行全市会展行业的管理工作，也是全市会展行业唯一的管理机构，是政府直属的财政全额拨款的正处级事业单位。南京、长春、长沙、成都、厦门、宁波等城市也都设立了诸如会展业管理办公室、会展工作管理办公室、会展业协调办公室等不同称谓的会展业管理机构，都属于市政府下设机构。

这些机构的主要职责是：贯彻执行上级有关会展业的方针政策，研究拟定我市会展业发展的行业规划、政策并组织实施；负责以市委、市政府名义主办或承办的大型会展活动（包括会议、展览、节庆活动等）的调研论证、评估审核、协调管理；负责全市性会展活动的调研论证、项目审核、资质审验、监督管理、登记备案及统计分析工作；负责全市会展业的行业管理工作；指导、协调全市的会展工作，组织本市企业和机构参加外地有关会展活动。我国中央一级会展直属管理机构的缺乏，使我国的会展业在发展过程中缺乏管理规制，缺乏长期规划，不利于行业的长期健康发展。各地方成立的会展管理办公室，从局部解决了这一问题，有利于区域内会展产业的健康发展。目前，中国政府在会展业发展过程中的职能包括：

1. 参与各类政府主导型展会的运营。我国各地都存在一定数量的政府主导型展会，这些展会主要分成两类，一类是商业展会，另一类是公益展会。在政府主导型展会发展初期，政府应该给予一定的支持，诸如资金、政策等方面。但是不应该直接参与。但是我国很多地方政府无视政府主导型展会的性质差异，直接参与展览会的举办和运营，破坏了展会行业的公平竞争秩序。

2. 审批会展项目。会展“审批制”在我国存在很多年，2002 年，我国国务院取消了关于“全国性非涉外经济贸易展览会”的审批制，改为登记制，但是审批制的影响依然存在，很多展会项目的举办依然要找各不同管理部门进行审批，而由于会展业管理的政出多门，审批条件不透明、不公开等原因，直接影响了会展产业的健康发展。

3. 制定会展产业发展规划和产业政策。近几年，我国地方政府在新成立的地方政府会展管理办公室的引导下，积极制定会展产业发展规划，制定积极产业政策，有利地加速了地方会展产业的发展步伐。但从整体来看，我国政府由于管理部门缺口，各部门管理职能不明确，使政府未能发挥出应有的行业调控职能。政府直接进入市场，主办政府主导型展览会，严重损害了其他办展主体的利益，造成了市场的不公正性。

在市场经济条件下，会展行业管理是一种公共行政行为，管理的主体主要有两个：一个是政府及其职能部门，是政府公共行政的执行者；一个是行业协会，是非政府的公共服务的实施者和提供者。这两个不同层面的管理的内容和手段各不相同，两者有明晰的分工，各自不能缺位，相互间也不越位、错位。在市场经济框架中，政府是政策、法律、法规等公共产品的提供者，其主要的经济职能目标是为微观企业营造公平的竞争环境并创建良好的投资环境，其主要任务是建立相关的管理机构、制定产业发展政策与规划、制定相应的法律法规、处理好中央与地方的关系等。根据我国会展业行业管理的现状，建议我国政府可以在以下方面有所作为。

1. 建立全国统一的会展行业监管机构，根据展会性质和规模实行分类监管。会展行业监管机构是管理的载体，必须加快建设的步伐。此外，由于展览会的种类众多，对于不同的展览会应该实行分类监管。

2. 制定中国会展产业中长期产业发展政策。产业政策是市场经济国家调控宏观经济的重要手段，是决定产业发展方向、规模和速度的重要因素。目前，就我国会展业来说，需要对地区会展业开展扶持政策、对部分新办展览会实行扶持政策、对部分会展企业实行扶持政策，从而培育出一些世界会展名城、世界知名展会、世界知名展览企业。

3. 建立统一的会展业管理办法，解决政出多门、互不协调的混乱状态。为了确保政令统一，规范市场行为，必须对现有法律法规进行梳理，以建立系统、统一的会展业法律监管体系。

4. 将会展产业纳入国民经济统计体系。统计资料是国家制定宏观经济政策的重要参考，但是我国会展业至今没有纳入国民经济统计体系，只有南京、北京等地方进行会展数据统计，但是从全国范围来看，各地的会展业统计口径不统一，无法进行横向比较，深层次的会展调研和研究无法展开。所以，应该尽快建立会展业统计体系，提供会展业的真实发展状况。

5. 理顺政府在会展行业中的职能定位，处理好政企关系。会展业是一个对地方经济产生强大带动作用的产业，会展业发展需要来自政府的大力支持，在会展业发展过程中，需要政府在资金、政策等方面的推动。因此，政府在会展业发展过程中需要有所作为，但是在涉及一些商业展览会的具体运作方面，政府应该退出一线市场。

二、会展企业

会展企业是会展市场经济活动的行为主体。在市场经济条件下，会展企业是会展业市场最活跃的要素，是城市会展产业的直接载体，是城市会展产业发展目标与地区利益的主要实现者，也是城市会展经济活力的窗口。会展企业在会展产业发展中扮演着主体行为角色。会展产业的发展是会展经济保持活力、健康发展的关键。

企业具有规模扩张与范围扩张的本质属性。面对不断变化的外部环境，为了在不确定的环境中求得生存和发展，会展企业发展的一个重要战略取向就是减少和消除与其他相关产业组织的边界，通过资本扩张，跳出行政区域及行业准入的限制，实现其横向、纵向一体化经营战略，获得生存、发展。因此，会展企业有着企业自身的战略价值倾向：

1. 实现规模扩张。受“规模经济”规律支配，企业具有规模扩张的行为倾向。会展企业不同于一般有形产品的生产型企业，作为服务型企业，会展企业的规模主要受会展产业规模的支配影响。一般都是选择服务业比较集中的节点上布局会展企业；当其发现临近区域会展业增长而服务不能适应需求时，会展企业就会抓住机会，实现跨区域扩张，采用直接投资或寻找合作伙伴，通过兼并、合资合营、收购、重组、特许经营、连锁经营等方式壮大企业规模，占领机会市场空间，获得企业的规模效益，扩大资源利用范围，拓宽市场发展空间，增强企业的综合竞争优势。

2. 提高企业现代素质。随着市场日益规范，会展企业之间争夺客源，竞相压价，亏损经营、资不抵债，巨额回扣等恶性竞争，越来越受到约束。深化现代企业内部的纵向分工与区域之间的横向合作，形成会展企业相对集群发展的格局，实现会展服务附加值的提升，是现代企业追求的重要目标。因此，发达或先进国家和地区企业有时通过管理文化输出、或品牌内涵拓展、或区域覆盖外延，以扩大同类服务产品的市场份额，壮大经济实力，提升企业竞争力；欠发达或发展中国家和地区的会展企业也会借鉴世界先进品牌企业的管理经验、先进经营思想，嫁接或资产重组，与品牌企业联合，实现优势互补，学习、探索、创新，一跃成为地方品牌企业，这已经成为企业内外联合协作的最大动力和主要形式。

3. 实现企业可持续发展。企业无论是规模扩张，还是提升现代企业素质，核心价值是实现可持续发展。因此，一方面企业需要制度创新、管理创新、服务产品创新，实现其品牌价值，增强其竞争影响的国际性；另一方面，企业还要不断适应现代生态社会、和谐社会发展的要求，增强企业社会责任，降低开发成本、环境治理与保护成本、实现优质品牌资格认证，会主动采取联手行动，共同治理环境，实现企业可持续发展。

三、行业组织

会展行业组织包括各种展览、会议行业在内的各种协会与组织。在现代市场经济体系中，会展行业协会组织在协调相关市场主体的合法利益、提高市场配置资源效率以及维护市场经济运行秩序方面，具有不可或缺的作用。会展产业发展应该在尊重市场规律，尊重市场对资源配置的主导基础性作用的前提下进行。行业协会作为企业的联合体，应该展现其非政府组织性质，以服务企业、监督行业自律、协调企业利益为主旨，在会展产业发展中扮演重要作用。随着政府职能转型和企业市场主体角色的确认，会展行业协会组织具有巨大的发展空间，其可以承接政府转型中归还社会的部分职能，如质量、品牌认证、行业自律、企业维权、企业责任与社会道德建设等，为企业提供服务。行业协会组织的非营利性、非政府组织特点，能有效降低运作成本和管理成本。但行业协会组织必须摆脱行政区归属建制，发展成为区域性会展行业协会组织，通过引导企业社会责任与道德文化建设，监督企业自律，引导企业品牌建设和质量认证、维护企业权益等服务过程中，成为联系政府与会展企业的桥梁和纽带，担负起行业服务、行业自律、行业代表和行业协调的职能，成为会展产业发展的重要媒介和企业共同体平台。在一些会展业发达国家，作为非政府组织的会展行业协会与组织，是推进会展业发展的重要组织力量和利益矛盾的协调与仲裁机构。

目前，国际上会展行业协会的运行模式，按照行业协会、政府、市场和企业之间的关系，主要可以归纳为三种：一种是以美国为代表的“水平运作模式”；另一种是以德、日为代表的“垂直运作模式”，第三种是以法国、中国香港为代表的“综合运作模式”。

1. 水平运作模式——企业推动型

以美国为代表的“水平运作模式”是一种主要以会展企业自发而形成的组织、自愿参加为特点的行业协会模式，具有较强的民间性，在管理上自由放任，规范宽松。最大的特点就是企业自主推动，会展企业在发展过程中，碰到同行业内部价格上的相互倾轧与产品质量问题时，会展企业组织出于维护自身利益和市场秩序的需要，被迫产生组建行业协会的冲动，尝试着用行业自律的方式规范市场行业秩序，例如，美国展览管理协会。显然，在这种背景下所成立的行业协会，其动力源就在于企业本身，其他的因素，如政府提供帮助或指导仅仅是动力源的外部因素。即会展企业只要存在相同的利益，就可以建立一个行业协会，政府对此既不干预，也不予资助。行业协会为企业提供技术与信息服务，协调政府、企业、消费者之间的关系，同时实力强劲的行业协会，如美国商会及美国制造商协会与联邦政府、议会都保持密切联系。当政企发生矛盾时，这些行业协会组织寻求议会的支持与介入，按照长期以来美国人所推崇的以对立制衡原则处理政府与行业协会的关系。

2. 垂直运作模式——政府推动型

以德国为代表的“垂直运作模式”是一种政府行政作用参与其中、大型会展企业起主导、中小会展企业广泛参与的行业协会模式。突出特点是强调政府的推动作用，对内是政府机构，对外是民间团体。德国政府通过机构改革与职能调整，大大削减专业经济管理部门，使专业经济管理由过去偏重条条性的部门管理向偏重综合性的行业管理转化。这样，从政府职能中逐渐剥离出一些职能转交给行业协会，使行业协会在政府的主导下得以产生，都积极致力于高速发展本国市场经济，力图建立政府与社会合作或官民协调的宏观管理模式。行业协会具有庞大的组织机构和较高的组织化程度，协会的覆盖面广，政府与行业协会是一种合作协调关系。

3. 综合运作模式——市场推动型

以法国为代表的“综合运作模式”不像企业自主推动和政府主导推动那样单一，而是指在市场的推动下，政府参与管理，政府与会展企业在组建协会的过程中都倾注了大量的精力，很难分清到底是企业还是政府哪一方起了主导作用，可以说是企业和政府合力推动的产物。而且行业协会与政府的关系非常密切。

我国尚无成立全国性会展行业协会，只有全国展览馆协会。部分地方政府已经建立了会展行业协会，但从会展行业协会的职能发挥上来看，还是没有完全起到会展行业协调的职能。根据我国会展行业协会组织的发展来看，我国会展行业协会职能的完善应从以下几个方面着手。

（1）培育权威的行业中介组织，尽快成立中国会展行业协会。在我国现有的条件下，可以吸收地方协会及其分支机构，共同构建中国会展行业协会，为保证中国会展行业协会的权威性，最好由国家商务部或国家贸促会等权威部门领衔成立，并且可以借鉴德国 AUMA 的运营经验，赋予中国会展行业协会一定的政府管理职能，发挥行业宏观调控和协调的双向职能。

（2）建立会展业的法人资质评价体系和展览会的评估体系，对会展企业和展览会进行资质与信誉评定。我国会展业之所以市场秩序混乱，很大一个原因是行业内的企业和展览会层次不一，但是因为没有权威的评价体系，有些小公司和非法公司浑水摸鱼，扰乱市场，给参展商和观众造成严重的利益损伤，因此，会展行业协会应该尽快建立起展览会评估体系。

（3）建立会展行业信息中心，及时提供会展行业信息。信息不对称是造成会展市场混乱的另一个重要原因，因此，建立会展经济信息中心，可以有效的解决这一问题，积极维护参展商、专业观众的利益。

（4）加强会展经济的产业研究，提供有价值的产业研究报告。我国现有的会展研究成果，既缺乏理论价值，又缺乏实践指导意义，因此，需要加快产业研究的步伐。目前，我国已经成立了会展经济研究会，其应该发展成为全国会展行业协会的一个分支机构，以统一为会员单位服务，单纯的会展经济研究会，如果没有行业支撑，恐怕会脱离产业发展实践，误入单纯理论研究、无实践应用价值的误区。

第二节　会展产业运行的模式

在会展经济发达的国家和地区，会展业主要依靠市场机制的调节。但由于不同国家、不同地区会展行业起步时间不同、经济状况不同，其管理模式也存在一些差别。根据政府、行业协会调节力度大小，可以将会展业管理模式分为：政府主导型、市场主导型及政府市场结合型三种模式。

一、政府主导型

政府主导型是指政府通过投资及管理对会展业的发展起着重要的推动作用，其中最具代表的国家是德国和新加坡。在德国，展览业受到德国各级政府的高度重视。在德国，汉诺威、法兰克福、科隆、慕尼黑、杜塞尔多夫等城市都将展览业作为支柱产业加以扶持。德国政府在会展业的举措主要表现在以下几个方面：

第一，德国政府大力支持会展场馆的建设，引导、培育品牌展会，为会展业发展创造良好基础。德国的展馆均由政府投资，是一种典型的国有企业。此外，为了扶持展览业迅速成长，政府以补贴、再投资等方式全力支持行业发展，如法兰克福展览公司是德国最大的展览公司之一，而它就是一家公有公司，但州政府和市政府不收取任何费用，赢利全部用于再投资，政府只从不断增加的税收中得到回报，这种做法既可以帮助展览公司迅速完成原始积累，也实现了国有资产保值增值的目标。

第二，德国政府补贴本国企业出国参展。为促进本国企业发展，德国政府为企业提供出国参展经费支持。2007 年为 3600 万欧元，2008 年为 3700 万欧元，2009 年的预算是 3800 万欧元。在德国，每年德国联邦政府通过特定的组织或机构组织本国企业出展，2007 年由联邦经济和技术委员会组织参加了世界各地的 239 场博览会，其中 40%在东南亚，16%在中东，24%在其他欧洲国家。参展的德国公司近78,000家，参展观众达440万人。

第三，德国政府不参与国有企业经营，建立国有民营机制。在德国，政府在投资建设展馆后便把经营和管理权委托会展公司，政府只作为展馆的所有者行使股东的权利。国有会展公司完全按照市场化方式进行运作。

德国政府通过这种对会展业“有所为，有所不为”的方式，既大力支持了会展业的发展，使德国会展业的基础设施领先于国际，同时，又避免了政府在市场中过分干预，市场不能按照市场规律运行的弊端。德国投资会展场馆的目的是为会展业发展创造良好的基础设施，为产业发展创造环境，政府的主要职责还是定位在对行业的宏观调控上，德国政府对于行业的宏观调控主要是由德国展览委员会（AUMA）来完成的。

中国政府主导型展会发展

政府主导型展会是我国一种特殊的会展产业运作模式。根据展会活动性质的不同，我国政府主导型展会可以分为经贸型展会、公益型展会（以知识普及，艺术宣传、政治宣传为目的，包括社会成就展、世界博览会、各种地方节庆活动等），其中以经贸型展览会为主。根据政府在展会主办过程中主导程度不同，可以分为政府主办型、政府主管型、政府引导型三类。其中政府主办型展会，又可分为政府主办和政府承办两类。我国政府主导型展会的特点：

（1）展会享受政府会展资源扶持。这类会展资源包括政府提供展会运作资金、利用政府关系进行招展招商、获取国内主要媒体宣传支持等。

（2）展会多以综合性为主，并同时举办各类旅游文化节庆活动。例如，杭州的西博会、广州博览会等。

（3）展会以获取社会效益为主，忽视经济效益实现。尤其是在展会培育期，政府投入大量资金，以提高本地综合实力形象和促进本地产业发展。

（4）展会权威性强，可信度高。由于中央部委和地方政府直接参与，从而增加了展会的权威性和可信度，有利于招展招商工作的进行。

1. 政府主导型展会发展的必要性

（1）会展经济外部性是政府主导型展会存在的根本原因。会展经济不只以追求经济效益为主要目标，促进地方产业发展、招商引资、树立良好形象、扩大政治宣传也是展会开展的重要目标。从经济学的角度看，其社会效益的追求，导致了经济外部性的问题。而会展企业不可能为外部性经济买单，因此，只有政府参与进来，才能保证其社会效益的实现。而世界各大会展强国会展业发展的实践也表明，在会展业发展的过程中，政府起着举足轻重的作用。

（2）会展产业参与主体的多样性使得政府主导型展会更具有办展优势。会展是一个综合性很强的活动，产业链中包括会展主办、会展承办、会展搭建、会展运输、会展服务、会展旅游、会展安保等参与主体。而政府更容易依靠自身优势调动各类参与主体，充分利用各类会展资源，从而更好地举办展会。

（3）我国会展业尚处于行业发展的初级阶段，会展市场的培育需要政府主导型展会的参与。我国会展业起步晚，尽管近十年来有了一定程度的发展，但是会展作为一个产业实际上尚未形成。现阶段，我国多数地区具备一定经济实力的民营企业不多。据统计，在我国的会展企业中，90%的企业是民营企业。但是在全国500强排名中，无一家是民营会展企业。在民营企业办展实力的限制下，只有政府背景的展会参与进来，才能培育并引导当地会展市场发展，树立会展城市知名度。

2. 我国政府主导型展会存在的问题

政府主导型展会在我国会展市场发展的初始阶段，有效地推动了会展市场的发展，在促进贸易发展、招商引资、拉动经济、信息交流、树立良好城市形象等方面都取得了良好的社会和经济效益。但是由于政府在追求社会效益和经济效益两方面利益界定不清，政府办展经验缺乏等原因，我国多数政府主导型展会存在一系列问题。

（1）组织管理机构临时性，组织模式较为混乱。由于我国政府主导型展会由政府一手主办，因此，往往是由政府临时设立组委会及下属临时机构作为运作主体，每届展会的人员流动性强，难以提高管理水平。另外，由于组织机构的临时性，也容易造成主办机构与协办机构责任界定不清的问题。

（2）多数展会非市场化运作问题严重。政府将展会作为一项政治任务，为了提高展会影响力，在展会运作过程中，采用非市场化手段进行招展招商，向地方企业摊派展位，低价供应展位；使用政府行政压力迫使国内主要媒体进行无偿宣传推广；不进行展会盈利预算与分析，脱离办展宗旨，忽视经济效益。

（3）为追求宣传效应，片面扩大展会效果，弄虚作假，造成社会资源的巨大浪费。地方政府为了达到政治宣传的目的，为制造展会繁荣景象，将企业签约订单等行为故意在展会上完成。此外，政府部门在进行展会资金投入时，不能够有效合理利用财政资金、引导社会资源的有效利用，不利于社会和谐发展。

3. 我国政府主导型展会发展的建议

（1）搞好政府职能定位，真正做到“引导为主”。我国现存的政府主导型展会主要有三类：政府主办型、政府主管型、政府引导型。显然，政府主办型展会范围已完全超出“主导”的范围。而我国政府在会展业的管理上首先要转变观念，搞清政府职能定位。综观世界各国政府会展管理机构的职能主要体现在以下几个方面。其一，制定全国性或者地方会展管理法律法规和相关政策，完善和规范市场，创造健康、公平的发展环境。各城市政府应将制定相应政策支持作为工作重点之一，例如，制定会展发展整体规划、会展行业政策、会展管理办法等。其二，会展基础服务工作。会展业对于一个地区的基础设施是比较挑剔的，一个重大活动或者事件的举办，需要整个城市各个机构和组织的全力配合，政府相关部门应主动协调好与会展活动相关的各项综合保障服务工作。其三，专门从行政经费中设立会展发展基金，以保证会展业社会效益的实现。会展社会效益的实现，不能靠会展企业来完成，政府需要出力。但是，以往政府无限对于部分会展补贴的做法却不能提倡。专门设立会展发展基金，可以明确资金使用权，以有效监督政府权利，更好地发挥财政补贴的作用。会展发展基金主要用于城市会展业的整体推广宣传、公益型展会的投资、新兴会展企业的扶持工作。例如，组织展览代表政府出展，进行营销宣传。又如，对世博会、奥运会这些非商业性活动的投入、投资建立大型会展中心等。

（2）改变传统组织模式，实现市场化运作。企业，是构成产业的基本单位，是市场经济活动的主体，是政府与市场之间的中介。企业的兴旺发达，标志着经济发展成功有效。政府干预市场、主导经济发展是否卓有成效的一个试金石就是看企业能否健康发展。我国的会展市场要健康发展，同样要进行市场化运作，微观层次上的办展具体操作应由企业来操作。对于公益性不强的展会，可以以招标形式授权专业展览公司来做。对于公益性强的展会，可以成立企业化的内部承办机构或事业单位承办，政府只需提出办展要求即可。如果实在需要政府直接运作的大型活动，尽量将各项工作分解“外包”给专业公司承接。对于完全成熟、具备市场化运作条件的展会，政府应全部退出。而面对我国现有会展企业相对都较为弱小的现状，适当扶持一批核心会展企业发展，也是政府在办展过程中需要考虑的。例如，在城市会展场馆的运作上，政府以国有资产入股，进行企业化运作，保证了会展场馆的规模和实力，有利于促进整个城市会展业的发展。

（3）展会专业化发展方向。专业化办展是世界会展业发展的一大趋势，即便是国内外一些品牌综合展，同样需要数个专业展共同支撑起来。参展商与参观者是会展的客户，不论是会展城市整体社会效益的实现，还是办展企业经济效益的实现，都首先需要考虑客户的利益。只有客户的利益实现，需求得到满足，展会才能持续不断地办下去。而参展商和参观者在展会中需要的是找到专业化的商业合作伙伴，了解本行业的发展动态与趋势，专业展更容易实现参展商和参观者的这一需求。我国现存展会往往人声鼎沸，热闹非凡，但效果却不一定好，因为很多观众只是看热闹，真正商务交易实现不多。

（4）加快实现国内展会的专业化评估。展会的专业化评估不仅对于行业来说是个重大进步。对于政府主导型展会来说，更是监督政府办展实效的有效手段。地方政府为了体现政绩，往往对于政府主导型展会的实际效果夸大其词，并借用其对于公共媒体的控制力，加以大肆宣传。只有加快展会的专业化评估，出现类似于审计事务所一类的第三方权威机构进行公平裁决，才能获取真实客观的数据，促进行业的健康发展。

二．市场主导型

市场主导型管理模式是指会展业管理主要由市场主导，很少由政府或政府某个部门直接组展和办展，政府仅仅提供间接的支持和服务。代表性的国家有法国、英国、加拿大、澳大利亚和瑞士等。法国展览业的协调机构主要是法国博览会、展览会和会议协会。协会有 336 个会员单位，分别包括 177 个展览公司、70 个展览场馆、52 个会议中心，以及一些展览服务公司。另外，法国的工商组织也介入整个巴黎大区展览面积的 1/3。法国的展览和德国不一样，政府参与程度低，市场竞争相对较齐全。展览公司不拥有场馆，而场馆公司不组办展览会，也不参与其经营。法国的业界人士坚持认为这种模式能够促进展览公司之间的公平竞争，也有利于场馆公司专心做好自己的场馆服务工作。法国展览业的激烈竞争使展览公司日趋专业化和集团化。20 世纪五六十年代许多专业性展会由行业协会主办。随着展览会之间竞争的日益激励，行业协会逐渐把自已的展览会转让给专业展览公司，或者和专业展览公司合资经营展览会。另外，由于市场对展览会的要求越来越高，展览公司需要在资金、人力及装备方面做更大的投入，而小公司往往力不从心，逐渐被大公司所兼并，展览公司集团化成为趋势。

英国政府虽然长期以来非常重视展览业的发展，强调展览对于扩大出口发挥的推动作用，但英国目前没有专门的政府部门负责展览事务，主要通过财政手段来鼓励英国企业参加海外展览。英国举办展览会完全出于商业目的，政府不直接介入，展览市场准入政策十分宽松，任何商业机构和贸易组织不需要经过特殊的审批程序便可以进行展览业务。展览公司的商业注册也和普通商业公司一样，没有额外的要求。同时各展览公司举办展览的内容只要合法均可自行确定，不需审批。英国规范展览行业主要遵循的是优胜劣汰的自然法则。英国协会的权威性远远不及德国，由于英国政府对展览行业不直接进行管理，因此行业协会发挥的是“维护质量”的职能。英国的各类协会组织制定各自的展览服务行为规范，仅对会员起指导和约束作用。

三．政府市场结合型

政府市场结合型是指在会展业发展过程中政府参与和市场运作同时进行，美国和我国香港属于这种类型。以会展场馆管理为例，在美国，大部分展览公司都是公有的。在全美面积超过 2500 平方米的展览中心中，大约 64%（约为

243）个属于地方政府所有。在长期的产业发展过程中，形成了三种各具特色的共有展览中心管理模式。第一种是政府管理模式，这种方式是由地方政府成立大会和参观事务局，负责管理公有展览中心。多数情况下政府并不能通过展览中心盈利，甚至要承担其亏损。第二种是委员会管理模式，这种模式由地方议会或政府成立一个单独的非营利管理委员会经营公有展览中心，对议会或政府负责。第三种是私人管理模式，这种方式就是将公有展览中心的管理业务外包给私人展览管理公司。我国的香港会展业管理也是政府市场结合型。香港特区政府高度重视会展业的作用，一方面特区政府会展管理部门香港贸易发展局致力于为香港公司，特别是中小企业，在全球寻找新的市场机会，协助它们把握商机，并为推广香港具备优良商贸环境的国际形象作出卓有成效的努力；另一方面，特区政府在场馆建设方面进行大量投资，然后实行商业运作。

第三节 国际知名会展行业组织

一、展览会的主要国际组织

1. 国际展览业协会

国际展览业协会（The Global Association of the Exhibition Industry，简称UFI）是一个由展览主办商、展馆运营商、展览相关服务提供商以及展览协会共同参与组成的国际性展览业组织。UFI 于 1925 年在意大利米兰成立，最初名为国际博览会联盟（UFI:Union des Foires Internationales，The Union of International Fairs），这也是 UFI 的由来。UFI 于 2003 年改名为国际展览业协会，仍然沿用原来的简称。UFI 的总部在法国巴黎，是展览行业最著名与权威的组织之一，在全球范围内都有深远的行业影响。

国际展览业协会（UFI）

（1）UFI 的历史

UFI 的建立和发展，经历了多个阶段。

①成立初期（1925 年至 1937 年）

1925 年 4 月 15 日，UFI 成立于意大利的米兰，组织形式为欧洲各国著名大型展览会的合作联盟，共有 20 个会员。在最初的阶段，该展览联盟的主要目标是在欧洲范围内举办国际展览会，并发展国际间贸易合作，以振兴第一次世界大战后的国际贸易。到了 1937 年，UFI 的会员规模已发展到 33 个。

②战后复兴（1947 年至 1956 年）

由于第二次世界大战的原因，UFI 的活动中断了 10 年。其会员也减少至

24个。在1947年恢复活动的同时，UFI也将总部从米兰搬到了巴黎。在24个UFI会员的共同努力下，开始为欧洲的经济复苏作出贡献。在国际贸易自由化的背景下，来自非欧洲国家的贸易展览会也开始在此期间加入UFI。

③茁壮成长（1957年至1975年）

随着大规模生产的普及与多种贸易行业的兴起，UFI开始邀请专业展览会加入，以促进其自身的成长。同时，为了避免会员结构变得混乱，UFI决定以展览主办组织来代替展览会作为其会员的主体，UFI的会员主体也都变更为主办组织。UFI一直致力于成为全世界经济贸易展览会组织者的沟通桥梁，并以此来带动国际贸易与经济合作的发展。到1975年，UFI已有了隶属于40个不同国家的99个会员组织，认证了119个专业贸易展览会和55个贸易展览会。

④走向全球（1976年至1990年）

在不断增长的贸易全球化的框架内，UFI将促进发展中国家与工业化国家的公平贸易与经济一体化作为其新时期的挑战。UFI的工作重点转移为提供咨询和培训，并在由曾经的欧洲殖民地独立而成立的新兴发展中国家发展会员。到了1991年，UFI共有153个会员，其中欧洲110个，亚洲21个，非洲9个，南美洲7个，北美洲5个，以及大洋洲1个。至此，UFI终于成功地汇集了来自五大洲的贸易组织成员，并真正成为了一个具有全球性影响力的展览行业组织。

⑤大胆变革（1991年至2000年）

随着东西方贸易壁垒的逐渐松动以及电子通信手段日新月异的发展，经贸展览会行业又开始面临新的挑战。在此背景下，UFI对其组织与方针进行了大规模的变革。一方面，UFI为其成员提供更多样性的服务，从各种教育讲座到定期举办的技术委员会和四大分会的会议。另一方面，UFI积极吸收新兴展览产业中的各种新型组织：各种国内与跨国的非营利展览业与贸易推进组织；不参与展览会组织活动，而通过出租展览场馆受益的场馆运营企业；以展览会数据统计和展览行业战略研究为主营业务的咨询企业等。

⑥与时俱进（2001年至今）

UFI的当前方针是进一步扩大其会员的范围，主要对象为国家级展览会组织者以及会展行业内的其他重量级企业。UFI还与其他大型展览业组织建立合作同盟，共同推进展览行业的国际交流与发展。为了适应发展的需要，在2003年第70届会员大会上，UFI决定更名为国际展览业协会，并保留UFI作为其简称。

多年间来，UFI从一个代表欧洲利益的展览会协会组织，逐步发展成为一个以发展全球展览行业为目标的非政治性、非营利组织。UFI的会员组成也由刚成立时的展览会变更为展览组织机构，后来更是扩充加入了展览场馆运营、展会服务提供等展览行业内的各类专业组织。

（2）UFI 的组织架构

①UFI 总部

UFI 总部位于巴黎，负责整体发展策略的决定与实施。UFI 总部对内负责处理会员需求、解答会员疑问、调节会员冲突，是 UFI 的核心机构与情报交换中心；对外作为 UFI 会员的代表向公众发布公开信息与资料。UFI 总部还负责处理新会员的审批程序，同时也管理着所有 UFI 会员利益分配的执行。

- UFI 全体代表大会

UFI 全体代表大会是 UFI 最重要的决策机构和最高权利机构。只有 UFI 正式会员有权出席大会并参与大会投票。

- UFI 董事会

UFI 董事会的任务是对全体代表大会作出的决定进行贯彻实施；研究并发展 UFI 的战略；对影响到国际贸易展览行业的各种因素加以考虑并提出对应的议案由一年一度的 UFI 全体代表大会表决。董事会的成员一般不超过 60 人。

- UFI 执行委员会

UFI 执行委员会负责研究并发展 UFI 的总体策略。执行委员会的议案需提交给董事会做进一步的审查。执行委员会由 UFI 主席团、最多不超过 6 名的副主席、财政官、秘书、分区主席和协会主席组成。

- UFI 主席

UFI 主席由 UFI 全体代表大会选出，正式任期为一年。UFI 主席是 UFI 的法定官方代表，同时也承担执行委员会、董事会、与全体代表大会的主席工作。出于平稳交接工作的考虑，UFI 主席正式任期的前后各有一年的扩展任期，在第一年的扩展任期中，他被称为“接任主席”；在最后一年的扩展任期中，他被称为“卸任主席”，这样每一年会同时存在一位“接任主席”、一位“卸任主席”与一位正式主席，此三人共同组成了 UFI 的主席团。“接任主席”与“卸任主席”的正式头衔为执行副主席。这种主席团机制有一个别名为“三重奏”，与我国传统文化中的“传帮带”有着异曲同工之处。

②UFI 分会与办事处

UFI 作为一个具有全球性影响力的组织，其会员遍布世界各地。为了方便各成员之间的交流工作，减轻 UFI 总部的工作量，UFI 将全世界划分为四个大区，并在每个大区设立了 UFI 分会。UFI 各分会的主要任务是研究各地区的本土特色，并鼓励其区域内会员之间的合作，促进本地区的国际展览业协会，同时也承担着发展更多会员的任务。UFI 通过设立地区分会，来为各地的 UFI 会员提供更具针对性的引导与任务。

③UFI 会员与 UFI 认证

UFI 的会员必须为展览行业内或与展览行业相关的组织（公司、协会、联合会等）。UFI 会员分为两类：正式会员和合作会员，区分标准为与展览行业的相关程度。UFI 对高水平展览会进行认证，获得 UFI 认证的展览会通常能吸引更多的参展商与观众。

- 正式会员

UFI 的正式会员构成如下：

国际经济贸易展览会的主办机构，通常是跨国企业；

国家级别经济贸易展览会的主办机构；

不参与展览会组织工作，而是靠出租展览场地并提供展览布置相关服务盈利的展览运营机构；

展览组织公司与展览场馆联合成立的协会；

对展览行业与展览会进行资料统计与发展研究的机构。

UFI 正式会员具有 UFI 会员标志的使用权，可将其用于电子或纸质的宣传材料。会员可以在公司或其举办的经过 UFI 认证的展览会上使用此标志，但不得将其用于自己举办的未经过 UFI 认证的展览会。

想加入 UFI 并成为 UFI 会员的组织必须先向 UFI 全体代表大会提交申请，该申请必须由至少两个 UFI 会员联名提出，且他们必须来自至少两个不同的国家。申请由全体代表大会通过后交由执行会员会正式同意。

- 合作会员

UFI 的合作会员构成如下：

为经济贸易展览会提供服务的行业中的国际协会；

与展览行业有合作关系的组织（协会或公司）。

UFI 的合作会员有权在其日常工作中使用 UFI 合作会员标志。

- UFI 认证

“UFI 认证”是一个国际贸易展览会具备较高品质的象征，是该展会能够为参展商和观众提供专业服务的保证。获得 UFI 认证的展览会将获得 UFI 的无形价值支持，大幅提升对参展商和观众的吸引力。此外，要成为 UFI 正式成员的展览主办公司旗下必须有至少一个经过 UFI 认证的展览会。

申请 UFI 认证的展览会必须满足如下条件：

- 展览会已经举办过两届以上；
- 展览会中国际参展商的比例超过 10%，或者国际观众的比例超过 5%；
- 必须提供至少一届的展览会历史统计数据审计；

- 已获得 UFI 认证的展览会，每次举办的统计数据都需要提请审计；
- 展览数据的统计应遵循《UF 术语与统计标准》（UFI Caculation Standards and Definitions）；
- 审计工作必须应遵循《UFI 审计规则》（UFI’s Auditing rules）；
- 获得 UFI 认证的展览会可使用 UFI 认证标志。

UFI 目前共有 549 个正式会员及 38 个合作会员。共有 860 个展览会通过了审计，获得了 UFI 认证。

（3）UFI 的定位

UFI 的宗旨是通过其成员的合作来促进国际贸易的发展，并通过发现—研究—反馈的机制来改进其属下展览会举办过程中遇到的问题，进一步推动整个展览业的发展。UFI 也在其他国际组织中代表其成员的利益，同时也是联合国组织（UNO）及联合国工业发展组织（UNIDO）的顾问通讯会员，它与国际贸易委员会（ITC）、联合国贸易与发展会议（UNCTAD）、世界贸易组织（WTO）、欧盟委员会（EC）及其他与博览会/展览会及国际贸易有关的国际性组织都建立了良好的关系，包括国际展览局（BIE）、国际商会（ICC）、各国展览会协会等。

根据最新的 UFI 文件，UFI 的宗旨是服务、促进与带领展览业的发展。

具体手段包括：

- 采取一切可能的行动，以帮助 UFI 成员完成他们的使命；
- 帮助 UFI 成员获得国际组织资格；
- 关注各国相关政府部门的政策与措施，并及时提醒成员采取相应对策以维护成员们的利益；
- 采取一切行动来维护 UFI 成员利益，抵制所有禁止自由参加贸易展览会的歧视性做法；
- 推动与展览业相关的学习与研究项目，研究和展览业相关的促销活动，并利用一切手段保证其能够进行良性循环；
- 举办会议、研讨会，以及其他活动和培训计划，UFI 成员以及非 UFI 成员均可自由参加；
- 为需要帮助的发展中国家的展览行业提供各种技术方面的协助；
- 为各种有助于发展国际贸易与展览会的项目提供支持；
- UFI 应避免干涉它的每一个成员组织的内部组织与政策，但 UFI 成员应当承认 UFI 的影响力，以确保它们之间的最佳合作关系。

2. 德国经济展览委员会

德国经济展览委员会（Ausstellungs-und Mess-Ausschuss der deutschen

Wirtschaft，简称 AUMA）成立于 1907 年，总部设在科隆，是德国展览业的权威组织。现有会员 82 家，主要来自德国展览公司和展会组织者、德国工商大会、德国各大行业协会、对展览感兴趣的专业协会以及与展览业有关的专业协会等。

德国经济展览委员会（AUMA）

（1）AUMA 的发展历史

AUMA 是德国成立的服务业协会之一。1907 年，AUMA 的前身“德国工业常设展览委员会”于柏林成立。最初成立时，其宗旨是维护参展商的利益。1927 年，随着行业的发展，维护专业观众的利益也成为宗旨之一。1934 年，协会改为现名。1956 年，AUMA 开始吸收展览会组织者作为其成员。发展至今，AUMA 成为了德国展览行业中最大的组织，其影响力遍及其展览产业的方方面面。AUMA 的成员包括了 42 家展览组织企业与 42 个代表参展商。

（2）AUMA 的组织结构

AUMA 的最高权利机构是会员代表大会，下设顾问委员会、董事会和秘书处。顾问委员会由 30 名来自德国经济界主要协会和展览公司的代表，另外约 30 名经济界和展览界的专家组成。董事会最多由 22 名德国工商界和展览公司代表组成，董事长和一名副董事长来自工商业界，另一名副董事长来自展览公司。秘书处主要负责协会的日常工作，设总干事长一名，干事长两名，分别负责德国国内展和国外展。

（3）AUMA 的定位

AUMA 作为德国展览业唯一的行业组织，其主要任务是维护德国展览业在国际与国内的共同利益。具体包括：

- 与议会、政府各部门和其他行业组织的沟通
- 国内外展览活动的协调

AUMA 数据库包含了全球 5500 多个展览会的信息，且一直在不断更新。研究、评估和维护迅速膨胀的数据库也是 AUMA 的主要任务之一。对内，AUMA 负责协调国内举办的各个展览会，防止出现撞车和恶意竞争的现象；对外，AUMA 负责宣传德国展览市场，吸引外国企业来德举办展览会，积极支持会员开展国外展览业务。

AUMA 在协调和确定每年的官方出国参展计划，特别是争取增加出展预算、改进官方扶持的范围及实施方式、提高扶持计划和资金使用效率等方面发挥积极作用，并与相关的政府部门一起担任国外参展项目的主办单位。

- 促进德国展览行业发展

AUMA 作为德国展览行业的唯一权威组织，其宗旨是促进德国展览行业的整体发展，包括：

- 在 UFI 等多个有影响力的国际展览组织中代表德国政府的立场，并为德国展览业争取权益；
- 定期参加德国展会组织者协会的各项活动；
- 致力于改善展览市场透明度，平衡参展商、参观者和展会组织者的不同利益；
- 对展会进行调查和评估；
- 出版和发布展览指南，提供与展览有关的咨询服务和培训等。

3. 德国展览会统计资料资源审核协会

德国展览会统计资料资源审核协会（die Gesellschaft zur Freiwilligen Kontrolle von Messe-und Ausstellungszahlen，简称 FKM）成立于 1965 年，是 AUMA 的成员之一。FKM 的宗旨是为德国的展览行业提供一个公平公开的竞争环境，其提供的统计数据强调可比性与可靠性。为了达到这一目的，FKM 指定了相关的数据统计与审计标准，并为 FKM 会员提供了数据统计与审计报告，以提高会员的商业竞争力。

FKM 的统计数据着重于参展商、展览面积与观众的分类数据统计，这些数据被认为是行业分析与市场预测的关键。FKM 认为，如果展览组织者不愿意公开如观众人次统计方法或游客调查的抽样方法等，则其提供的相应数据必然是不可靠的。基于此考量，为了获得尽可能准确的数据，减少人为作假的机会，FKM 指定了一套详尽的数据采集标准。

目前，FKM 旗下有 70 个组织的将近 300 个展览会。在这些展会中收集的数据和初步统计结果将被公布在因特网的数据库上。在 FKM 对其数据审计完成后，会将其记录在 FKM 年度报告中。此外，通过与其他欧洲审计组织的合作，FKM 在每年秋季出版一份报告“欧洲博览会统计”，其中包括 19 个国家的约 16000 个展览会经过审核的数据。

FKM 的展览会数据与审计标准记录在其核心文件《FKM 章程与规则》中，其特点为不但对观众、参展商与展览面积进行了精确定义和分类，还规定了数据统计表与调查问卷的规范模板。

4. 法国企业国际化发展局

法国企业国际化发展局（Agence francaise pour le developpement international desenterprises，简称 UBIFRANCE）成立于 1923 年，隶属于法国经济工业及就业部，并接收外贸国务秘书的领导。UBIFRANCE 的主要职能包括：向法国企业提供国际业务发展信息和提供咨询服务，收集发布国外市场综合产业、法律规定、税收规定、融资条件、国外企业的需求等信息，组织法国企业参与国际大型展览会和博览会，协助法国企业加强与外国企业的接触，在国外举办技术研讨会和产品介绍会，利用国外媒体介绍法国技术等。

法国企业国际化发展局的定位

法国政府在展览经济发展过程中扮演非常重要的角色，政府干预色彩非常浓厚，属于典型的行政干预模式。法国的展馆设施一般是由中央及地方政府投资建设，并组成国有公司负责场馆的经营和管理。这种经营公司的业务单一，它们只开展自己的场馆服务业务，不从事展览项目的运营。而展览公司则不拥有展馆，也不参与展馆的经营，主要从事展览项目的经营。这种场馆经营与展览项目之间业务的划分与一般的项目运作方式不同。法国行业主管部门不仅能够促进展览公司之间的公平竞争，也有利于场馆专心做好自己的场馆服务工作，体现出更加细致的社会分工，有利于提高展览服务的专业化水平。

UBIFRANCE 作为法国政府下属的行政机构，担当促进法国国外贸易的重任，其下设有专门的办公室负责展览行业的促进工作，为企业提供国际业务发展信息和提供咨询服务。通过多方途径，特别是法国驻外使馆的经济发展处收集国外市场综合信息、法律规定、税收规定、融资条件、国外企业的需求以及出口担保等方面的信息，然后及时整理和公布。此外，UBIRANCE 还承担组织法国企业参与国际大型展览会和博览会、协助法国企业加强与国外企业的接触，在国外举办技术研讨会和产品介绍会、在国外设立信息中心和新闻处并利用外媒介绍法国技术等职能。

UBIFRANCE 在从事上述工作时，往往通过免收或减少信息服务费用，把国家提供的财政支持变相转移给企业，达到鼓励企业走出去的目的。同时，有偿低廉的信息服务，不仅有利于提高服务质量，避免资源浪费，也可回收部分成本，有偿信息收入也是 UBIFRANCE 经费来源的重要补充。

5. 展览组织者协会

展览组织者协会（Association of Event Organiser，简称 AEO）原称为 Association of Exhibition Organiser，为了有效服务于各类展览活动，适应日益广泛的展览内容并扩大服务领域而更名。AEO 的宗旨是提高展览会在经济活动中的地位，通过改善服务更好地满足观众对展览的需求。协会的会员分为两类，即直接会员和合作会员。直接会员全部是在英国注册的展览组织公司，而合作会员则是为展览提供配套服务的公司。任何展览公司如果希望称为 AEO 会员，必须遵守 AEO 指定的会员企业行为准则。该准则虽然不具有法律效力，但在一定程度上发挥着行业管理的作用，对于严重违反者可以取消其资格。AEO 目前已受到英国展览业街广泛认可，其理事会组成人员从所有会员单位中选举产生，定期轮换。

6. 展览服务商协会

展览服务商协会成立于1913年，是展览行业最早成立的协会组织，目前约有300家会员企业，主要包括施工公司、家具租赁公司等展览服务提供单位。该协会对会员资格进行严格审查。在成为会员之前，申请公司必须经过为期一年的审查，必须有良好的安全记录。在成为会员之后，必须严格遵守协会指定的行业准则。展览服务商协会由管理理事会负责。管理理事会由一名主席、一名辅助性和10名评选出的会员组成。协会的宗旨是提高展览服务水平。

7. 英国展览馆协会

展览馆协会成立于1997年，由室内展出面积在3000平方米以上的展览场馆运营商组成，目前会员24名。协会除向会员提供信息、协调业务活动等常规服务外，还专设机构进行展览市场的调研活动，每年均出版《UK Exhibition Facts》专题报告，内容涉及展览行业发展情况、展览项目数量及观众人数等内容。

8. 国际展览统计联盟

国际展览统计联盟（International Exhibition Statistics Union，简称CENTREX）成立于1997年，其成员主要由中欧的展览公司组成。

CENTREX致力于维护其成员的利益，并提高中欧展览行业统计数据的透明度、可靠性及准确性，以及促进展览业更好的发展。CENTREX的日常工作有：检测世界展览统计趋势，向各个国家、国际组织、机构、商会及参展商征询这些统计的反馈意见，并根据调查结果不断修订更新展览统计条例。

所有CENTREX成员都需将各自的统计数据公布于众，并力争做到展览统计指标和结果透明直观，使其在国际范围内能被广泛接收，并便于相互比较。

CENTREX是一个开放性的组织，任何机构只需满足《标准展览统计条例》的要求，在签署相关协议后即可成为联盟成员。在申请过程中，CENTREX还会对成员进行程序上的指导，帮助成员建立一套统计和展览控制系统。

9. 国际展览与项目协会

国际展览与项目协会（Interantional Association of Exhibition and Events，简称IAEE）成立于1928年，总部设于美国达拉斯，董事会成员由17人组成。IAEE的前身是“国际展览管理协会”（Interantional Association of Exhibition Management，简称IAEM），被认为是目前国际展览业最重要的行业组织之一，是全世界培养会展专业人才首屈一指的专业机构，与国际展览业协会（UFI）在国际展览界享有同样盛誉，两者现已结成全球战略伙伴，共同促进国际会展业的发展与繁荣。

IAEE经过多年的研究实践，从1975年起建立创造了一套系统完整的专业人才培养的计划和内容，分别通过课堂学习、工作实践、参与协会活动和考试等方式给予被培训人员各种机会，每完成一个专业测试就授予一定的分数，累积到一定分数后，协会将授予一个资格证书，称作注册展览管理人 CEM（Certified in Exhibition Management）。IAEE 还把这套培训方法输出国外，与加拿大、墨西哥、阿联酋等一些国家的展览协会签订了双边合作协议，这些国家可用这套教材和方法培训本国专业人员，协会对合格者也颁发了证书。迄今为止，共有 4000 多名展览经营取得了 CEM。IAEE 与会展行业联合会（CIC，Convention Industry Council）合作，制定了一份详尽的会展行业相关列表，在会展行业受到广泛引用。

10. 展览业研究中心

展览业研究中心（Centre For Exhibition Industry Research，简称 CEIR）总部位于德克萨斯州的达拉斯市，是一个非营利组织，为整个展览行业服务。CEIR 的前身是 1978 年成立的贸易展览局（Trade Show Bureau）。CEIR 的宗旨是促进展览行业的发展，通过为展览企业及其他营销活动提供数据和技术支持，挖掘他们的潜在价值，帮助企业提高能力以满足当前和新客户的需求，改善经营业绩，加强行业竞争力。

为了达到以上目的，CEIR 从以下四个方面着手，确保其中立性和权威性。

● 充分考虑并确保行业内所有相关方的利益，包括组织者、参展商、服务商、展馆和场地出租方以及其他展览会活动中的相关方。

● 保持一个强有力的研究队伍，不断加深对行业指导实践的研究，了解展览业的发展趋势和动力，编制市场分析报告、参考指南、统计分析、白皮书和案例研究等技术文件。

● 资助其他展览业研究机构，以创新或更新现有的行业知识。

● 通过人员教育会议、有关协会及出版业等不同渠道，积极推广研究成果，建立一个积极、透明且不断学习完善的行业环境。

CEIR 每年发表 CEIR 指数报告（CEIR Index Report），通过对 300 个以上展览会的数据统计，从展期、展览地点、展览类型、展览面积、参展商、专业观众及总收益等七个方面，分析近年来展览业发展趋势。由于 CEIR 的统计范围广、专业性强、统计透明程度高，CEIR 指数报告在业内受到高度重视，在展览行业的各类研究中，其统计数据受到广泛引用。

11. 新加坡会议展览协会

新加坡会议展览协会（Singapore Association of Convention and Exhibition Organisers and Suppliers，简称 SACEOS）成立于 1979 年，是新加坡政府认可的官方会展行业协会，SACEOS 的成员由新加坡的会展主办机构以及会展服务供应商组成，是一个非营利组织。除了维护成员的利益之外，SACEOS 也为其成员提供教育培训与标准咨询。

新加坡发展展览业的地理优势十分明显。在以新加坡为中心的三小时飞行距离内，有 2.5 亿人口活动，每年仅中转旅客就达 250 多万。处于马六甲海峡进入中国航线必经之路上的新加坡也是海运物流的最理想的中转站。由于处在这样一个枢纽的位置，新加坡非常适合主办国际性的展览会。各种国际会议和展览对新加坡的经济起到了重要的促进作用，每年前往新加坡旅游观光及参加各种国际会议、展览的人数比新加坡的总人口还多。

因此，新加坡政府对展览业的发展非常重视，在展览方面投入很大。以新加坡博览中心为例，投资方具有深厚的政府背景，场馆附近地铁站、高速公路、大型停车场与大型餐厅等配套设施建设到位。这和法德模式非常相似，由政府兴建场馆来避免企业大笔资金投入的风险。

2003 年，SACOES 与新加坡标准、生产力与创新局（SPRING-SG）、以及新加坡展览及会议局（Singapore Exhibition and Convention Bureau，简称 SECB）合作推出新加坡国家标准：展览的术语和审计流程（The Singapore Standard on Exhibition Terminology and Audit Procedures，简称 SSETAP）。该标准的目的是为了提高新加坡展览业的专业水平、服务质量和运作标准。

SSETAP 是展览相关术语及审计流程的指南。该标准规范了展览业术语，使得展览项目间的比较成为可能，也使得展览行业内的交流更加方便。各展览会使用相同的数据统计与审计流程，也使得展览的评估更有意义。目前，SSETAP 标准已成为新加坡组展商、参展商评价展览会品质的基准。SSETAP 不仅是新加坡第一个展览服务业方面的标准，也是世界范围的第一个。同时，SSETAP 中还有一项技术参考（Technical Reference）资料，内容包含了展览准备全过程及展台装卸过程中的安全、健康及操作技术要求。

12. 日本展示会协会

日本展览业主要集中在东京、大阪、千叶、神奈川、爱知等五大城市，其中东京的展览会项目数占日本全国展览项目总数的 50%以上。日本展示会协会是一个由日本展览行业中的大型展览会举办组织与展览相关产业内的其他大型公司组成的机构。日本展示会协会成立于 1967 年，至今已有 200 多名成员，其宗旨是促进日本展览行业与贸易行业的发展。

日本展示会协会重视展览场馆等基础设施建设，先后推进了大阪国际展览中心与东京国际展览中心等大型综合展览场馆的建设。其中东京国际展览中心（俗称 Big-Sight）共耗资 10 亿美元，占地 8 万平方米，已成为城市的地标建筑。日本展示会协会（JEXA）致力于推进参展商、观众与场馆运营商等多方的紧密合作，认为实现多方共赢为推动展览业向前发展的原动力。

日本展示会协会的目标是将日本发展成为一个展览业大国，主要行动方针如下：

- 扩大展览会规模，为参展商与观众带来更大收益；
- 促进全球化，面向国际观众和参展商，尤其是亚洲的观众与参展商；
- 推广信息化与专业化的展览会，以促进高层次的专家交流；
- 通过公关活动，向公众宣传展览会对经济发展的促进作用；
- 通过游说政府，加大国家在展览行业内的投入。

二、会议的主要国际组织

会议是具有国际性的经济活动，它不仅促进了国家或地区的经济发展，而且推动了各国之间相互了解和建立友谊的进程。举办会议也会产生许多复杂的国际问题，这就需要会议业涵盖的各细分市场的国际会议专业组织作为协调的机构，制定相关细分市场各企业机构共同合作的各种规范。实践证明，与会议业有关的国际专业组织在推动世界会议业市场化的发展中，发挥了重大的作用。了解这些国际会议专业组织，积极地建立和他们的联系，成为它们的成员，参加它们的活动，将有更多的机会获取国际会议业发展的各种信息，更快地开发国际市场和发现业务机会，更好地借鉴会议业市场化发展的国际经验，融入到国际会议市场参与竞争，并在竞争中与国际市场同步发展。

1. 国际大会和会议协会（ICCA: International congress & Convention Association）

国际大会和会议协会（ICCA）是最主要的国际专业组织之一，是全球唯一将其成员领域涵盖了国际会务活动的操作执行、运输及住宿等各相关方面的会议专业组织。ICCA 创建于 1963 年，总部位于荷兰首都阿姆斯特丹。目标是通过合法的手段，促进各种类型的国际会议及展览的发展，评估实际操作方法，以促进旅游业最大限度地融入日益增长的国际会议市场。到 2014 年，ICCA 在全球拥有来自 90 多个国家的约 1000 个机构和企业会员。

作为世界主要的会议专业组织，ICCA 包含了所有当前以及未来的会议领域专业部门，协会肩负的使命是：一是提高协会成员举办会议的技巧及对会议行业的理解；二是为协会成员间的信息交流提供便利；三是最大限度地为协会成员提供发展机会；四是根据客户的期望值逐步提高专业水准。国际大会和会议协会将其成员按所属会议产业专业部门分类。

ICCA 采用一种区域性的组织结构，不仅致力于促进同一会议产业专业部门成员之间的协作，而且还要突破成员所属会议产业部门类型的限制，促进在同一地理区域的不同会议产业部门成员之间的合作。基于此，ICCA 成立了区域分会：非洲分会、法国分会、北美分会、亚太分会、拉美分会、斯堪的纳维亚分会、中欧分会、地中海分会、英国/爱尔兰分会。此外，ICCA 在全球 17 个国家和地区设立了委员会，即澳大利亚委员会、以色列委员会、瑞士委员会、奥地利委员会、日本委员会、泰国委员会、巴西委员会、马来西亚委员会、慕尼黑委员会、中国台北委员会、荷兰委员会、维也纳委员会、德国委员会、葡萄牙委员会、国际会议协会欧洲理事会、印度委员会、斯里兰卡委员会。

各种会议公司或机构必须缴纳会费和年费才能成为 ICCA 的成员，并享受该协会提供的产品和服务。国际会议协会提供的产品和服务有：一，协会数据库说明；二，协会数据库报告书；三，协会数据库提供的按客户要求特制的表格名录；四，公司数据库说明；五，公司数据库提供的按客户要求特制的表格名录；六，国际会议协会数据专题讨论会资料；七，国际会议市场统计资料。

ICCA 提供的产品和服务对于帮助其会员了解国际会议市场，获取行业信息，开展会议行业教育和调研活动，以及制定会展发展计划和策略，有着重要参考价值。

2. 国际协会联盟（UIA:Union of International Association）

国际协会联盟（UIA）于 1910 年在比利时布鲁塞尔召开的国际组织第一届世界大会上正式宣告成立，此后，UIA 又根据 1919 年 10 月 25 日比利时法律，正式以一个具有科学宗旨的国际协会的名义注册登记。1951 年，UIA 修改了章程，成为一个世界聚焦的有个人正式会员的机构。

UIA 是一个独立的、非政府的、无政治色彩的、可帮助 4 万个国际组织和客户交换信息的非营利组织，以书面、光盘和互联网的形式为广大用户提供了大量的数据资料。UIA 的宗旨和活动是：一是维护人类尊严，促进各国人民团结和沟通自由的基础上为建立全球秩序作出贡献；二是在人来活动的每一个领域里，特别是在非营利组织和志愿者协会里，促进非政府网络的发展和效率的提高；三是收集、研究和传递有关信息，如政府和非政府国际机构的基本情况、他们之间的关系、召开的会议及他们面临的问题与采取的策略；四是尝试用更有意义、更切实有效的信息传递方法，将其所提倡的联合活动和跨国合作发扬光大；五是促进国际协会就法规政策、协会管理和其他问题开展研究。

UIA 每两年就召开一次大会，选举国际协会联盟执行委员会成员。该执行委员会由 15~21 个成员组成，每个成员任期最长 4 年，也经常有短期工作人员签订短期项目合同。UIA 的正式成员不超过 250 个，要由全体大会根据候选人的兴趣和他们在国际机构中的作用选举产生。通常候选人都在某个国际机构中发挥过积极作用。正式会员包括外交家、国际公务员、协会管理人员、国际关系教授和基金负责人。正式会员不需缴纳年费，但要在各自的领域内为维护 UIA 的利益、进一步扩大 UIA 的影响作出努力。对 UIA 的宗旨和活动感兴趣的法人团体和个人，只要缴纳年费，并经过国际协会联盟执行委员会批准，就可以成为国际协会联盟的非正式会员。UIA 年预算约为 80 万美元，通过成员的预定刊物费、联盟的研究和咨询合同收入、出版物的销售及服务收入达到 95%财务自立，其余部分来源于比利时、法国、瑞典政府及一些官方和私人机构的捐款和赞助。

3. 会议产业委员会（CIC:Convention Industry Council）

1949 年四家社团组织的领导人在一起讨论会议业的发展形势，建立了一个委员会，并制定了一套贸易标准，即著名的会议联络委员会（Convention Liaison Council）。这四家创始组织为：美国住宿业与汽车旅馆协会、美国社团组织经理人协会、国际服务业市场营销协会、国际会议和旅游局协会。2000 年会议联络委员会更名为会议产业委员会（Convention Industry Council），并制定了以下基本目标：一是达成这些组织对各自责任的相互理解和认同；二是通过研究项目和教育项目，为处理会议程序创造一个坚实和稳定的基础；三是在会员组织间举行大家共同感兴趣的教育项目和活动；四是让众人知晓会议对整个社团和国家经济的必要性。

多年来，CIC 一直是这个行业中的教育领导者，它创建了注册会议专业人士认证项目（Certified Meeting Professional Programme）。CMP 认证项目从 1993 年起在国际推广，平均每年有 1000 个项目得到 CMP 认证。1961 年出版的会议联络委员会手册介绍了会议中涉及的三方——赞助组织、饭店和会议局各自的具体责任。该手册现在已经重印了 7 次，内有实用的清单、表格和行业词汇。目前，该委员会由 29 个会员组织机构构成，一半代表买方，一半代表卖方，共代表着 1300 个公司和机构。

4. 国际专业会议组织者协会（IAPCO:The International Association Of Professional Congress Oraanizers）

国际专业会议组织者协会（IAPCO）成立于 1968 年，其前身是英国专业会议组织者协会。这是一个由专业的国际国内会议、特殊活动组织者以及管理者组成的非营利组织，服务于全球的专业会议组织者，其总部设在英国伦敦。

IAPCO 成员遍及全球，每年举行各种活动。其成员质量保证受到全球会议服务商的认可。不管他们是独立的专业会议组织者，还是一个单位内部的专业会议组织者，是为公司、协会和政府会议市场服务，还是为教育和科研会议市场服务，所有的 IAPCO 成员都需要有丰富的办会经验和经历，都应该是熟练的国际和国内会议活动策划和协调的咨询者和管理者。IAPCO 的标志意味着质量，对专业会议筹划和管理者而言，它就是一个全球性品牌。作为这个杰出标志的代表，IAPCO 的成员在全球会议行业的供应商和经营上中获得普遍认可。

IAPCO 成员分为普通会员、荣誉会员、邀请会员、项目经理会员、分支机构会员 5 类。

IAPCO 设有会议管理职业学院，致力于通过教育及与专业人员的沟通，不断提高其成员和会议行业人员的服务水平。IAPCO 在会议教育方面有着空前的记录。每年为专业会议组织者举办的 IAPCO 讲座，即广为人知的 Wolfsberg 讲座，最早开始于 1975 年，从那时起，来自 70 多个国家的超过 1000 名学院参加了为期 1 周的讲座，并获得 IAPCO 讲座证书。这是世界上为专业人员（包括会议组织、国际会议目的地促销、周年活动举办）举办的最具综合性的培训项目。此外，IAPCO 也举办各种中高级管理讲座，主要讨论关于会议业作为一个服务性产业的运作，内容涉及了当今会议产业的新趋势等热点话题。IAPCO 的国内和地方性的讲座，主要由当地主办方邀请进行，通常在欧洲以外的国家，例如，亚洲的各种联合性的 IAPCO 或 AACVB 讲座。所有由 IAPCO 的会议管理职业学院资助的活动，都对 IAPCO 成员开放，并允许其成员支付较低的费用参加。

随着亚太地区在国际市场份额的增加，IAPCO 会员在亚太地区不断壮大。IAPCO 正在亚洲举办各类教育项目，支持会议产业在其他新兴目的地的良好发展。

5. 国际会议工作者联盟（MPI:Meeting Professional International）

国际会议工作者联盟即“国际会议工作者联盟”，于 1972 年在美国达拉斯成立，是会议专业工作者的全球性组织，拥有 70 多个分会，会员超过 2.4 万名，分布在 80 多个国家，均为会展项目策划、开发和运作方面的专家、学者和企业家等。MPI 为会议产业从业者提供了一个相互学习、交流和合作的平台。MPI 在每年的 7 月或 8 月份召开全球大会。

MPI 成员分为三类，即会议策划者、提供会议业所需产品和服务的供应商及大专院校会展专业或接待业的全日制在校学生。其中，会议策划者成员占总数的 46%，其余的 52%为后两类成员。他们通过参加或赞助 MPI 会议，在《会议专业工作者》杂志或在 MPI 网页上刊登广告及购买 MPI 成员标签来获取商机和发展机会。《财富》杂志评选的 100 家公司中有 71 家公司参加了 MPI。

MPI 主办了会议专业工作者绝大多数的集会，其中包括世界教育大会（WEC:World Education Congress）、北美专业教育大会（PEC-NA:Professional Education Conference North America）、欧洲专业教育会议（PEC-EU:Professional Education Conference Europe）等。MPI 开发的全球会议管理政府强化培训项目（CMM:Certification in Meeting Management）通过让其参与者学习特别设计的各种课程和进行联系，来提高他们的战略思考、领导和管理决策的能力，为他们和其他有志于进入会议业的人士提供了继续学习和提高的机会。

6. 专业会议管理人协会（PCMA:Professional Conference Manager Association）

专业会议管理人协会（PCMA）是一个非营利性国际组织，1957年成立于美国费城。2000年，PCMA将其总部迁移至芝加哥。该协会为协会经理人提供了一个交流平台，使命就是通过提供高质量的教育来提升专业会议管理的价值与水平。

PCMA的会员类型包括：

- 专业会员。专业会员所在的组织全部职责就是负责发展、组织与管理会议展览业务，会费为325美元。
- 供应商会员。该类会员所在的组织主要为与会议或展览有关的业务提供产品与服务，会费为450美元。
- 协会会员。该类会员主要为协会或非营利组织的雇员、代理商或其他代表，会费为165美元。
- 教师会员，会费为195美元。
- 学生会员。会费为40美元（距毕业时间不足6个月的学生不允许申请学生会员）
- 分会会员。分会会员的会费为30美元。

案例　法国国际专业展促进会及其在华工作

服务宗旨：

法国国际专业展促进会是由巴黎工商会、法国外贸中心、法国展览协会等机构发起、并于1967年组建成立的，是一个非营利性的协会团体，其宗旨是对在法国本土以及国外举办的国际性专业展和国际博览会开展各种促进活动，以提高和改善展览会的国际化程度。

机构设置：

法国国际专业展促进会总部设在法国巴黎，在56个国家和地区设有自己的办公机构（或称为海外代表团），覆盖120个国家和地区，以分公司（30个）和合作伙伴（26个）的形式存在。

展会客户：

目前法国国际专业展促进会有数十个展会客户，分属法国不同的展览公司。这些展会涵盖了几十个专业领域，如航空/运输、农业/农用设备、食品、建筑/ 市政工程、美容、有机和减肥食品、包装、教育/ 教学、环境/ 能源、家居/ 装修、房地产、饭店/ 餐饮及其设备、工业/ 物流、高新技术/ 信息、光学/ 健康、安全/ 防务、服务、运动/ 旅游/ 休闲、纺织/ 时尚等。

主要任务：

1. 为成员展会在所在国家和地区开展专业观众促进工作；

2. 为成员展会在所在国家和地区寻找展会的参展商；

3. 为成员展会提供其他服务：调查研究、公共关系、展会满意度调查、展会预登记、发放办理赴法签证用的邀请函、组织前往法国和欧洲其他国家的专业考察活动、协助展会在法国以外地区建立展会、协助开展各国展会场馆之间的合作和交流，等等。

理事会的组成：

理事会由来自不同展览公司的 12 名代表组成，理事由理事大会选举产生。成员来自高美爱博展览集团（COMEXPOSIUM）、励展法国公司（REEDEXPO FRANCE）、巴黎时尚家居展（Maison&Objet）、巴黎航空航天展（Paris Air Show）、巴黎世界汽车展（Paris Motor Show）、世界面点技术展（Europain）等。

此外理事会还有来自合作机构的 13 名代表参加，他们主要来自巴黎工商会（CCIP）、法国会展业联合会（FSCEF）、巴黎大区经济发展局（ARD）、法国海外工商会联盟（UCCIFE）、巴黎市政府（Ville de Paris）、巴黎大区议会（Conseil Regional de l’Ile-de-France）、法国企业国际拓展署（Ubifrance）、法国企业行动联盟（Medef），以及巴黎展览馆群（Parc Paris Nord Villepinte，Parc de Porte de Versaille，etc）等十几个展览场馆。

总体成效：

通过法国国际专业展促进会海外促销行动，每年有 40 万名海外专业人士参观了法国的各种展览会，其中 25 万来自欧洲。目前在法国所举办的许多大型国际性展会之中，海外的参展商已经达到或超过 50%，这些成绩与法国国际专业展促进会长期而有效的海外促进工作是密不可分的。以中国为例，中国参展商在法国展会上的数目，从 1995 年的 138 家增加到 2009 年的 1766 家；中国观众在法国展会上的数目则从 1995 年的 1248 名增加到 2009 年的 8546 名。

在中国所开展的工作：

1994 年，法国国际专业展促进会总部委托法国欧西玛特公司北京代表处负责中国的业务。根据促进会的习惯，中国业务组称驻华代表团（PROMOSALONS CHINE）。促进会的驻华代表为法国欧西玛特公司（EUCIMAT）总经理娄述渝先生。法国国际专业展促进会在华合资公司——布罗美展览（北京）有限公司于 2007 年 9 月成立，娄述渝先生任总经理。代表团目前由 7 人组成。

法国国际专业展促进会驻华代表团的首要任务是向中国企业界和展览界推荐介绍法国的高水平国际性专业展，为中国企业出访法国，参观、参展和开拓国际市场提供信息与服务。每年平均有 10~15 个展会通过我们在中国开展各种形式不同的展会促进工作。其中不乏一些世界著名的展会，包括巴黎 SIMA 国际农牧业技术与设备展，巴黎 SIAL 国际食品展，巴黎 INTERMAT 国际工程机械展等。

法国国际专业展促进会驻华代表团还为中法展览公司联合举办来华展、开展多种形式的合作提供中介服务。例如，自 2000 年起，协助法国爱博展览集团，先在北京继而在上海成功地举办了中国国际食品和饮料展（SIAL CHINA）；协助法国欧罗维特展览公司于 2005 年 10 月成功举办了第一届上海时尚内衣展（SHANGHAI MODE LINGERIE）。2009 年起，协助法国高美爱博展览集团在香港成功举办了第一届、第二届亚洲智能卡展（CARTES IN ASIA 2010），积极推广 2012 年该展在香港的第三届展会。

另外，法国国际专业展驻华代表团从落户中国以来，每年在国内举办一个至数个有关法国展览业的新闻发布会；自 2006 年起，为国内多家机构在巴黎组织了新闻发布会等专项推广活动，其中包括福建省外经贸委、福建省机械行业协会、中国土畜食品进出口商会、山东省经贸委、中国农业机械化协会等。

总之，法国国际专业展促进会是一个独特的国际展会促进网络。通过与国内展览业同行及专业协会等机构组织加强交流、发展合作，把更多的中国优秀企业“送出去”，把更多的国外企业“请进来”，在国际经贸及技术合作中发挥积极的推动作用。

思考题

1. 在国际上，政府在会展业的发展过程中主要起到什么作用？

2. 在国际上，各个国家会展业发展的过程中，是如何处理政府、行业协会、市场与企业之间的关系的，对我国有什么启示？

3. 请以一个实际案例综合评价我国政府主导型展会。

参考文献

1. 过聚荣. 会展导论. 上海交通大学出版社，2006

2. 来逢波. 会展概论. 北京大学出版社，2012

3. 马勇，肖轶楠. 中国会展概论. 中国商务出版社，2010

4. 史国祥，贺学良. 会展经济学. 南开大学出版社，2008

5. 施昌奎，会展经济：运营. 管理. 模式. 中国经济出版社，2006

6. 肖庆国，武少源. 会议运营管理. 中国商务出版社，2004

7. 杨顺勇，曹杨. 会展手册. 化学工业出版社，2007

8. 张义，杨顺勇. 会展导论. 复旦大学出版社，2009

9. 郑建瑜. 会展场馆经营与管理. 上海人民出版社，2006

10. 北京市东城区旅游发展委员会，北京联合大学旅游学院. 会议产业统计体系研究. 知识产权出版社，2013

11. 曹杨. 世博会. 会展教育与研究. 社会科学文献出版社，2010

12. 陈忆戎. 节庆产业与城市发展. 中央编译出版社，2011

13. 过聚荣. 中国会展经济发展报告 2011. 社会科学文献出版社，2012

14. 蓝星等. 中国会展业前沿问题研究. 上海交通大学出版社，2011

15. 上海市标准化研究院. 展览业标准化综论. 中国标准出版社，2011

16. 涂成林，陈仲球. 会展：现代城市发展的杠杆——会展业与城市发展的互动效应研究. 中央编译出版社，2008

17. 俞华，朱立文. 会展学原理. 机械工业出版社，2005

18. 张敏. 中外会展业动态评估年度报告. 社会科学文献出版社，2013

19. 中国会展经济研究会. 2011 年中国展览数据统计分析报告. 2012

20. 中国旅游饭店业协会，中国旅行社协会，中国会议酒店联盟. 中国会议统计分析报告 2011. 旅游教育出版社，2013

21. 陈仲球. 关于会展业与城市产业发展的互动效应分析. 经济与社会发展，2008（6）：27~30

22. 崔苗苗. 我国发展奖励旅游的优劣势分析. 才智，2010（20）：234~235

23. 樊传果. 城市节庆活动的策划与组织. 广告研究（理论版），2006（06）：28~31

24. 高静. 国内外奖励旅游发展比较研究. 上海师范大学硕士论文，2004

25. 顾庆良、樊玲. 展会核心要素的价值三角. 中国会展，2003（18）：43~45

26. 胡平，杨杰. 会展业经济拉动效应的实证研究——以上海新国际博览中心为例. 旅游学刊，2006（11）：81~85

27. 黄玉妹. 我国现代会展业的功能研究. 福建师范大学博士论文，2011

28. 蒋婷. 基于城市营销的节事活动运作模式构建. 商业经济，2011（19）

29. 李晓莉，刘松萍. 需求视角下奖励旅游组织市场的实证分析. 旅游学刊， 2013（1）：107~113

30. 李晓莉. 中国奖励旅游经营的特征、问题与思考——基于旅行社的访谈分析. 旅游学刊， 2011（11）：46~51

31. 廖军华，何平. 略谈节事活动的运作策略. 商场现代化，2008（20）：222~223

32. 刘红霞. 我国城市节事活动的发展现状与对策. 牡丹江大学学报，2010（11）

33. 刘敏. 基于利益相关者理论的奖励旅游发展研究. 东南大学硕士学位论文，2012

34. 刘敏. 奖励旅游与传统公费旅游比较研究. 江苏商论，2012（11）：117~119

35. 罗秋菊，李晓莉. 会展与酒店效益及配置关系研究——以中国出口商品交易会（广交会）为例. 旅游科学，2005（02）：66~72

36. 罗薇. 会展经济与城市经济的互动效应. 大经贸， 2008（2）：80~81

37. 孙中伟，王杨，耿香会. 奖励旅游的特征、组织运作及发展环境培育模式研究. 石家庄学院学报，2005（03）：54~59

38. 王欣慈，代合治. 会展旅游地的影响因素分析. 国土与自然资源研究，2011（02）： 64~66

39. 王冬梅. 我国城市节事活动未来发展策略探讨. 产业与科技论坛，2008（09）：58~59

40. 吴必虎. 节事活动的运作原则及模式. 中国会展，2005（03）：48~51

41. 乌兰图雅. 日本国际会议产业发展简析. 现代日本经济，2009（06）：56~60

42. 肖江南. 国外旅游目的地营销研究现状及启示. 地理与地理信息科学，

2006（05）：86~90

43. 杨勇. 关于会展经济效应若干基本问题的辨析. 旅游学刊，2009（10）：73~82

44. 余青，吴必虎等. 中国城市节事活动的开发与管理. 地理研究，2004（06）：845~855

45. 余青，吴必虎等. 中国节事活动开发与管理研究综述. 人文地理，2005（06）：56~59

46. 余向平. 会展业的产业带动效应及其经济学分析. 商业研究，2006（18）：173~176

47. 张敏. 会展教育的学科定位. 中国广告，2009（10）：100~101

48. 张玉明. 我国高校会展管理专业的学科定位研究. 中外企业家，2009（08）：155~156

49. 张丽. 试论我国政府主导型展会的发展策略. 经济论坛，2008（6）：91~93

50. 黄莹莹. 韩国人是怎样开会的. 梅州日报，2011-03-09

51. 美国会议业带给我们的思考. 中国贸易报，2014-2 -25

52. 试水 O2O 营销模式 会展业未来发展新趋势. 中国贸易报，2014-3-14

53. 俞华. 会展活动对相关产业的拉动效应. 国际商报，2008-12-31

54. 张广瑞. 中国奖励旅游：从概念到实践（上）. 中国旅游报，2006-12-06

55. UFI 官网：http://www.ufi.org/

56. ICCA 官网：http://www.iccaworld.com/

57. AUMA 官网: http://www.auma.de/en/Seiten/Default.aspx

58. 德国会议局官网：www.germany-meetings.com

59. 中国会展经济研究会官网：http://www.cces2006.org/

60. 张凡的会展博客：http://blog.sina.com.cn/u/1634102544

61. 第九届中国国际动漫游戏博览会官方网站：http://www.ccgexpo.cn/

62. 上海国际汽车展官网网站：http://www.autoshanghai.org

63. 北京高端旅游促进体系多措并举打造“世界会奖之都”：http://www.travelweekly-china.com/beijing-unveils-mutiple-acts-to-bulid-world-class-mice-city/15568， 2012-06-26

64. 上海市旅游局信息中心，“上海会议大使”积极推进本市会奖旅游发展：http://www.cnta.gov.cn/html/2013-9/2013-9-25-13-4-73973.html，2013-9-25

65. 中华人民共和国商务部，展览场馆运营服务规范，SB/T 10852-2012

66. 中华人民共和国商务部，会议中心运营服务规范，SB/T 10851-2012